ガイダンス
インバウンド・観光法
Guidance on Inbound and Tourism Laws

森・濱田松本法律事務所観光法プラクティスグループ 編

荒井正児・佐伯優仁・高宮雄介
水口あい子・根橋弘之・山本義人 編著

商事法務

■はしがき■

　観光分野とりわけ外国人旅行者によるインバウンド分野は、国の重要政策課題の1つとされ、現在の日本において最も注目を集めているテーマの1つです。とりわけ、海外から日本を訪れるインバウンドの流れは拡大の一途をたどっており、訪日外国人数は毎年過去最高を記録しています。また、いわゆる「働き方改革」が叫ばれる中で、日本人の間でも余暇をいかに有意義に過ごすかということがクローズアップされ始めており、日本人による国内旅行の動きも改めて活発になっています。これらに加え、2020年の東京オリンピック・パラリンピック、2025年の大阪万博に代表される世界的なイベントが控えており、インバウンド・観光人口の増大が日本社会へ与えるインパクトは、良い面でも悪い面でも、今後ますます大きくなっていくものと見込まれます。

　こうしたインバウンド・観光需要の高まりに応じ、これを受け入れる日本社会のさまざまな層で変化が生じています。すなわち、京都や鎌倉、ニセコといった海外でも著名な観光地を筆頭に、東京、大阪、名古屋のような大都市、さらには各々が異なった文化的・歴史的背景を有する全国津々浦々の地方でもインバウンド・観光人口が増大しており、こうした需要拡大を見込んでさまざまな事業者が旅行商品の企画・販売や宿泊施設の開業、快適かつ効率的な移動・交通手段の整備、観光客が楽しめる観光施設の建設やイベントの開催などを進めています。全国の自治体においても、その地域の魅力を改めて見直し、地域住民や地元団体とも協力して、地方創生やまちづくりに生かしていこうとする取組みが進められており、このような取組みを観光庁を中心とした政府も積極的に支援する動きとなっています。

　その一方で、急激なインバウンド・観光人口の増大は、さまざまな新たな問題も生じさせています。過度の観光化による環境破壊、地域住民の生活妨害、安全の問題など、そのマイナス面にもしっかりとした目配りをしなければ、社会全体の評価も得られず、インバウンド・観光ビジネスは、我が国全体にとっても持続的な成長につながっていきません。インバウンド・観光ビジネスが、社会に新たな価値を創出する重要な役割を果たすものであることは共通認識としたうえで、さまざまな利害を調整し、全体として調和のとれた発展を遂げることが、政治にも行政にも司法にも求められています。

　このように社会のさまざまな面でインバウンド・観光に関連した新たな価値の創出や利害対立が生じていることを踏まえ、法律面でもさまざまな対応が急

ピッチで進められています。今後、インバウンド・観光の分野において事業展開を進める上では、ビジネス本位のやり方ではなく、法令の動向や自治体における政策にもしっかりと目を向ける必要があります。もっとも、インバウンド・観光の分野は、観光庁がその中心的役割を担うものの、そのビジネスのフィールドごとに、それぞれの規制官庁が異なることも多く、また必ずしもインバウンド・観光ビジネスや観光客のみを対象として規制するという仕組みとはなっていません。そのため、インバウンド・観光ビジネスという切り口からこれらの法令面を体系的、統一的に整理する試みは行われてきませんでした。しかし、先に例を挙げた通り、インバウンド・観光ビジネスとは本来、旅行商品の企画や販売、宿泊施設の提供、交通手段の手配、旅行先で訪れる施設や参加するイベントなどさまざまな要素の組み合わせで成り立っており、いずれかが欠けても全体としてサービスが完成しないものです。自社のビジネス自体はその一部に関わるに過ぎないとしても、他業種との連携や隣接業種への新たなビジネス展開は日常的に生じており、そのような検討にあたっては、当然法規制面での分野横断的な検討、整理が必要となってきます。

　私たちは、以上のような問題意識から、新たに観光法という切り口で、インバウンド・観光ビジネスに関わる法令やプラクティスを研究する観光法プラクティスグループを事務所内で立ち上げ、新たな法令の制定や改正に対応した研究会、ニューズレターの発行等を進めてきました。

　本書は、これまでのプラクティスグループの成果を取りまとめ、紹介することを目的として企画出版するものです。インバウンド・観光をめぐるビジネスの動きとそれぞれのビジネスに関連した法令や基本的な法律問題を1冊にまとめた、インバウンド・観光ビジネスと法のガイドブックであり、インバウンド・観光ビジネスと法に関する新たな試みを行うものです。今後、インバウンド・観光ビジネスに関わられる方々がインバウンド・観光ビジネスと法の全体像を理解するガイドブックとして使えるものを目指しています。この試みが成功したかは読者の判断に委ねるしかありませんが、インバウンド・観光ビジネスに現に関与されている、または今後関与しようとされている、1人でも多くの方に本書を手に取っていただけること、さらには、本書が日本のインバウンド・観光ビジネスの発展にいささかなりとも資することを、著者一同心から願うものです。

　終わりに、インバウンド・観光ビジネスと法の入門書を出版するという本書の企画に賛同いただき、その観点からさまざまな有益なアドバイスをいただく

など、本書の企画段階から全面的にサポートしてくださった商事法務の岩佐智樹氏、下稲葉かすみ氏、辻有里香氏にこの場を借りて改めて厚く御礼申し上げます。

　2019 年 10 月

著者を代表して
森・濱田松本法律事務所　弁護士
荒井　正児　佐伯　優仁　高宮　雄介
水口あい子　根橋　弘之　山本　義人

■目　次■

序　章　本書の概要およびインバウンド・観光ビジネスをめぐる近年の潮流

第1節　本書を読まれる方へ ……………………………………………………… 2
　　1　本書の目的　2
　　2　本書の想定読者　2
　　3　本書において重点的に取り上げる観光ビジネス　3
第2節　インバウンド・観光ビジネスをめぐる最近の動向 ……………………… 5
　　1　訪日外国人旅行者数の著しい増加　5
　　2　日本人国内旅行者の動き　7
　　3　シェアリングエコノミーと観光ビジネス　8

第1章　インバウンド・観光全体に関わる政策・法体系

第1節　政策体系 ……………………………………………………………………… 11
　　1　インバウンド・観光を所管する監督官庁　11
　　2　インバウンドの歴史　13
第2節　法体系 ………………………………………………………………………… 22
　　1　全体像　22
　　2　観光に関する全体的な施策をめぐる法律　27

第2章　観光まちづくりをめぐるビジネスと法律

第1節　観光まちづくりの最新動向 ……………………………………………… 41
　　1　観光の多様化と地域経済活性化　41
　　2　日本版DMOの形成・確立　50
第2節　観光まちづくり・ケーススタディ ……………………………………… 57
　　1　ケース①古民家の再利用をめぐる規制と支援　57
　　2　ケース②自然公園を利用した着地型旅行商品と日本版DMO　63
　　3　ケース③地域のお祭りの訪日外国人観光客への開放　66

第3章　旅行業をめぐる法律問題

第1節　はじめに——旅行業をめぐるビジネスの最新動向 ･･････････ 73
1　旅行業の役割について　73
2　旅行業界の現状　73

第2節　旅行業をめぐる法体系の全体像 ･･････････ 76
1　旅行業を営むための業規制に関する法令　76
2　旅行業等を営む上で遵守すべき行為に関する法令　76
3　旅行に関連するその他のビジネスに関する法令　77
4　旅行業をめぐる法体系の全体像　77

第3節　旅行業をめぐる法律の基本的知識 ･･････････ 79
1　旅行業法　79
2　景品表示法・公正競争規約　92
3　通訳案内士法　96

第4節　旅行業に関する法律問題 ･･････････ 101
1　企画旅行中の事故についての旅行業者の責任　101
2　オンライン旅行取引と旅行業登録　103
3　ボランティアツアーと旅行業登録　104
4　自治体が関与するツアーと旅行業登録　105
5　住宅宿泊仲介業と旅行業登録　106

第4章　宿泊事業者をめぐるビジネスと法律

第1節　はじめに——宿泊事業をめぐるビジネスの最新動向 ･･････････ 115
1　「モノ消費」から「コト消費」への変化　115
2　簡易宿所の増加　115
3　民泊業界の動向　117
4　宿泊事業業界におけるIoT　117

第2節　宿泊事業をめぐる法体系の全体像 ･･････････ 119
1　宿泊施設の営業許可に係る法律　119
2　その他宿泊事業に関連する法律　119
3　宿泊事業をめぐる法体系の全体像　120

第3節　宿泊事業を営む上での法律の基本的知識 ･･････････ 121

1　旅館業法　121

2　特区民泊　130

3　民泊新法　132

4　特別な類型の宿泊営業　133

第4節　宿泊事業に関する法律問題 136

1　宿泊事業全般に関わる問題　136

2　旅館業に関わる問題　139

3　民泊事業に関わる問題　140

4　分譲ホテルコンドミニアム、タイムシェア、ホテル利用権　144

第5章　移動・交通手段をめぐるビジネスと法律

第1節　はじめに——移動・交通手段をめぐるビジネスの最新動向 157

1　道路交通関係　157

2　鉄道交通関係　157

3　海上および航空交通関係　158

第2節　移動・交通手段をめぐる法体系の全体像 160

1　道路交通関係の基本的な法律　160

2　鉄道交通関係の基本的な法令等　160

3　海上および航空交通関係の基本的な法令等　161

4　移動・交通手段をめぐる法体系の全体像　161

第3節　移動・交通手段をめぐる法律の基本的知識 163

1　道路交通関係　163

2　鉄道交通関係　169

3　海上および航空交通関係　173

第4節　移動・交通手段をめぐるビジネスに関する法律問題 177

1　道路交通関係　177

2　鉄道交通関係　179

3　海上および航空交通関係　184

第6章　集客イベントをめぐる法律問題

第1節　はじめに——集客イベントをめぐるビジネスの最新動向 199

第2節　集客イベントに関する法体系の全体像 ……………………… 200

　1　オリパラに関する固有の法体系　200

　2　その他イベントに関する法体系　200

　3　集客イベントをめぐる法体系の全体像　201

第3節　集客イベントをめぐる制度の基本的知識 ………………… 202

　1　オリパラに関する制度概要　202

　2　その他イベントにおける制度概要　204

第4節　集客イベントをめぐる法律問題 ………………………… 209

　1　オリパラにおいて想定される法律問題　209

　2　その他イベントにおいて想定される法律問題　213

　3　小　括　217

第7章　集客施設をめぐる法律問題

第1節　はじめに——日本における集客施設をめぐる最新動向 ……… 229

第2節　集客施設をめぐる法体系の全体像 ……………………… 231

　1　大規模集客施設に関する主な法令　231

　2　アミューズメント施設に関する主な法令　231

　3　水辺空間を利用した施設（ミズベリング）に関する主な法令　232

　4　ナイトタイムエコノミーに関する主な法令　232

　5　IRに関する主な法令　232

　6　集客施設をめぐる法体系の全体像　233

第3節　集客施設に関する法令の基本的知識 …………………… 234

　1　スタジアム・アリーナに関する事項　234

　2　アミューズメント施設に関する事項　236

　3　水辺空間を利用した施設（ミズベリング）に関する事項　237

　4　ナイトタイムエコノミーに関する事項　239

　5　IRに関する事項　245

第4節　集客施設に関する法律問題 ……………………………… 249

　1　スタジアム・アリーナに関する法的論点　249

　2　アミューズメント施設に関する法的留意点および関連判例　250

　3　ナイトタイムエコノミーに関する法的論点　251

　4　IRに関する法的論点　253

目　次　vii

第8章 観光資源の保護と活用をめぐるビジネスと法律

第1節 観光資源の保護・活用をめぐる最新動向 ………………………………… 263

   1 観光資源の分類 263

   2 観光資源の保護・活用に関する最新動向 264

第2節 観光資源の保護に関する法体系の全体像 ………………………………… 270

   1 自然観光資源の保護に関する法令 271

   2 文化観光資源の保護に関する法令 271

   3 複合型観光資源の保護に関する法令 271

第3節 観光資源の利用・保護に関する法律の基本的知識 ……………………… 273

   1 自然公園法（自然観光資源の保護に関する法規制） 273

   2 文化財保護法（文化観光資源の保護に関する法規制） 278

   3 景観法（複合型観光資源の保護に関する法規制） 282

第4節 観光資源を活用した観光ビジネスに関する法律問題 …………………… 288

   1 観光資源を活用した事業遂行上のリスク 288

   2 観光資源の保護と活用のバランス感覚 289

   3 観光資源の保護と活用をめぐる利害対立と紛争 290

執筆者一覧 319

序　章

本書の概要およびインバウンド・観光ビジネスをめぐる近年の潮流

第1節

本書を読まれる方へ

1 本書の目的

　本書は、インバウンド・観光に関連するさまざまな法律について「観光法」という観点から統一的に解説を行った書籍です。近年、インバウンドや観光に関連するビジネスは急速に盛り上がりを見せていますが、こうしたビジネスを行う上で基礎となるべき法令面に目を転じてみると、インバウンド法や観光法という名称の法律は存在せず、インバウンド・観光に関連するビジネスに取り組もうとする場合、これまでは本書で取り上げているさまざまな法律に関して個別に検討をする必要がありました。しかし、観光に関連するさまざまな法律に関して個別に検討をすることは必ずしも容易ではなく、また、多種多様な法令の存在がインバウンド・観光ビジネスの創造的な発展を阻害する面もありました。

　こうした現状に鑑み、本書では、インバウンドや観光に関連する法令をピックアップし、インバウンド・観光ビジネスのさまざまな側面ごとに、関連する法令を整理して説明することで、インバウンドや観光に関連する各種法令の全体像を提示することとしています。本書を通じて、さまざまな法令に配慮しながらビジネスを行う必要があるインバウンドや観光に関連するビジネスに携わる方々の法的疑問が少しでも解消されることを期待しています。

2 本書の想定読者

　本書は、インバウンド・観光に関連する法令全般を整理して取り扱っており、主な読者層として、インバウンド・観光ビジネスの特定の側面に関わる方のみではなく、インバウンド・観光に関連する産業分野に関心を有する方全般

を想定しています。具体的には、

- ・ インバウンドビジネス・観光ビジネスに現に携わっている方
- ・ インバウンドビジネス・観光ビジネスに興味を持たれている方
- ・ インバウンドビジネス・観光ビジネス関連の政策立案に携わっている方
- ・ インバウンドビジネス・観光ビジネスに関連した企業・官公庁・自治体への就職を考えている方
- ・ インバウンドビジネス・観光ビジネスへの投資を考えている方
- ・ 先端的な法律問題に興味を持つ法学系学部・大学院の学生

を想定しています。

③ 本書において重点的に取り上げる観光ビジネス

　上述のとおり、本書はインバウンド・観光に関連するビジネスについて、ビジネスの多様な側面ごとに関連する法令をそれぞれ取り上げています。もっとも、インバウンド・観光に関連するビジネスのうち、特に規模が大きい代表的なビジネスについては独立した章を設けて重点的に説明を行っており、これらのビジネスに従事している方々がまず目を通していただくべき箇所が一目で分かるような構成としています。宿泊業、旅行業をはじめとした代表的なインバウンド・観光に関連するビジネスと本書の各章との対応関係は以下のとおりです。

[図表 序 - 1]　代表的な観光関連の事業と各章との対応関係

事業分野	関連する章	概　要
まちづくり事業	第 2 章	観光を活かしたまちづくりに際して知っておく必要のある法規制の横断的解説
旅行業（旅行代理店・ランドオペレーター等）	第 3 章	旅行業法をはじめとする、旅行業に関連する法規制の体系的解説
宿泊業（ホテル・旅館・民泊等の営業）	第 4 章	旅館業法、住宅宿泊事業法等の宿泊業に関連する法規制の体系的解説
旅客運送業（バス・タクシー・鉄道・船舶・航空機等の運行）	第 5 章	観光ビジネスに欠かせないさまざまな移動・交通手段に関連する法規制の体系的解説

第 1 節　本書を読まれる方へ　3

イベント企画事業	第6章	オリンピックをはじめとする各種イベントに関連する法規制の体系的解説
・ 各種集客施設運営事業 ・ IR運営事業	第7章	アミューズメント施設やナイトタイムエコノミーなどの集客を図る各種施設および統合型リゾート施設（IR）に関連する法規制の体系的解説
・ 観光資源の活用事業 ・ 観光資源の保護・再生事業	第8章	観光に活かすことができるさまざまな資源の活用および保護に関連する法規制の体系的解説

第2節

インバウンド・観光ビジネスを
めぐる最近の動向

　今後開催される東京オリンピック・パラリンピックや大阪万博の影響もあり、日本におけるインバウンドおよび観光に関連するビジネスはかつてないほどの盛り上がりを見せています。それに伴い、インバウンド・観光ビジネスには新たな動きが生じています。以下では、本書の各章で取り上げるインバウンド・観光ビジネスの動きの背景にある大きな潮流やインバウンド・観光ビジネスをめぐる最近の動向について簡単に説明します。

1　訪日外国人旅行者数の著しい増加

　観光関連のビジネスにおいて、現在最も関心を集めているトピックの1つはインバウンド観光であり、その背景には、近年訪日外国人旅行者数が急激に増加しているという事情があります。2013年に約1,036万人であった訪日外国人旅行者数は、6年連続で過去最高を更新し続け、2018年には3,119万人を記録し（対前年比8.7％増）、わずか6年で3倍近くも訪日外国人旅行者数が増加しました。

　政府も訪日外国人旅行者の増加に向けてさまざまな政策を打ち出しており、2016年には、「明日の日本を支える観光ビジョン構想会議」において、訪日外国人旅行者数の目標を2020年に4,000万人、2030年に6,000万人と設定し、官民一体となって訪日外国人旅行者数の増加に力を入れています（詳細については第1章第1節参照）。

　また、訪日外国人旅行者の出身国・地域を見てみると、アジアからの旅行者が特に多いことが分かります。アジアからの旅行者数は、2018年に2,676万人を記録し、訪日外国人旅行者数全体に占める割合は85.8％となっています。特に近年は韓国、中国、台湾および香港からの旅行者数が多く、これら

[図表序-2] 訪日外国人旅行者数の推移

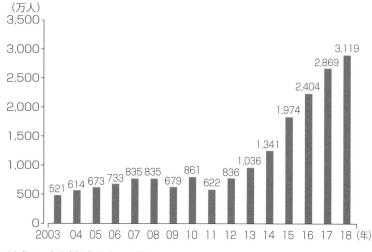

(出典:日本政府観光局(JNTO))

[図表序-3] 訪日外国人旅行者の内訳

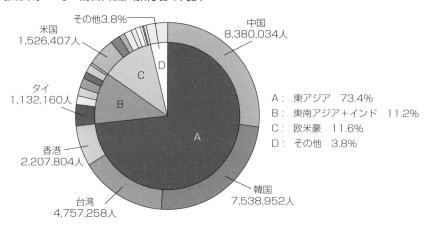

(出典:日本政府観光局(JNTO))

4ヶ国・地域からの旅行者数の合計は、2,288万人(2018年)となっています。
　訪日外国人の消費は日本経済に好影響を与えているといわれています。2018年の訪日外国人の旅行消費額は4兆5,064億円であり、2012年において訪日

外国人の旅行消費額を含む観光産業に関連する GDP が名目 GDP に占める割合が約 1.7％であったものが、2016 年には約 4.5％に増加したことをみると、近年における観光産業の発展がいかに日本経済に対して影響を与えているかが分かります。

高齢化や少子化による人口減少が進んでいる我が国においてインバウンド・観光に関連するビジネスを行うに当たっては、外国人旅行者、特にアジアからの外国人旅行者のことを考慮したインバウンドの側面に注力する重要性が増しているといえます。

2　日本人国内旅行者の動き

日本人国内延べ旅行者数の推移は、図表 序 - 4 のとおり、横ばい状態が続いており（ただし、2018 年は災害等の影響により減少しています）、毎年延べ約 6 億人前後で推移していることが分かります。また、日本人国内旅行消費額は、2011 年から約 20 兆円前後で推移しており、こちらも横ばい状態が続いています。

もっとも、いかにわが国で高齢化や少子化による人口減少が進んでいるといえども、2018 年の訪日外国人旅行消費額が 4 兆 5,064 億円であることに照らせば、日本人国内旅行消費額はその約 5 倍弱に上っており、観光ビジネスにおいて日本人国内旅行客も重視する必要があることはいうまでもありません。

[図表 序 - 4]　日本人国内延べ旅行者数と旅行消費額の推移

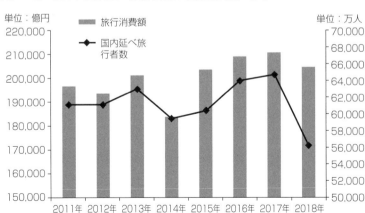

（出典：観光庁「旅行・観光消費動向調査」）

❸ シェアリングエコノミーと観光ビジネス

　シェアリングエコノミーとは、「個人等が保有する活用可能な資産等（スキルや時間等の無形のものを含む）を、インターネット上のマッチングプラットフォームを介して他の個人等も利用可能とする経済活性化活動」のことをいいます。2018 年は、いわゆる民泊新法（住宅宿泊事業法）の施行等シェアリングエコノミーに対する法整備が整えられ始め、大手企業も続々とシェアリングエコノミービジネスへ参入を始めた年でありました。

　観光ビジネスに関連するシェアリングエコノミーとしては、大きく、①宿泊、②交通、③体験型サービスの 3 分野について現在拡大が進んでいます。

①　宿泊の分野では、インターネット上のプラットフォームを用いた上で、個人の住宅や賃貸物件等を活用することにより、旅行者等に宿泊サービスを提供するいわゆる民泊が注目されており、東京オリンピック・パラリンピック等による宿泊施設の受け皿となることも期待されています。

②　交通の分野では、個人の所有する自動車を旅客の運送に利用する、いわゆるライドシェアサービスが有名です。もっとも、現在の日本の法律においては、営利型のライドシェアサービスは認められておらず、タクシーなどにおける配車アプリサービスの提供にとどまっています。

③　体験型サービスとは、訪日外国人に対して観光案内をしたり、日本の文化を体験したりしてもらうために、個人のスキルをシェアすることを目的とするシェアリングエコノミーであり、地元の日本人と交流して、より深く日本の文化を知りたい訪日外国人に人気のサービスとなっています。

　本書では、インバウンド・観光ビジネスをめぐる新たな動きといえるシェアリングエコノミーを基礎とした各種サービスについても法律面から説明を加えています。

第1章

インバウンド・観光全体に関わる政策・法体系

■本章のポイント■

- 2003年の「観光立国宣言」およびビジット・ジャパン・キャンペーンの開始以降、観光立国推進基本法の制定や同法に基づくさまざまな施策の実行等を経て、日本におけるインバウンドビジネスは急速に成長を遂げており、2018年にはついに訪日外国人観光客の数が3,000万人を超えました。政府は観光を我が国の成長戦略・地方創生の切り札と捉え、現在でも更なる成長に向けた政策を数多く展開しています。

- インバウンド・観光を所管する監督官庁は、観光庁をはじめとして非常に多岐にわたります。また、法令に関しても、①旅館業法や旅行業法、IR推進法のように、インバウンド・観光ビジネスを正面から規制するもの、②景品表示法や建築基準法、そして観光資源の保護を主な目的とする自然公園法等のように、インバウンド・観光ビジネスを側面から規制するもの、さらには③観光立国推進基本法のようにインバウンド・観光の全体像に関するものと非常に多数の法令が存在するため、全体像の把握は容易ではありません。

- 本章では、インバウンド・観光関連ビジネス全体に関わる政策・法体系やその歴史について概観するとともに、インバウンド・観光に関連する法令の全体像を示し、インバウンド・観光関連ビジネスと法令の関わりについて第2章以降の各章に共通する枠組みを説明します。

第1節

政策体系

1　インバウンド・観光を所管する監督官庁

　現在、日本におけるインバウンド・観光を所管する監督官庁としては、国土交通省の外局である観光庁と、同庁が所管する訪日外国人旅行者誘致を目的とする独立行政法人である「国際観光振興機構（Japan National Tourism Organization)」（日本政府観光局、JNTO）が中心となっています。

　もっとも、観光庁の設立（2008年）以前は、各省による個別の取組みが行われており、現在でも、観光庁以外の省庁もインバウンド・観光に大きくかかわっています。具体的には、経済産業省、農林水産省、総務省、内閣府、文部科学省、文化庁、環境省といった省庁が、さまざまな施策を実施しています。それぞれの取組みについては、各省庁のウェブサイトのほか、観光庁が取りまとめた「観光地域づくりに対する支援メニュー集」（観光庁ウェブサイト「観光地域づくりに対する支援メニュー集（令和元年度予算確定版）をとりまとめました！」）においても記載されているため、参考となります。

　さらに、地域の特性や状況に応じたきめ細やかな施策を行うために、地方自治体も、条例や各種計画の制定等を通じて地域の観光行政に幅広く関与しています。法令上も、全体的な基本方針を政府が策定し、当該基本方針を踏まえて地方自治体が地域の実情を反映した具体的な計画を策定・実施するという構造になっているものが複数存在するため、自らがインバウンド・観光ビジネスを行おうとする地域の地方自治体がどのような規制・支援を行っているかについても、事前に確認することが重要です（詳細については第2章を参照）。また、地方自治体が設置した「観光協会」、「観光連盟」、「観光コンベンション協会」、「観光コンベンションビューロー」といった組織が観光施策の実質的な推進主体となっている地域も少なからず存在するため、こうした組織の活動にも

注目が必要です。
　インバウンド・観光の管轄の全体像を図で示すと以下（図表1-1）のとおりです。

[図表1-1]　インバウンド・観光の管轄の全体像

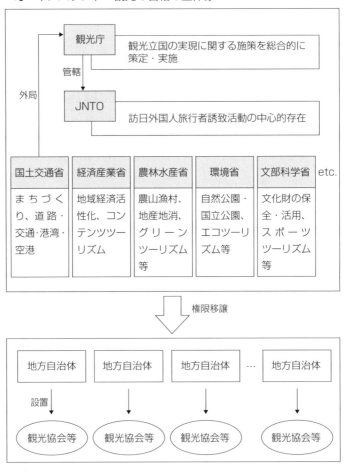

② インバウンドの歴史

(1) 戦後期〜「観光立国宣言」以前

(a) 戦後復興期の外貨獲得手段としてのインバウンド

　第二次世界大戦後、外貨獲得が重要な課題であった我が国にとって、インバウンド政策は日本再建にむけた重要な役割を果たすものとされていました。インバウンド政策の助成法として、1949年には通訳案内業法（現在の通訳案内士法）、国際観光事業の助成に関する法律（国際観光事業を振興するため、一定の条件を満たす非営利法人に対し、政府が事業の遂行に要する経費の一部を補助することを定める法令）、国際観光ホテル整備法が、1952年には旅行あっ旋業法（現在の旅行業法）が制定される等、次々と法整備が進められました。1963年に制定された観光基本法（現在の観光立国推進基本法）においても、観光の持つ「国際収支の改善及び外国との経済文化の交流の促進」（観光基本法1条）という側面が注目されていました。

(b) 貿易摩擦の解消とアウトバウンドの隆盛

　1955年から日本が高度経済成長期に入ると、国民所得の増加や国際ビジネスの増加、ジャンボジェット機の就航等から日本人海外旅行者が増加し、1971年には訪日外国人旅行者数を日本人海外旅行者数が上回りました。

　さらに、1980年代から1990年代にかけて、日本の国際収支は黒字化し、外貨獲得よりもむしろ日本製品の輸出拡大による相手国との貿易摩擦の解消や、諸外国との国際間相互理解の増進、観光交流の拡大に国際観光の重点が移ることとなります。1987年には、国際収支のバランス改善を目的として、日本人の海外旅行を推進する「海外旅行倍増計画（テン・ミリオン計画）」が実施される等、アウトバウンドが注目されるようになり、インバウンドに関する政策は低迷期を迎えます。

(c) インバウンドへの再注目

　1990年代に入ると、あまりに拡大したインバウンドとアウトバウンドの格差の是正が課題となりました（2000年の日本人海外旅行者数は約1,782万人、訪日外国人旅行者数は約476万人となり、約1,306万人の差が最大記録となっています）。1991年、運輸省（当時）は21世紀を展望した新たな国際観光の振興のた

第1節　政策体系　13

めの行動計画として、「観光交流拡大計画（Two Way Tourism 21)」を策定し、双方向の観光交流の拡大を目指す施策を発表しました。

さらに、1995 年の政策審議会において、「わが国は国際理解が十分得られない傾向もあることから、訪日外国人を飛躍的に増大させ、素顔の日本と日本人を見聞してもらうことは是非必要である」との答申がなされ、これを受けて1996 年に、「ウェルカムプラン 21（訪日観光交流倍増計画）」が取りまとめられ、1994 年時点で約 347 万人だった訪日外国人旅行者を 2005 年までに 700 万人に増加させる目標が掲げられました。これを実現するため、1997 年に「外国人観光旅客の来訪地域の多様化の促進による国際観光の振興に関する法律（外客誘致法）」（現在の「外国人観光旅客の来訪の促進等による国際観光の振興に関する法律」）が制定されました。

そして 2000 年には、「観光産業振興フォーラム」において「訪日外客倍増に向けた取り組みに関する緊急提言」が採択され、2007 年を目途に訪日外国人旅行者数 800 万人を目標とする「新ウェルカムプラン 21」が提案される等、インバウンドへの関心・注目が再び集まっていきました。

(2) 「観光立国宣言」以降

(a) 「観光立国宣言」とビジット・ジャパン・キャンペーン

こうした流れの中、さらなるグローバル化の進展と、日本国内における少子高齢化の深刻化等を受けて、2003 年に小泉純一郎総理大臣（当時）が「観光立国懇談会」を主宰し、日本の魅力を確立して日本ブランドとして発信するために「観光立国」の実現が重要課題であることを確認した上で、その実現のための総合戦略としての「住んでよし、訪れてよしの国づくり」と、2010 年に訪日外国人旅行者数を 1,000 万人にするという数値目標を掲げ、いわゆる「観光立国宣言」を行いました。

上記目標を達成するため、外国人訪日旅行者の増加を目的とした官民一体の外客誘致キャンペーン・プロモーション戦略である「ビジット・ジャパン・キャンペーン」(VJC) が 2003 年 4 月に開始されました。同キャンペーンにおいては、2012 年度までに韓国・アメリカ・中国・香港・台湾・ドイツ・フランス・イギリス・オーストラリア・カナダ・タイ・シンガポール・インドネシア・マレーシア・インド・ロシア・フィリピン・ベトナムの 18 の国・地域が重点市場に選定され、国際競争力のある国内観光地の整備、外国人向け旅行商品の開発、多言語で表記した案内等のインフラ整備、拠点空港の整備、LCC

（格安航空会社）の誘致、海外メディアを活用した CM 戦略等が推進されました。

　さらに、JNTO が中心となって、訪日外国人旅行者の増加を目的とした訪日旅行促進事業（ビジット・ジャパン事業、VJ）が推進されています。本事業では、VJC が対象とする重点市場にイタリア、スペインを加えた計 20 の国・地域を対象市場として、官民一体での取組みが行われています。なお、JNTO が公表した 2018 年度から 2020 年度までの訪日プロモーション全体方針では、以下のポイントが挙げられています（JNTO ウェブサイト「2018 ～ 2020 年度 訪日プロモーション方針」参照）。

- ・　訪日旅行の認知度が高いアジア市場と低い欧米豪市場の違いを考慮し、重点 20 市場において、個別の市場特性を踏まえてターゲット別に課題・対応策を定め、プロモーションの戦略性を向上させる
- ・　デジタルマーケティングを最大限活用し、ビッグデータ分析を通じた市場動向把握・プロモーションの高度化を目指す
- ・　訪日旅行消費の拡大に向けて、高所得者層誘客や長期滞在者誘客を目的としたプロモーションを強化
- ・　航空便・クルーズ船の新規路線誘致等を促進するための取組みを推進
- ・　自治体等との連携等による多様な魅力の発信により、地方への誘客を強力に促進
- ・　閑散期対策等、年間を通じた訪日需要の創出

(b)　観光立国推進基本法の制定

　2006 年、我が国における観光行政の基本法として、観光基本法を全面的に改正し、観光立国推進基本法が成立しました。

　同法に基づき、政府は観光立国推進基本計画を策定することとされており、2007 年、2012 年、2017 年にそれぞれ策定が行われています（詳細については第 2 節 2(1)参照）。また、政府は、観光立国推進閣僚会議を立ち上げ、「観光立国実現に向けたアクション・プログラム」（2016 年以降は「観光ビジョン実現プログラム」）を毎年公表しています（図表 1 - 2）。

[図表 1-2] 観光ビジョン実現プログラム 2019 の概要

外国人が真の意味で楽しめる仕様に変えるための環境整備	・ 多言語対応、Wi-Fi 環境等のスピーディな整備 ・ MaaS（鉄道・バス等を一体的に検索・予約・決済できるシステム）、観光地までのアクセス（バス・タクシー・レンタカー等）の充実 ・ 「稼ぐ」旅館・ホテルに向けた生産性向上（1 人が複数業務を兼務できるシステム構築等）、外国人人材活用等
地域の新しい観光コンテンツの開発	・ 「日本博」を全国各地で開催し、国宝・重要文化財の展示・活用等を実施 ・ 国立公園の滞在環境の向上（民間カフェ等の導入等）、自然体験コンテンツの充実（マリモツアー等）等 ・ 「農泊」らしい農家民宿や古民家の整備、農業体験等のコンテンツの充実 ・ リビング・ヒストリー（文化財について、歴史的な出来事や当時の生活を再現する新たなコンテンツを開発） ・ 城泊・寺泊、グランピング（規制緩和、好事例の横展開） ・ スノーリゾート活性化・旅館再生（多言語対応、設備更新の金融支援等） ・ クルーズ客の満足度向上に向けた体験プログラムの開発や地元商店街への誘導等 ・ ナイトタイム（夜間に楽しめるイベント、交通手段確保） ・ 観光列車、サイクルトレイン等の導入促進 ・ 医療ツーリズムの推進
JNTO と地域（自治体・DMO）の適切な役割分担と連携強化	・ 自治体・DMO の役割の明確化 ・ JNTO が各地域の情報・魅力を海外に向けて一元的に発信するための体制強化 ・ JNTO が各地域に提供するデジタルマーケティング（ウェブサイトの閲覧履歴等を分析して各国や分野別の関心や傾向をつかむ）の強化 ・ 欧米豪を中心とするグローバルキャンペーンの東アジア（中・韓ほか）等への強化 ・ さらに幅広い地域からの誘客に向けた新市場開拓（中東、中南米）

出入国の円滑化等	・ 顔認証システム等による出入国の迅速化 ・ ビザの戦略的緩和、免税店拡大（電子申請の支援） ・ 空港の発着回数増、海外からの地方空港への直行便の就航促進 ・ 観光地の混雑対策（観光スポットの混雑状況をスマートフォンで閲覧できるシステム、早朝時間帯の活用等）

　こうした政策運営に加えて、数多くの法令が観光立国推進基本法を受けて制定・改正されています。

(c) 「明日の日本を支える観光ビジョン」

　上記のようなインバウンドの拡大、観光立国の実現に向けたさまざまな政策や官民での取組みの結果、2015 年に日本人海外旅行者数と訪日外国人旅行者数が約 45 年ぶりに逆転しました。こうした流れを受け、観光立国の推進をさらに加速させるため、政府は 2016 年 3 月に、「明日の日本を支える観光ビジョン」を策定・公表し、以下（図表 1 - 3）のとおり観光先進国の実現に向けた「3 つの視点」と「10 の改革」を取りまとめました（観光庁ウェブサイト「『明日の日本を支える観光ビジョン』を策定しました！」参照）。

[図表 1 - 3] 「明日の日本を支える観光ビジョン」における「3 つの視点」と「10 の改革」

3 つの視点	10 の改革
観光資源の魅力を極め、地方創生の礎に	① 「魅力ある公的施設」を、ひろく国民、そして世界に開放 ② 「文化財」を、「保存優先」から観光客目線での「理解促進」、そして「活用」へ ③ 「国立公園」を、世界水準の「ナショナルパーク」へ ④ おもな観光地で「景観計画」をつくり、美しい街並みへ
観光産業を革新し、国際競争力を高め、我が国の基幹産業に	⑤ 古い規制を見直し、生産性を大切にする観光産業へ ⑥ 新しい市場を開拓し、長期滞在と消費拡大を同時に実現 ⑦ 疲弊した温泉街や地方都市を、未来発想の経営で再生・活性化

第 1 節　政策体系　17

すべての旅行者が、ストレスなく快適に観光を満喫できる環境に	⑧ ソフトインフラを飛躍的に改善し、世界一快適な滞在を実現
	⑨ 「地方創生回廊」を完備し、全国どこへでも快適な旅行を実現
	⑩ 「働きかた」と「休みかた」を改革し、躍動感あふれる社会を実現

　上記ビジョンに基づき、民泊新法（住宅宿泊事業法）の制定や旅行業法、通訳案内士法の改正等の法整備に加え、「広域観光周遊ルート形成計画」や「地方創生回廊」等の観光による地域活性化の推進のための整備等が進められています（詳細については第2章第1節1⑴参照）。

　また、数値目標についても、従来の観光立国推進基本計画や「観光立国実現に向けたアクション・プログラム」において定めていた目標を大幅に前倒しし、2020年の東京オリンピック・パラリンピック開催等を視野に更なるインバウンドの加速を狙っています。「明日の日本を支える観光ビジョン」において定められている数値目標は図表1-4のとおりです。

[図表1-4] 「明日の日本を支える観光ビジョン」における数値目標

項　目	2020年目標値	2030年目標値
訪日外国人旅行者数	4,000万人	6,000万人
訪日外国人旅行消費額	8兆円	15兆円
地方部（三大都市圏以外）での外国人延べ宿泊者数	7,000万人泊	1億3,000万人泊
外国人リピーター数	2,400万人	3,600万人
日本人国内旅行消費額	21兆円	22兆円

　この数値目標は、2017年に策定された観光立国推進基本計画においても引き継がれています（詳細については第2節2⑴(c)参照）。

(3)　まとめ

　これまで見てきたとおり、我が国におけるインバウンド・観光は、2003年の「観光立国宣言」およびVJCの開始を契機として急速に成長を遂げてお

り、2020 年の東京オリンピック・パラリンピック開催やそのさらに後を見据えて、更なる成長に向けた政策が展開されています。本節のまとめとして、インバウンド・観光に関する主な出来事の年表（図表 1 - 5）と、日本人海外旅行者数と訪日外国人旅行者数の推移を比較したグラフ（図表 1 - 6）を以下に示します。

[図表 1 - 5] インバウンド・観光に関する主な出来事

戦後復興期	1949 年	通訳案内業法（現在の通訳案内士法）、国際観光事業の助成に関する法律、国際観光ホテル整備法制定
	1952 年	旅行あっ旋業法（現在の旅行業法）制定
	1963 年	観光基本法（現在の観光立国推進基本法）制定
アウトバウンド隆盛期	1971 年	訪日外国人観光客数を日本人海外旅行者数が上回る
	1987 年	海外旅行倍増計画（テン・ミリオン計画）の実施
	1991 年	「観光交流拡大計画（Two Way Tourism 21）」策定
	1996 年	「ウェルカムプラン 21（訪日観光交流倍増計画）」策定 （訪日外国人旅行者数の目標：2005 年までに 700 万人）
	1997 年	外国人観光旅客の来訪地域の多様化の促進による国際観光の振興に関する法律（現在の外国人観光旅客の来訪の促進等による国際観光の振興に関する法律）制定
	2000 年	「新ウェルカムプラン 21」策定 （訪日外国人旅行者数の目標：2007 年を目途に 800 万人）
観光立国宣言以降	2003 年 1 月	小泉純一郎総理大臣（当時）が「観光立国懇談会」を主宰、「観光立国宣言」 （訪日外国人旅行者数の目標：2010 年までに 1,000 万人）
	2003 年 4 月	ビジット・ジャパン・キャンペーン（VJC）、ビジット・ジャパン事業（VJ）開始
	2006 年 12 月	観光立国推進基本法制定

第 1 節 政策体系 19

2007 年 6 月	観光立国推進基本計画を閣議決定
2008 年 4 月	エコツーリズム推進法施行
2008 年 7 月	観光圏整備法（観光圏の整備による観光旅客の来訪及び滞在の促進に関する法律）施行
2008 年 10 月	観光庁設置
2008 年 11 月	歴史まちづくり法（地域における歴史的風致の維持及び向上に関する法律）施行
2012 年 3 月	観光立国推進基本計画を閣議決定
2013 年 6 月	「観光立国実現に向けたアクション・プログラム」決定
2014 年 6 月	「観光立国実現に向けたアクション・プログラム2014」決定 （訪日外国人旅行者数の目標：2020 年までに 2,000万人）
2015 年 6 月	「観光立国実現に向けたアクション・プログラム2015」決定
2015 年 10 月	改正地域伝統芸能等活用法（地域伝統芸能等を活用した行事の実施による観光及び特定地域商工業の振興に関する法律）施行
2016 年 3 月	「明日の日本を支える観光ビジョン」策定 （訪日外国人旅行者数の目標：2020 年までに 4,000万人）
2016 年 5 月	「観光ビジョン実現プログラム 2016」決定
2017 年 3 月	観光立国推進基本計画を閣議決定 IR 推進法（特定複合観光施設区域の整備の推進に関する法律）施行
2017 年 5 月	「観光ビジョン実現プログラム 2017」決定
2018 年 1 月	改正旅行業法、改正通訳案内士法施行
2018 年 4 月	「外国人観光旅客の旅行の容易化等の促進による国際観光の振興に関する法律」を改正、「外国人観光旅客の来訪の促進等による国際観光の振興に関する法律」に名称変更

		改正コンベンション法（国際会議等の誘致の促進及び開催の円滑化等による国際観光の振興に関する法律）施行
	2018年 6月	民泊新法（住宅宿泊事業法）施行・改正旅館業法施行
		「観光ビジョン実現プログラム 2018」決定
	2018年 7月	IR実施法（特定複合観光施設区域整備法）公布
	2018年10月	ギャンブル等依存症対策基本法施行
	2019年 1月	国際観光旅客税法施行、国際観光旅客税の適用開始
	2019年 4月	改正文化財保護法施行
	2019年 6月	「観光ビジョン実現プログラム 2019」決定

[図表 1-6] インバウンドおよびアウトバウンドの推移

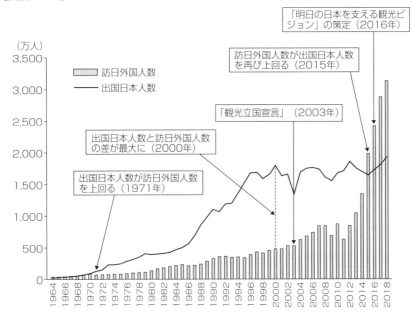

（出典：日本政府観光局（JNTO））

第1節　政策体系　21

第2節

法体系

1 全体像

　インバウンド・観光ビジネスに関する法令の全体像を把握するため、本書で言及している観光に関連する主な法令を、次（図表1-7）のとおり一覧化しています。本書では、これらの法令について、①観光施策全体に関する法令、②宿泊事業に関連する法令、③ツアー・旅行業に関連する法令、④移動・交通に関連する法令、⑤集客施設に関連する法令、⑥観光資源に関連する法令、という分類を行い、各章で解説するという構成をとっています。

　なお、「観光に関わる法律」といっても、その範囲は非常に広く、そのすべてを網羅することは非常に困難です。これは、旅館業法や旅行業法、IR推進法のように、インバウンド・観光ビジネスを正面から規制するものだけでなく、景品表示法や建築基準法、そして観光資源の保護を主な目的とする自然公園法等のように、観光ビジネスに限定されない規制法令が多数存在することに起因するものであり、特に、制定当初はインバウンド・観光ビジネスとの関連性は特段意識されていなかった法令が、ビジネスモデルの変化等に伴って結果的にインバウンド・観光ビジネスに関連するようになったというケースを含めると、その数は膨大となるためです。また、これらの法令を所轄する官庁が複数存在することも、インバウンド・観光に関連する法令の全体像の把握を困難なものにさせている要因のひとつです。

　したがって、ここで記載している法令はあくまでその全体像を理解するための「主要な」法令に過ぎず、実際にインバウンド・観光ビジネスを行おうとする場合には、当該ビジネスを規制・支援する法令が他に存在しないかを十分に調査し、さらに必要があれば官公庁への問い合わせ等によって確認を行う必要があります。

22　第1章　インバウンド・観光全体に関わる政策・法体系

なお、自然環境や遺産の保護に関する国際的な枠組みとして、「特に水鳥の生息地として国際的に重要な湿地に関する条約」（ラムサール条約）や「世界の文化遺産及び自然遺産の保護に関する条約」（世界遺産条約）等が存在し、これらの国際条約もインバウンド・観光に関連しうるものではあります。もっとも、我が国においては、これらの条約に基づく特別の法律は制定されておらず、既存の国内法（ラムサール条約に登録されている湿地の保護については、自然公園法、鳥獣保護法や河川法等、世界遺産の保護については、自然公園法、自然環境保全法や文化財保護法等）によって対処されているため、本書では検討の対象とはしていません。

[図表 1 - 7]　本書で取り扱うインバウンド・観光に関する主な法令等

項　目	法令等の名称	主要所轄官庁	本書における主な解説箇所
観光施策全体	観光立国推進基本法	観光庁	本　章
	国際観光振興法（外国人観光旅客の来訪の促進等による国際観光の振興に関する法律）	観光庁	
	国際観光旅客税法	財務省	
	リゾート法（総合保養地域整備法）	国土交通省 観光庁	
	観光圏整備法（観光圏の整備による観光旅客の来訪及び滞在の促進に関する法律）	観光庁 農林水産省	
	国際観光事業の助成に関する法律	国土交通省	
ツアー・旅行業関連	旅行業法	観光庁	第 3 章
	景品表示法（不当景品類及び不当表示防止法）	消費者庁	
	通訳案内士法	観光庁	
宿泊事業関連	旅館業法	厚生労働省	第 4 章
	国際観光ホテル整備法	観光庁	

第 2 節　法体系　23

	特区民泊（国家戦略特別区域法）	内閣府 厚生労働省 国土交通省 農林水産省 法務省 文部科学省	
	民泊新法（住宅宿泊事業法）	厚生労働省 国土交通省 観光庁	
	食品衛生法	厚生労働省	
	建築基準法	国土交通省	
	公衆浴場法	厚生労働省	
	消防法	総務省	
移動・交通関連	道路運送法	国土交通省	第5章
	鉄道事業法	国土交通省	
	鉄道営業法	国土交通省	
	地域公共交通の活性化及び再生に関する法律	国土交通省	
	高齢者、障害者等の移動等の円滑化の促進に関する法律	国土交通省	
	港湾法	国土交通省	
	航空法	環境省 国土交通省	
集客イベント関連	東京2020組織委員会における調達について	東京オリンピック・パラリンピック競技大会組織委員会	第6章
	道路交通法	国土交通省	
	食品衛生法	厚生労働省	
	食品表示法	消費者庁	

	景品表示法（不当景品類及び不当表示防止法）	消費者庁	
	屋外広告物法	国土交通省	
	チケット不正転売規制法（特定興行入場券の不正転売の禁止等による興行入場券の適正な流通の確保に関する法律）	文化庁	
集客施設関連	スタジアム・アリーナ改革指針	スポーツ庁	第7章
	建築基準法	国土交通省	
	興行場法	厚生労働省	
	映画の盗撮の防止に関する法律	文化庁	
	風営法（風俗営業等の規制及び業務の適正化等に関する法律）	警察庁	
	IR推進法（特定複合観光施設区域の整備の推進に関する法律）	国土交通省	
	IR実施法(特定複合観光施設区域整備法)	国土交通省	
観光資源関連	自然公園法	環境省	第8章
	自然環境保全法	環境省	
	エコツーリズム推進法	環境省 農林水産省 国土交通省 文部科学省 観光庁	
	自然再生推進法	環境省 農林水産省 国土交通省	
	地域自然資産法（地域自然資産区域における自然環境の保全及び持続可能な利用の推進に関する法律）	文部科学省 文化庁 環境省	
	海岸法	農林水産省 水産庁 国土交通省	

第2節　法体系　25

森林法	農林水産省 林野庁
河川法	国土交通省 環境省
鳥獣保護法（鳥獣の保護及び管理並びに狩猟の適正化に関する法律）	環境省
絶滅のおそれのある野生動植物の種の保存に関する法律	環境省
文化財保護法	文部科学省 文化庁
歴史まちづくり法（地域における歴史的風致の維持及び向上に関する法律）	文部科学省 文化庁 農林水産省 国土交通省
古都保存法（古都における歴史的風土の保存に関する特別措置法）	国土交通省
明日香法（明日香村における歴史的風土の保存及び生活環境の整備等に関する特別措置法）	国土交通省
地域伝統芸能等活用法（地域伝統芸能等を活用した行事の実施による観光及び特定地域商工業の振興に関する法律）	文化庁 国土交通省 経済産業省 農林水産省 総務省 観光庁
農山漁村余暇法（農山漁村滞在型余暇活動のための基盤整備の促進に関する法律）	農林水産省
景観法	国土交通省 農林水産省 環境省
温泉法	環境省
都市公園法	国土交通省
屋外広告物法	国土交通省

② 観光に関する全体的な施策をめぐる法律

ここでは、インバウンド・観光に関する全体的な施策をめぐる法律である、①観光立国推進基本法、②国際観光振興法（外国人観光旅客の来訪の促進等による国際観光の振興に関する法律）および③観光圏整備法（観光圏の整備による観光旅客の来訪及び滞在の促進に関する法律）について解説を行います。

(1) 観光立国推進基本法
(a) 制定経緯・目的等（観光立国推進基本法前文・第1章）

観光立国推進基本法は、2006年12月13日に成立し、2007年1月1日より施行されています。同法は、「少子高齢社会の到来と本格的な国際交流の進展」を視野に、観光立国の実現を「21世紀の我が国経済社会の発展のために不可欠な重要課題」と位置づけ（観光立国推進基本法前文）、観光立国の実現に関する施策を総合的かつ計画的に推進し、国民経済の発展、国民生活の安定向上および国際相互理解の増進に寄与することをその目的としています（同法1条）。

そして、観光立国の実現を進める上での基本理念として、①豊かな国民生活を実現するための「住んでよし、訪れてよしの国づくり」の認識の重要性、②国民の観光旅行の促進の重要性、③国際的視点に立つことの重要性、④関係者相互の連携の確保の必要性を規定しています（同法2条）。

そのうえで、国や地方公共団体等の関係者の責務等を図表1-8のとおり定めています（同法3条～6条）。また、観光立国推進基本法の基本的な枠組みは次頁の図表1-9のとおりです。

[図表1-8] 観光立国推進基本法における関係者の責務等

国の責務	観光立国の実現に関する施策を総合的に策定し、実施する
地方公共団体の責務	・ 地域の特性を活かした施策を策定し、実施する ・ 地方公共団体相互の広域的な連携協力に努める
住民の役割	観光立国の意義を理解し、魅力ある観光地の形成への積極的な役割を果たすよう努める
観光事業者の努力	住民の福祉に配慮するとともに、観光立国の実現に主体的に取り組むよう努める

第2節 法体系 27

[図表1-9] 観光立国推進基本法の基本的な枠組み

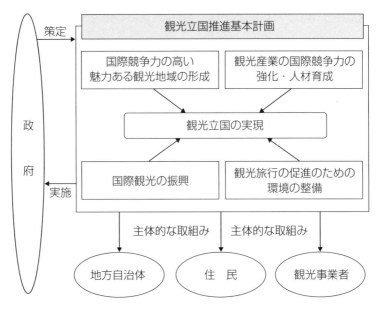

(b) 観光立国推進基本計画（観光立国推進基本法第2章）

政府は、観光立国の実現のためのマスタープランとして「観光立国推進基本計画」を策定することとされており（観光立国推進基本法10条1項）、観光立国推進基本計画以外の国の計画は、観光立国の実現に関しては、観光立国推進基本計画を基本とするものとされています（同法11条）。

(c) 基本的施策（観光立国推進基本法第3章）

さらに、観光立国推進基本法は、観光立国の実現に向けた基本的な施策として、次の4点を規定しています（図表1-10）。

[図表1-10] 観光立国の実現に向けた基本的施策

①国際競争力の高い魅力ある観光地の形成	・ 国際競争力の高い魅力ある観光地の形成（12条） ・ 観光資源の活用による地域の特性を生かした魅力ある観光地の形成（13条） ・ 観光旅行者の来訪の促進に必要な交通施設の総合的な整備（14条）
②観光産業の国際競争力の強化および観光の振興に寄与する人材の育成	・ 観光産業の国際競争力の強化（15条） ・ 観光の振興に寄与する人材の育成（16条）
③国際観光の振興	・ 外国人観光旅客の来訪の促進（17条） ・ 国際相互交流の促進（18条）
④観光旅行の促進のための環境の整備	・ 観光旅行の容易化および円滑化（19条） ・ 観光旅行者に対する接遇の向上（20条） ・ 観光旅行者の利便の増進（21条） ・ 観光旅行の安全の確保（22条） ・ 新たな観光旅行の分野の開拓（23条） ・ 観光地における環境および良好な景観の保全（24条） ・ 観光に関する統計の整備（25条）

　上記の基本的施策は、観光立国推進基本計画において具体化されます。すなわち、観光立国推進基本計画は、2007年と2012年、そして直近では2017年3月に閣議決定されており、2017年の基本計画では以下（図表1-11）のとおり基本的施策が柱として盛り込まれています。

[図表1-11] 観光立国推進基本計画（2017年）概要

基本計画の見直しの方向性	「明日の日本を支える観光ビジョン」を踏まえ、観光は我が国の成長戦略の柱、地方創生への切り札であるという認識の下、拡大する世界の観光需要を取り込み、世界が訪れたくなる「観光先進国・日本」への飛躍を図る
基本的な方針	① 国民経済の発展 ② 国際相互理解の増進 ③ 国民生活の安定向上 ④ 災害、事故等のリスクへの備え

計画期間	2017 年度から 2020 年度までの 4 年間
数値目標	① 国内観光の拡大・充実 ・ 国内旅行消費額：21 兆円 ② 国際観光の拡大・充実 ・ 訪日外国人旅行者数：4,000 万人 ・ 訪日外国人旅行消費額：8 兆円 ・ 訪日外国人旅行者に占めるリピーター数：2,400 万人 ・ 訪日外国人旅行者の地方部における延べ宿泊者数：7,000 万人泊 ・ アジア主要国における国際会議の開催件数に占める割合：3 割以上・アジア最大の開催国 ③ 国際相互交流の推進 ・ 日本人の海外旅行者数：2,000 万人
施　策	① 国際競争力の高い魅力ある観光地域の形成 ・ 国内外から選好される魅力ある観光地域づくり ・ 東北の観光復興 ・ 文化財を中核とした観光拠点の整備 ・ 魅力ある公的施設の公開・開放等 ・ 古民家等の歴史的資源を活用した観光まちづくり ・ 国立公園の「ナショナルパーク」としてのブランド化 ・ 滞在型農山漁村の確立・形成 ・ 良好な景観に関する観光資源の保護、育成および開発 ・ 離島地域等における観光振興 ・ 国際拠点空港等の整備等 ・ クルーズ船受入れのさらなる拡充 ・ 「地方創生回廊」の完備 ② 観光産業の国際競争力の強化および観光の振興に寄与する人材の育成 ・ 地域独自の魅力を生かした旅行商品の創出 ・ 民泊サービスへの対応 ・ 「観光地再生・活性化ファンド」の継続的な展開 ・ 観光の振興に寄与する人材の育成、宿泊業の生産性向上 ③ 国際観光の振興 ・ オールジャパンによる訪日プロモーションの実施 ・ ビザ発給に係る要件の緩和 ・ 最先端技術を活用した革新的な出入国審査等の実現

	・ 通訳ガイドの質・量の充実、ランドオペレーターの登録制度の導入
	・ 通信環境の整備促進
	④ 観光旅行の促進のための環境の整備
	・ 訪日外国人旅行者等の災害被害軽減

(2) 国際観光振興法（外国人観光旅客の来訪の促進等による国際観光の振興に関する法律）

(a) 制定経緯・目的等

　本法は、当初、外国人観光客の訪日旅行が大都市圏への団体旅行中心で、かつ、外国人観光客の間で訪日旅行は高額と捉えられていたこと等から、費用の低廉化等の措置をとることで来訪地域の多様化等を図ることを目的として1997年に「外国人観光旅客の来訪地域の多様化の促進による国際観光の振興に関する法律」という名称で制定されました。

　その後、2018年には訪日外国人観光客数は3,000万人を超えるとともに、個人旅行へのシフトやさまざまなツーリズムにより旅行目的・形態が多様化する等、外国人観光客は量的・質的にも大きく変化しました。こうした状況に加え、「明日の日本を支える観光ビジョン」や観光立国推進基本計画で定めた2020年訪日旅行者数4,000万人等の目標を達成するためには、外国人観光客のさまざまな地域への来訪・滞在の拡大に向けた多面的な受入環境整備の拡充が急務となりました。

　そこで、2018年4月、①名称の変更、②基本方針・外客来訪促進計画の見直し、③旅行者の利便増進措置の充実、④国際観光旅客税の使途の規定等を内容とする改正が行われました。

　名称が変更され、「外国人観光旅客の来訪の促進等による国際観光の振興に関する法律」という名称となった本法は、観光先進国の実現に向けた観光基盤の拡充および強化を図るため、外国人観光客の来訪を促進するための措置等により国際観光の振興を図り、我が国の観光およびその関連産業の国際競争力の強化ならびに地域経済の活性化等に寄与することを目的としています（国際観光振興法1条）。

　国際観光振興法の基本的な枠組みは次のとおりです（図表1-12）。

第2節　法体系　31

[図表 1-12] 国際観光振興法の基本的な枠組み

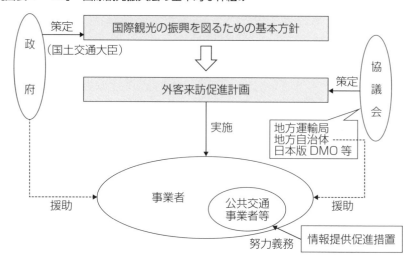

(b) 基本方針および外客来訪促進計画（国際観光振興法第2章および第3章第1節、第2節）

　国土交通大臣は、国際観光の振興を図るための基本方針を定めることとされています（国際観光振興法3条1項）。当該基本方針のもとで、地方運輸局、都道府県および地域の観光振興の推進を目的とする観光関係団体（日本版DMO等。第2章第1節2参照）は、共同で「協議会」を組織することができ（同法4条1項）、この協議会が、観光庁長官の同意を得て、地域への外国人観光旅客の来訪の促進に関する計画（外客来訪促進計画）を策定・公表することで（同法5条1項～4項）、行政区画や官民の区別を超えた多様な主体による観光地域づくりの推進を実現することが目指されています。そして、外客来訪促進計画の達成に資するため、国および地方公共団体はその実施に必要な事業を行う者に対する助言・指導等の援助を行うことが努力義務として定められています（同法13条）。

(c) 外国人観光旅客の来訪を促進するための措置（国際観光振興法第3章第3節）

　公共交通事業者等（鉄道、バス、海上運送、航空運送等を行う事業者等。国際観光振興法2条1項）は、外国人観光客の旅行形態の多様化を踏まえつつ、地方

への来訪、滞在を拡大するため、事業で使用する車両等について、外国語等による情報の提供、インターネットを利用した観光に関する情報の閲覧を可能とするための措置、座便式の水洗便所の設置その他の外国人観光客の公共交通機関の利用に係る利便を増進するために必要な措置（外国人観光旅客利便増進措置）を講ずることが努力義務として定められています（同法7条）。当該措置の内容は、観光庁の定めた基準（観光庁告示第23号）および「公共交通機関における外国人観光旅客利便増進措置ガイドライン」により以下のとおり具体化されています。

①外国語等による情報の提供
②インターネットを利用した観光に関する情報の閲覧を可能とするための措置
③座便式の水洗便所の設置
④クレジットカードによる支払いを可能とする券売機等の設置
⑤交通系ICカード利用環境の整備
⑥荷物置き場の設置
⑦インターネットによる予約環境の整備

(d) 国際観光旅客税の使途（国際観光振興法第4章）

本法は、本法の公布日と同日付で公布された国際観光旅客税法に関して、同法に基づき徴収した国際観光旅客税の使途として①ストレスフリーで快適に旅行できる環境の整備、②我が国の多様な魅力に関する情報の入手の容易化、③地域固有の文化、自然等を活用した観光資源の整備等による地域での体験滞在の満足度向上、の3つの分野に充当することを規定しています（国際観光振興法12条1項）。

国際観光旅客税法は2019年1月7日に施行され、同日以後の出国に対し、国際観光旅客税が適用されています。同法の内容に関しては、国税庁が公表している「国際観光旅客税に関するQ&A」が参考となります。

(3) 観光圏整備法（観光圏の整備による観光旅客の来訪及び滞在の促進に関する法律）

(a) 目的等

本法は、観光地が広域的に連携した「観光圏」の整備を行うことで、観光客が2泊3日以上の滞在型観光をできるような観光エリアの整備を促進し、国際

競争力の高い魅力ある観光地域を形成することにより、日本人を含めた国内外からの観光旅客の来訪・滞在を促進し、観光立国・地域活性化を実現することを目的としています（観光圏整備法1条）。本法に類似の政策として、「広域観光周遊ルート形成計画」が存在しますが（詳細については第2章第1節1参照）、本法が日本人観光客もその対象としているのに対し、広域観光周遊ルートでは、もっぱら訪日外国人観光客が対象とされている点に違いがあります。

観光圏整備法の基本的な枠組みは以下のとおりです（図表1-13）。

[図表1-13] 観光圏整備法の基本的な枠組み

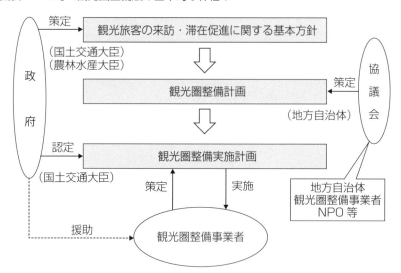

(b) 基本方針および観光圏整備計画・観光圏整備実施計画

国土交通大臣および農林水産大臣は、「観光圏の整備による観光旅客の来訪及び滞在の促進に関する基本方針」を定めることとされています（観光圏整備法3条1項）。当該基本方針のもとで、地方自治体は、観光圏の整備による観光旅客の来訪および滞在の促進を総合的かつ一体的に図るための計画（観光圏整備計画）を作成しますが（同法4条1項）、観光圏整備計画の作成に関する協議等を行うため、観光圏整備事業者やNPO等と共同で「協議会」を組織することができます（同法5条1項・2項）。

観光圏整備計画に基づいて観光圏整備事業を実施しようとする事業者は、当該計画に即して観光圏整備事業を実施するための計画（観光圏整備実施計画）

を作成し、整備事業を実施しますが（同法7条1項）、任意で国土交通大臣に対して観光圏整備実施計画の認定を申請することができます（同法8条1項）。当該認定を得た観光圏整備実施計画に対しては、国による総合的支援（旅行業法、国際観光ホテル整備法、道路運送法・海上運送法等の特例措置による支援その他の助言・指導等）が行われます（同法10条～15条、19条、20条）。2019年4月10日時点で、13地域において観光圏整備実施計画が認定を受けています。

(c) リゾート法との違い

本法に類似した法律として、1987年に制定されたリゾート法（総合保養地域整備法）があります。同法は、「ゆとりのある国民生活のための利便の増進」と「地域の振興」の達成を目的としており、政府が基本方針を策定し、都道府県が基本方針に基づいた基本構想を作成して政府の同意を得て基本構想（リゾート開発）を実施するという構造になっています。

バブル崩壊も相まって複数の開発計画が破綻し、地方財政の圧迫や環境破壊をもたらした等の批判を受けているリゾート法ですが（たとえば、日本弁護士連合会は2004年に「リゾート法の廃止と、持続可能なツーリズムのための施策・法整備を求める決議」を行い、その内容を同会ウェブサイトに公表しています）、観光圏整備法は、「個性豊かで活力に満ちた地域社会の実現」への寄与を究極目的としており、観光圏を形成する地域ごとに「創意工夫を生かした主体的な取組」を求めているなど（観光圏整備法1条）、地域の「個性」を重視している点で、日本全国にゴルフ場や大型リゾート施設を「画一的」に生み出したリゾート法とは異なるものと期待されています。

■□■ Column ■□■

インバウンドの振興と個人情報保護法・GDPR

インバウンド・観光ビジネスを行う場合、特に、旅行業者や宿泊事業を行う事業者等は、ビジネスの規模によっては非常に多くの顧客の個人情報を取り扱うことになります。個人情報を取り扱う事業者は、個人情報保護法への対応が必要となり、①利用目的の特定とその通知・公表、②安全管理措置の実施等の義務を果たす必要があります。また、③本人の同意なく個人情報を第三者に提供することは原則として禁止され、④本人には個人情報の開示や訂正、利用停

第2節　法体系　35

止に関する権利が認められています。特に個人情報を数多く取り扱う事業を新規に開始する場合は、データ管理システム等にも関わる問題になるので、初期段階から該当分野の専門家や弁護士等の関与を確保することも検討が必要です。

　また、特にヨーロッパに所在する個人の情報を取り扱う場合は、GDPR（General Data Protection Regulation：一般データ保護規則）にも留意が必要です。GDPRとは、EU（厳密にはEuropean Economic Area：欧州経済領域）に所在する個人の「個人データ」の「処理」およびEU外への「移転」を行うための要件と、処理・移転を行う者が遵守すべき義務を定めた法規制で、EU加盟国に対して直接効力を有します。そして、「域外適用」のルールにより、EU内に子会社等を置いていない日本企業に対してもGDPRが適用される可能性があり、たとえばEU内の顧客をターゲットとして日本国内の旅行を販売する場合等は、個人情報保護法に加えて、GDPRについても遵守が必要となりうる点に留意が必要です。GDPRは、利用目的の制限や本人の同意なき第三者提供の原則禁止等、日本の個人情報保護法と類似する点も存在するものの、具体的な要件については違いがあります。また、DPO（Data Protection Officer：データ保護責任者）の選任やDPIA（Data Protection Impact Assessment：データ保護影響評価）の実施等、個人情報保護法には存在しない規制もありますので、「個人情報保護法に対応していれば大丈夫」と安易に考えることはできません。そして、違反に対する制裁金も非常に高額となりうる（最大で２,０００万ユーロまたは直前の会計年度における全世界年間売上高の4％以下の金額のいずれか高い方）ため、弁護士等の専門アドバイザーの助言を得て、GDPRの適用の有無と、適用される場合には社内規程や組織体制の整備、業務プロセスや情報セキュリティシステムの見直し等の実施について慎重に検討する必要があります。

■本章の内容の理解に役立つ主要な資料・文献■

● 観光庁ウェブサイト「政策について」
（https://www.mlit.go.jp/kankocho/shisaku/index.html）

● 観光庁ウェブサイト「『平成 30 年度観光の状況』及び『令和元年度観光施策』（観光白書）について」
（http://www.mlit.go.jp/kankocho/news02_000386.html）

● 観光庁ウェブサイト「所管法令」
（https://www.mlit.go.jp/kankocho/about/houritsu.html）

● 日本政府観光局（JNTO）ウェブサイト
（https://www.jnto.go.jp/jpn/）

第2章

観光まちづくりをめぐる
ビジネスと法律

■本章のポイント■

● 第1章で見たとおり、インバウンド・観光は我が国における地方創生・地域経済活性化の切り札として注目されており、政府によって観光まちづくりの推進に向けて法整備、観光インフラ整備を含むさまざまな施策が実行されています。こうした施策に加えて、観光客における観光の目的・態様が多様化した結果、東京や京都、大阪といった大都市だけでなく、全国のさまざまな地域にも観光客（特に訪日外国人観光客）が訪れるようになってきています。

● このような流れを受けて、各地域においても、地方自治体や地域の事業者、住民等によって、観光客の誘致・受入に向けたさまざまな取組み（観光まちづくり）が行われています。また、観光まちづくりの舵取り役として活躍が期待される日本版 DMO も各地で形成されており、多様な関係者を巻き込んで、「稼げる」観光まちづくりが推進されていることも注目に値します。

● そこで本章では、①観光まちづくりを推進する政府、②地域を訪れる観光客、そして③観光客を受け入れる地域、という3つの立場から「地域」の動きを観察し、「日本全体」の観点から政策・法体系を検討した第1章とは異なる視点で、インバウンド・観光ビジネスの最新動向を捉えます。

● さらに、観光まちづくりに関するモデルケースの紹介を通じて、観光まちづくりと関連法令の関係について解説します。本章でまずビジネスの観点から関連する法律を横断的に概観した上で（横串）、次章以降で個々のビジネスに関する法律の解説を行うことにより（縦串）、インバウンド・観光に関する法律の全体像について理解を深めることを目指します。

第1節 観光まちづくりの最新動向

1 観光の多様化と地域経済活性化

(1) 観光による地方創生を推進する政府の動き

　第1章で述べたとおり、2003年の「観光立国宣言」およびVJCの開始以降、政府は観光を我が国の成長戦略・地方創生の切り札と捉え、さまざまな政策を積極的に展開しています。地方創生との関係では、観光立国推進基本法において「国際競争力の高い魅力ある観光地の形成」が基本的施策の1つに挙げられていることに加えて、2016年3月に策定された「明日の日本を支える観光ビジョン」においても、観光資源の魅力を最大化し、地方創生の礎とすることが「観光先進国」を実現するために重要な3つの視点のうちの1つとして挙げられており（詳細については第1章第1節2(2)(c)参照）、同法や同ビジョンに基づき、観光まちづくりの推進を支援することを目的として主に①法令の整備と②観光インフラの整備の2つの側面から政策が展開されています（図表2-1）。

[図表2-1] 観光まちづくりの推進に向けた主な政策

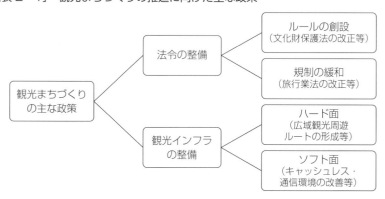

なお、地域に眠っている観光資源を磨き上げ、「観光コンテンツ」としてその魅力を高めようとする動きについては、第8章で解説しています。

(a) 法令の整備

法令の整備としては、①新しいルールを創設して地域の取組みを積極的に推進するものと、②既存の規制を緩和して地域の取組みに対するハードルを除去しようとするものの2種類が存在します。それぞれ主要なものは以下（図表2-2）のとおりです。

[図表2-2] 観光まちづくりの推進に向けた法整備の例

1　新しいルールを創設するもの	
観光圏整備法（観光圏の整備による観光旅客の来訪及び滞在の促進に関する法律）の制定 （2008年7月施行） （第1章第2節2(3)参照）	【目　的】 　観光地が広域的に連携した「観光圏」の整備を行うことで、観光客が2泊3日以上の滞在型観光をできるような観光エリアの整備を促進し、国際競争力の高い魅力ある観光地域を形成 【整備の方法】 　事業者が策定する観光圏整備実施計画のうち、国土交通大臣の認定を受けたものにつき総合的に支援
文化財保護法の改正 （2019年4月施行） （第8章第1節2(3)(a)参照）	【目　的】 　文化財の滅失・散逸等の防止と、地域全体で文化財の活用・継承に取り組むための仕組み作り 【主要な改正点】 ①　市町村の「文化財保存活用地域計画」の制度化 　・　「国」による「個別」の文化財指定・選定と保護に加えて、地域の未指定文化財も含めた文化財の保存・活用に関する「市町村」による「総合」的な計画の策定を推進 ②　国指定等文化財の所有者等による保存・管理・活用に関する「保存活用計画」の法定化 ③　条例による文化財行政の教育委員会から首長部局への移管（「地方教育行政の組織及び運営に関する法律」の改正）

42　第2章　観光まちづくりをめぐるビジネスと法律

	・ 文化財の活用のため、景観・まちづくり行政や観光行政等他の行政分野も視野に入れた総合的・一体的な取組みを推進
2　既存の規制を緩和するもの	
旅行業法の改正 （2018 年 1 月施行） （第 3 章第 3 節 1 参照）	【地域限定旅行業者制度の創設】 　旅行業者に対する各種規制（登録、営業保証金の供託、旅行業務取扱管理者の選任等）を緩和する仕組みとして、「地域限定旅行業者」を創設 【地域限定旅行業への参入要件の緩和】 　地域限定旅行業者については、①総合・国内旅行業務取扱管理者ではなく、地域に限定した知識のみで取得可能な「地域限定旅行業務取扱管理者」の選任で足りるとし、かつ、②1 名の旅行業務取扱管理者による近接する複数営業所の兼務を解禁することで、地域限定旅行業への参入を容易化
通訳案内士法の改正 （2018 年 1 月施行） （第 3 章第 3 節 3 参照）	【「通訳案内士」の業務独占の見直し】 　通訳案内士以外の者でも、「通訳案内士」または類似する名称を用いなければ、資格の有無にかかわらず、報酬を得て通訳案内を行うことを許容（業務独占から名称独占へ） 【「地域通訳案内士」の全国展開】 　従前、それぞれの地域で特例としていた地域特例ガイドを「地域通訳案内士」として全国で展開（従前の「地域限定通訳案内士」および「地域特例通訳案内士」は「地域通訳案内士」とみなされる）
民泊新法（住宅宿泊事業法）の制定 （2018 年 6 月施行） （第 4 章第 3 節 3 参照）	【目　的】 　急速に増加する民泊について、安全面・衛生面の確保がなされていないこと、騒音やゴミ出し等による近隣トラブルが社会問題になっていること、観光旅客の宿泊ニーズが多様化していること等に対応するため、一定のルールを定め、健全な民泊サービスの普及を図る 【概　要】 　都道府県知事等への届出により住宅宿泊事業（①旅館営業者以外の者が宿泊料を受けて住宅に人を宿泊させる事業であって、②人を宿泊させる日数が 1 年間で 180 日を超えないもの）を許容

第 1 節　観光まちづくりの最新動向　43

(b) 観光インフラの整備

　観光インフラの整備については、①観光ルートの形成や景観計画の策定による景観向上等のハード面の整備と、②通信環境整備や多言語対応等の観光客の利便性を支えるソフト面の整備が存在します。

　①ハード面の観光インフラ整備としては、「明日の日本を支える観光ビジョン」に基づいて、以下（図表2-3）のとおり「広域観光周遊ルート」の形成や主要観光地での「景観計画」（景観法に基づき都道府県等が定める良好な景観の形成に関する計画。詳細については第8章第3節3参照）の策定等が進められています（なお、観光圏整備法は「広域観光周遊ルート形成計画」に類似しますが、本計画がもっぱら訪日外国人観光客を対象としているのに対し、同法では日本人観光客もその対象とされている点に違いがあるとされています。詳細については第1章第2節2(3)参照）。

[図表2-3]　観光まちづくりの推進に向けた観光インフラ整備の例（ハード）

広域観光周遊ルートの世界水準への改善	・複数の都道府県をまたがって存在する、テーマ性・ストーリー性を備えた一連の観光地について、交通アクセスも含めてネットワーク化し、訪日外国人観光客の地方分散と滞在日数の長期化を目指す ・各地域の観光資源を活かした魅力あるテーマ別観光のルートである「広域観光周遊ルート」と、同ルート内の「モデルコース」を選定し、歴史的道すじの再生、トイレ・休憩施設等の設置、地域のまちづくり団体の活動等をパッケージで重点支援 ・2017年4月11日時点で、11の広域観光周遊ルートを認定、当該ルート内で31のモデルコースを策定・公表（観光庁ウェブサイト「広域観光周遊ルートについて」参照） ・国、地方、民間等が連携した協議会を新設し、道案内の充実等地域固有の魅力のさらなる向上策を展開
「景観計画」の策定	・「ひと目見れば忘れない、ひと目見ただけで場所がわかる景観」を目指し、主要観光地における美しい街並みを目指す ・2020年を目途に、主要な観光地（原則として全都道府県、全国半数の市区町村）で景観法に定める「景観計画」を策定

	・広域観光周遊ルート内で「都市周遊ミニルート」を選定し、歴史的道すじの再生、トイレ・休憩施設等の設置、地域のまちづくり団体の活動等をパッケージで支援 ・歴史まちづくり法の「重点区域」等において無電柱化を推進

 上記施策を通じて、観光客を呼び込むための観光地の形成・景観の整備を行うことで、ゴールデンルート（後記(2)参照）のような一部の著名な観光地に限らず、日本のあらゆる地域に観光客が訪れることが期待されています（図表2-4）。

[図表2-4] 広域観光周遊ルート

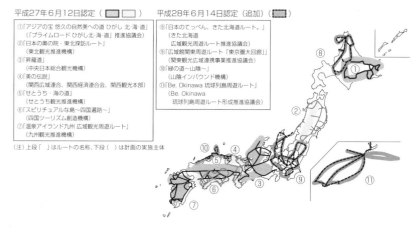

（出典：観光庁ウェブサイト「広域観光周遊ルート形成促進事業について」）

 また、「明日の日本を支える観光ビジョン」では、観光地への交通網の整備を目指す「地方創生回廊」の完備が挙げられています。訪日外国人旅行者向けにJRグループ6社が共同して提供する鉄道周遊券である「ジャパン・レール・パス」は、従前、出発前に海外の限られた旅行代理店でしか購入できませんでしたが、2021年3月31日まで、暫定的に日本到着後でも購入可能に変更されています（詳細については、「ジャパン・レール・パス」ウェブサイト参照）。また、新幹線開業やコンセッション空港の運営開始等と連動し、観光地へのア

クセス交通充実を図り、地方への人の流れを創出することも目標とされています。

　②ソフト面の観光インフラ整備に関しても、キャッシュレス環境（クレジットカード決済対応）や通信環境（無料 Wi-Fi や SIM カード）の改善、多言語対応等の施策が、「明日の日本を支える観光ビジョン」の中で定められています。これらの施策は地域観光ビジネスのみに限らず、全国レベルでのインバウンド・観光に関連するものではありますが、観光客が滞在中に不便さを感じないようにする工夫も、都市部から地域に観光客を引き込むために重要な要素です。

　なお、観光庁では、観光まちづくりに関して政府が提供しているソフト・ハードの施策に対する支援の内容を取りまとめて公表しています（観光庁ウェブサイト「観光地域づくりに対する支援メニュー集（令和元年度予算確定版）をとりまとめました！」参照）。観光まちづくりをより効率的に進めるという観点から、利用可能な支援制度について確認しておくことは有益と思われます。

(2)　観光の多様化と訪日外国人旅行者の訪問先の拡大

　政府による施策に加えて、「観光地を訪れる側」である観光客にも変化が生じています。

　長期にわたって、訪日外国人観光客の間で日本観光の定番とされているのが、成田空港から入国して東京（および周辺の観光スポット）を巡り、箱根、富士山、名古屋を経由して京都・大阪を観光し、関西国際空港から帰国するといういわゆる「ゴールデンルート」です。公益財団法人日本交通公社が公表している「旅行年報」（日本交通公社ウェブサイト「最新号：旅行年報——Anuual Survey of Tourism Trends」参照）では、訪日旅行希望者が日本国内で行ってみたい地域のランキングが公表されていますが、近年においても、訪日旅行希望者の間では一貫してゴールデンルートと北海道・沖縄に人気が集中しています。

　その一方で、個人の価値観が多様化する中、観光の目的・態様も大幅に多様化が進んでいます。特に、インターネットや SNS の普及により、誰でも簡単に観光地の写真や動画等を閲覧できるようになると、単に観光地を訪れて観光資源を「見る」だけの観光ではなく、その観光地ならではの「体験・経験」や「学習」を目的とした観光が注目されるようになりました。こうした傾向は「ニューツーリズム」と呼ばれ、その例はエコツーリズム、グリーンツーリズム、カルチャーツーリズム、ヘルス・メディカルツーリズム、コンテンツツー

46　第2章　観光まちづくりをめぐるビジネスと法律

リズム、フードツーリズム、ワインツーリズム、スポーツツーリズム等、枚挙に暇がありません。

こうした流れを受けて、観光庁は、2016年度より「テーマ別観光による地方誘客事業」に取り組んでおり、観光資源を活用して地方誘客を図ることを目的として、複数地域のネットワーク形成と、課題や成功事例の共有による効果的な観光振興等について支援しています（図表2-5）。

[図表2-5]　テーマ別観光による地方誘客事業対象テーマ（2019年度）

・　アニメツーリズム	・　サイクルツーリズム
・　全国ご当地マラソン	・　忍者ツーリズム
・　百年料亭	・　Industrial Study Tourism
・　ONSEN・ガストロノミーツーリズム	・　郷土食探訪──フードツーリズム
・　宙ツーリズム	

その結果、依然としてゴールデンルートの人気は高いものの、近年、多くの訪日外国人観光客が、日本のさまざまな地域に足を延ばし始めているという状況にあります。

(3)　インバウンド・観光を地域経済活性化に活用しようとする地域の動き

こうした動きを捉えて、「観光客を迎え入れる側」の地域においても、地方自治体や地域の事業者、住民等さまざまな主体が連携して、観光客の誘致・受入に向けた取組みを実施しています。

地方自治体としては、①条例の制定や、文化財保護法や景観法等に基づく一定地区・区域における文化財や街並み・景観の保護に関する計画の策定等（詳細については第8章参照）により、自らの地域の特性に応じた観光施策を推進するとともに（ハード面の取組み）、②キャッシュレス決済の導入支援、QRコードでの情報提供、多言語パンフレット、PR動画の制作等、観光客の誘致・利便性向上に向けた対応を行うこと（ソフト面での取組み）によって、積極的に観光まちづくりに関与していくことになります。

地域住民も、景観法に基づく景観協定（詳細については第8章第3節3(5)参照）のような法令上の仕組みを利用した取組みに加えて、地域のボランティア

によるガイド、住民間でのワークショップの開催等、さまざまな活動が考えられます。

さらに、地域の魅力を最大限に発揮して観光客を受け入れるためには、官民が協働して地域一体となって取組みを進めることが効果的です。そのような取組みを進めるための組織として、日本版DMO（詳細については後記2参照）が注目されています。

以上のように、すでにさまざまな主体によって、日本各地で多種多様な取組みが行われており、こうした観光まちづくりの事例・先例については、政府等が提供している情報を活用することで入手可能です。たとえば、①観光庁が日本版DMOや地域観光資源を活用した事例を集めた「観光地域づくり事例集——グッドプラクティス2018」（観光庁ウェブサイト「観光地域づくり事例集」参照）を、また、②国土交通省が景観法に関連して「世界に誇れる日本の美しい景観・まちづくり——全国47都道府県の景観を活かしたまちづくりと効果」（国土交通省ウェブサイト「景観まちづくり」参照）を公表しているほか、各地方公共団体や民間事業者等もそれぞれの取組みをウェブサイト等で公開しており、自らの地域における観光まちづくりの方向性を検討する際のアイデアとして参考になります（図表2-6）。

[図表2-6]　観光地域づくりの具体的な取組み事例の一例

| ①「観光地域づくり事例集——グッドプラクティス2018」（観光庁） | ・ 地域資源「日本一の星空」を核としたブランド戦略（長野県阿智村）
・ コウノトリを中心とした地域経済の活性化——コウノトリツーリズム（兵庫県豊岡市）
・ エネルギーと資源の循環を巡る「バイオマスツアーさが」（佐賀県佐賀市）
・ 新潟ガストロノミーツーリズムの扉を開くレストランバス（新潟県新潟市）
・ 秘境八十里越体感バス——普段入れない工事現場を観光資源に（新潟県三条市）
・ 農業体験・農家民泊などの体験を生かした観光地域づくり（栃木県大田原市）
・ 宇佐神宮の特殊神事「行幸会の道」を活用した企画（大分県別府市等）
・ 道の駅と利根川河川敷を核とした観光地域振興（茨城県境町） |

		・ 灯台を核とした観光地域振興（青森県八戸市等）
		・ 秋田犬を活用した観光地域振興（秋田県大館市等）
②「世界に誇れる日本の美しい景観・まちづくり——全国47都道府県の景観を活かしたまちづくりと効果」（国土交通省）	・	小樽の新しい景観軸の創出と夜間景観の魅力向上（北海道小樽市）
	・	商家や武家屋敷等の各地域の景観特性を活かしたまちづくり（宮城県登米市）
	・	アニメと現実が融合したまちづくり（茨城県大洗町）
	・	温泉街における観光客の心をくすぐる付加価値の創出（群馬県草津町）
	・	雪国の建築様式を活かした景観まちづくり（新潟県南魚沼市）
	・	豊川稲荷商店街における産・官・学による昭和の賑わいの復活（愛知県豊川市）
	・	旧城下町と高齢者住民のもてなしを活かしたまちづくり（奈良県高取町）
	・	「坂のまち」尾道の景観を活かしたまちづくり（広島県尾道市）
	・	歴史的建造物の再配置・集約による観光エリアの魅力向上（高知県佐川市）
	・	肥前浜宿における宿場町のまちなみ保存（佐賀県鹿島市）

　上記の事例を見てみると、エコツーリズムやグリーンツーリズム、ガストロノミーツーリズム等のニューツーリズムをターゲットとした取組みや、歴史的景観、温泉、祭事といった広く一般に認識されている観光資源を利用したものがある一方で、夜空やインフラ施設（道の駅、灯台等）、さらには動物や工事現場といった必ずしも観光のイメージと直結しないような地域資源を活用した事例も存在し、それぞれの地域における創意工夫が見て取れます。ここで記載したもののほかにも、まちを流れる河川や水辺空間を住民・企業を巻き込んでデザインし、有効活用する「ミズベリング」（河川敷地占用許可準則上の占用許可に基づく営業活動。詳細については第7章第3節3(1)参照）や、クルーズ船の寄港誘致、ナイトタイムエコノミー（詳細については第7章第3節4(1)参照）の導入等、まさに多種多様な取組みが全国的に実施されています。

　もっとも、観光まちづくりにおいてポイントとなるのは、既存の事例を模倣することではなく、その地域独自の「体験・経験」や「学習」を提供すること

第1節　観光まちづくりの最新動向　49

にあります。したがって、こうした先例はあくまで参考事例として捉え、自ら
の地域では、どのような観光客の、どのようなニーズに応えていくのかについ
て、地域ごとに検討を重ねることが重要です。

２ 日本版 DMO の形成・確立

(1) 日本版 DMO の意義・目的

　日本版 DMO の動きにも注目が集まっています。「日本版 DMO（Destination
Management/Marketing Organization）」とは、地域の観光まちづくりの舵取り役
として組成された法人をいいます。観光庁によれば、日本版 DMO とは、「地
域の『稼ぐ力』を引き出すとともに地域への誇りと愛着を醸成する『観光地経
営』の視点に立った観光地域づくりの舵取り役として、多様な関係者と協同し
ながら、明確なコンセプトに基づいた観光地域づくりを実現するための戦略を
策定するとともに、戦略を着実に実施するための調整機能を備えた法人」と説
明されています。

　従来、観光まちづくりの課題として、①地域の関係者の巻き込みが不十分で
あること、②データの収集・分析が不十分であること、③（ブランディング・
プロモーション等に関する）民間的な手法の導入が不十分であることが指摘され
てきました。地域観光ビジネスにおいては、宿泊施設や飲食店といった特定の
事業者だけにとどまらず、地域の農林漁業、商工業、環境事業等の関連事業者
も含めた連携が重要ですが、こうした連携は必ずしも十分に行われてきません
でした。また、観光まちづくりは事業者のみならず地域住民にも不可避的に影
響を与えるため、当該地域住民やその生活を保護する立場にある地方自治体も
関係者として参加する点に他のビジネスとは異なる特徴がありますが、価値観
の異なる地域住民の間で合意を形成することは容易ではなく、観光ビジネスを
行う事業者としても、さまざまな関係者の利害調整に追われ、効率的な事業運
営ができないという問題もありました。さらに、どのような観光客をターゲッ
トとして（たとえば、「長期滞在で訪問国の文化を学ぶことを好む欧州の富裕層」
等）、どのようなサービスを提供するのか（たとえば、「寺院に寝泊まりして禅の
歴史と精神を学ぶ少人数向けの体験旅行」等）について、データの収集・分析に
基づいて検討を行うというマーケティングの発想も十分に取り入れられてきた
とはいい難い状況でした。その結果、「誰に向けてどんなサービスを提供する
のか」、「どうやってサービスの質を高めるか」、「どうやってサービスを宣伝す

るのか」といったビジネス上重要なポイントについて、必ずしも十分な検討がなされていないという問題が生じていました。

　日本版 DMO には、個々の地域に存在する観光資源や、観光圏整備法に基づく観光圏や広域観光周遊ルートといった広いエリアを対象とした観光インフラをも最大限に活用しながら、上記のような課題を克服し、効果的・効率的な集客を図る「稼げる」観光地域づくりを推進するプラットフォームとしての役割が期待されています（図表2-7）。

[図表2-7]　日本版 DMO の役割

課　題	日本版 DMO の役割
地域の多様な関係者の巻き込みが不十分	日本版 DMO を中心として観光地域づくりを行うことについての多様な関係者の合意形成
データの収集・分析が不十分であり、ターゲットやコンセプトが十分練られていない	各種データ等の継続的な収集・分析、データに基づく明確なコンセプトに基づいた戦略（ブランディング）の策定、KPI の設定・PDCA サイクルの確立
効果的なブランディングやプロモーションといった、民間的な手法の導入が不十分	関係者が実施する観光関連事業と戦略の整合性に関する調整・仕組み作り、プロモーション

(2)　日本版 DMO の登録要件等

　日本版 DMO には、観光庁を登録主体とする登録制度が存在します。この登録制度は、①登録される法人の資格（登録要件の充足度）によって、日本版 DMO およびその候補となりうる法人（日本版 DMO 候補法人）の2種類が存在し、さらに、②その対象となる地域の大きさに応じて、地域 DMO、地域連携 DMO、および広域連携 DMO の3種類が存在します（合計6種類）。DMO 登録制度の概要は以下（図表2-8）のとおりです。

第1節　観光まちづくりの最新動向　51

[図表２-８]　日本版 DMO 登録制度の概要（登録要件および種類）

1　登録要件	
①日本版 DMO を中心として観光地域づくりを行うことについての多様な関係者の合意形成	以下のいずれかに該当するまたは該当する予定であること ・　日本版 DMO の意思決定に関与できる立場で行政、文化、スポーツ、農林漁業、交通等の幅広い分野の関係団体の代表者が参画 ・　日本版 DMO 内に行政や関係団体をメンバーとするワーキンググループ等の委員会等を設置 ・　日本版 DMO の取組みに関する連絡調整のため、行政や関係団体から構成される協議会等を日本版 DMO と別に設置 ・　その他、関係者の合意形成が有効に行われる仕組みが存在
②各種データ等の継続的な収集・分析、データ等に基づく明確なコンセプトに基づいた戦略（ブランディング）の策定、KPI の設定・PDCA サイクルの確立	以下のすべての取組みを日本版 DMO が行うまたは行う予定であること ・　各種データ等の継続的な収集・分析 ・　データに基づく明確なコンセプトに基づいた戦略の策定 ・　KPI（旅行消費額、延べ宿泊者数、来訪者満足度、リピーター率の４項目は必須）の設定・PDCA サイクルの確立
③関係者が実施する観光関連事業と戦略の整合性に関する調整・仕組み作り、プロモーション	以下のすべての取組みを日本版 DMO が行うまたは行う予定であること ・　地域社会とのコミュニケーション・地域の観光関連事業者への業務支援を通じた多様な関係者との戦略の共有 ・　地域が観光客に提供するサービスを維持・向上・評価する仕組みや体制の構築 ・　観光客に対する地域一体となった戦略に基づく一元的な情報発信・プロモーションの実施
④日本版 DMO の組織	以下のすべてに該当するまたは該当する予定であること ・　法人格の取得 ・　意思決定の仕組みの構築（責任を負う者の明確化）

52　第２章　観光まちづくりをめぐるビジネスと法律

	・ データ収集・分析等の専門人材が日本版DMO専従で最低1名存在
⑤安定的な運営資金の確保	・ 日本版DMOが自律的・継続的に活動するための安定的な運営資金の確保の見通し（収益事業、特定財源、行政からの補助金・委託事業等）

2 DMOの種類

地域DMO・DMO候補法人	・ 原則として、<u>基礎自治体である単独市町村の区域</u>を一体とした観光地域として、マーケティングやマネジメント等を行うことにより観光地域づくりを行う組織
地域連携DMO・DMO候補法人	・ <u>複数の地方公共団体に跨がる区域を一体とした</u>観光地域として、マーケティングやマネジメント等を行うことにより観光地域づくりを行う組織
広域連携DMO・DMO候補法人	・ <u>複数の都道府県に跨がる</u>地方ブロックレベルの区域を一体とした観光地域として、マーケティングやマネジメント等を行うことにより観光地域づくりを行う組織

　日本版DMOへの登録を希望する法人から申請がなされると、上記登録要件の審査を経て、まずは日本版DMO候補法人として登録され、その後、登録要件がすべて充足されていること等が確認されると、日本版DMOとして改めて登録されることとなります。

　2019年8月7日時点で、136件（地域DMO：57件、地域連携DMO：69件、広域連携DMO：10件）の日本版DMOおよび116件（地域DMO：81件、地域連携DMO：35件）の日本版DMO候補法人が登録されています（観光庁ウェブサイト「日本版DMO」参照）。

(3) 日本版DMO登録の効果

(a) DMOとしての活動と一事業者としての活動

　日本版DMOまたは候補法人として登録された法人は、地域の事業者、住民、地方自治体や観光協会等と連携して、内外の人材やノウハウを取り込みつつ、地域一体の魅力的な観光地域づくりの核として活動します。また、日本版

DMO 自身が、観光地域づくりの一主体として、着地型旅行商品の開発・販売やランドオペレーター業務等の事業（詳細については第3章第3節1参照）を実施することも重要です。

さらに、広域連携 DMO と地域・地域連携 DMO との間でのスムーズな連携・役割分担も期待されています。

(b)　関係省庁の施策の重点投下

登録された日本版 DMO または候補法人に対しては、関係省庁が連携して重点的な施策を実施し、地域の取組みへの支援を行います。具体的には、DMOの運営やマーケティング等の専門知識を備えた人材を育成するための支援プログラムや、地域観光のマーケティング・マネジメントのための情報提供・支援システムである「DMO ネット」の提供、その他各種の施策や関連データの収集・提供等が挙げられます。DMO に対する支援の内容については、前記1(1) (b)記載の「観光地域づくりに対する支援メニュー集」にも記載されています。

日本版 DMO の仕組みを概略化すると図表2-9のとおりとなります。

[図表2-9]　DMO の活動と支援

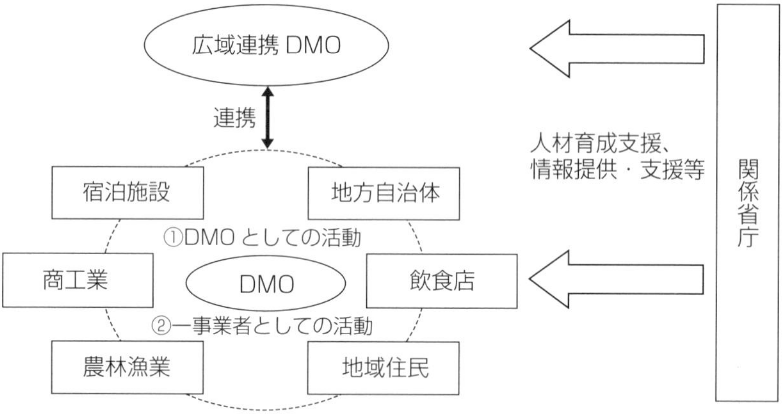

(c)　取組みの例

日本版 DMO による観光まちづくりの取組例としては、観光庁が2018年6月に公表している「DMO 取組事例集」（観光庁ウェブサイト「観光地域づくり事例集」参照）が参考になります。同事例集に記載されている取組みの一部を図

54　第2章　観光まちづくりをめぐるビジネスと法律

表 2 - 10 に抜粋します。

[図表 2 - 10] 日本版 DMO による取組事例

DMO 名称	取組内容
せとうち DMO （広域連携 DMO）	【対象エリア】 瀬戸内を囲む 7 県（兵庫県、岡山県、広島県、山口県、徳島県、香川県、愛媛県） 【主な取組み】 ・ 現地メディア・旅行会社と連携した動画プロモーションを実施 ・ 高速道路会社・レンタカー会社と連携した周遊割引や通訳支援ツールを利用した観光案内を実施 ・ 観光活性化ファンド等を活用してクルーズ事業、古民家宿泊事業等を支援 ・ 「瀬戸内ブランド」の認知・浸透に向けた登録制度・コンクールや地域住民に向けたネットワークイベントを開催
一般社団法人ノオト （地域連携 DMO）	【対象エリア】 兵庫県豊岡市、篠山市、養父市、朝来市 【主な取組み】 ・ 自治体、金融機関、民間企業、地元新聞社等で構成する地域資産活用協議会「Opera」を組織し、文化財や歴史的町並みを活用した音楽祭やアートフェス、マルシェ等を開催 ・ 篠山城の城下町全体をひとつのホテルと見立てたエリア開発により、U・I ターン者を迎え入れ、工芸職人、デザイナー、シェフ、宿泊施設マネジャー等として仕事を提供 ・ 2009 年には 12 戸のうち 7 戸が空き家、人口 19 名であった限界集落が、2017 年に空き家 3 戸、耕作放棄地ゼロを実現、2020 年には空き家ゼロ、人口 30 人を目標に活動
NPO 法人 阿寒観光まちづくり推進機構 （地域 DMO）	【対象エリア】 北海道釧路市阿寒湖温泉地区 【主な取組み】 ・ 入湯税の超過課税制度により財源を確保し、外国

第 1 節　観光まちづくりの最新動向　55

	語対応、Wi-Fi 整備、循環バスの運行等に活用
	・ まりもの再生を通じたエコツーリズムや自然を楽しむアドベンチャーツーリズム等のプログラムを提供
	・ アイヌ文化を核とした異日常空間を提供するプログラムの提供、アイヌ文化を地域住民が正しく学ぶためのセミナーを開催

第2節

観光まちづくり・ケーススタディ

　ここでは、本書の総論部分の締めくくりとして、観光まちづくりの具体的な取組みを3つのモデルケースとして紹介し、それぞれ問題となりうる法的論点を解説します。本章でまずビジネスの観点から関連する法律を横断的に概観した上で（横串）、第3章以降で個々のビジネスに関する法律の解説を行うことにより（縦串）、インバウンド・観光に関する法律の全体像についてより具体的なイメージを持っていただけるよう、総論部分と各論部分の架け橋となることを目指します。

　なお、本節の解説は、モデルケースの事例において問題となりうる主要な法規制等について解説していますが、すべての法令等を網羅するものではない点はご注意ください。

1 ケース①古民家の再利用をめぐる規制と支援

(1) ケース

　A町は、江戸時代に栄えた宿場町で、温泉も湧出することから以前は多くの観光客で賑わっていたが、近年では過疎化が進んでおり、空き家となって利用されていない古民家の数も増加していた。

　他県でホテルを経営しているXは、宿場町としての歴史ある街並みと温泉の組み合わせ、そして新鮮な地元の食材に着目し、①古民家の修繕・改築を行って、②宿泊施設を作り、③温泉の採掘を行って宿泊者のための温泉設備を新設するとともに、④地元の食材を利用した和食のレストランを設置し、日本の伝統的な景観や生活に関心を抱く欧米の若者層をターゲットにしたビジネスを検討している。

　⑤A町としても、国の指定・登録を受けた文化財こそないものの、全体とし

て趣のある街並みを活かしたまちづくりを進めたいと考えており、Ｘの活動に期待し、支援したいと感じる一方で、街並みとのバランスを崩すような古民家再生が行われないよう、一定のけん制をしておきたいと考えている。

(2)　解　説

　「古民家再生」という言葉を目にする機会が増えています。主に戦前に、伝統的な日本の建築方式により建てられた建物を、その魅力を残しつつ、宿泊施設や店舗等の新たな用途に向けて改装することを意味する言葉ですが、この「古民家再生」にはどのような法令が関係しているのでしょうか。また、普段何気なく利用している温泉・レストラン付きの宿泊施設にはどのような規制があるのかについても併せて解説します。

　このケースで知っておく必要のある主な法的論点は以下（図表2 - 11）のとおりです。

[図表2 - 11]　ケース①で知っておく必要のある主な法的論点

①Ｘによる古民家の再生	【増改築行為自体に関する規制】 ・　開発許可（都市計画法） ・　建築確認（建築基準法） ・　重要文化財・登録有形文化財、または重要文化的景観、伝統的建造物群保存地区内の建造物の現状変更についての許可・届出（文化財保護法） ・　景観計画区域内の建築物、景観重要建造物の増改築についての許可・届出（景観法） ・　歴史的風土保存区域内の建築物の増改築についての届出（古都保存法） ・　歴史的風致維持向上地区計画区域内の建築物、歴史的風致形成建造物の増改築についての届出（歴史まちづくり法） 【意匠・高さの制限（増改築における内容面の規制）】 ・　景観地区内の建築物の形態意匠、高さの制限（景観法） ・　歴史的風土特別保存地区内の建築物の色彩の変更についての許可（古都保存法） 【地域住民による自主規制】 ・　景観協定（景観法）

58　第2章　観光まちづくりをめぐるビジネスと法律

	【看板等屋外広告物に対する規制】 ・ 屋外広告物としての規制（屋外広告物法）
②Xによる宿泊施設の運営	・ 旅館業の許可（旅館業法） ・ 住宅宿泊事業の届出（住宅宿泊事業法） ・ 防火管理者の選任、消防計画の届出等（消防法） ・ バーやゲームセンターの運営、酒類・たばこの販売を行う場合の各種許可・免許（風俗営業法、酒税法、たばこ事業法等）
③Xによる温泉施設の運営	・ ⓐ土地の掘削、ⓑ温泉の採取、ⓒ温泉の浴用・飲用提供の許可（温泉法） ・ 宿泊者以外にも温泉を利用させる場合の許可（公衆浴場法）
④Xによる飲食施設の運営	・ 飲食店営業の許可（食品衛生法） ・ 提供する食品の種類に応じて、各種食品の製造業等の許可（食品衛生法）
⑤A町による取組み	・ 文化財保存活用地域計画の策定（文化財保護法）

(a) 古民家の修繕・改築に関する規制と支援

まず、古民家も建築物に該当しますので、その修繕・改築を行う場合には建築基準法が適用され、建築確認の取得が必要となる場合があります。さらに、当該古民家の所在地が都市計画区域内であった場合、一定規模以上の開発行為について都道府県知事の許可が必要となる可能性があります。特に、当該地域が市街化調整区域に属していると、開発許可に際して厳しい要件が課される可能性があるので注意が必要です。

加えて、当該古民家が景観法上の「景観計画区域」や「景観地区」、古都保存法上の「歴史的風土保存区域」、歴史まちづくり法上の「歴史的風致維持向上計画」等の対象範囲に含まれる場合、これらの法律に基づき修繕・改築の許可・届出が必要となったり、修繕そのものではなく、その意匠（デザイン）や高さ等について規制が課せられたりする可能性があります。

その結果、1つの古民家再生事業に、複数の法令に基づく規制が重複して適用されることもありうる点に注意が必要です。また、法令だけでなく地方自治体の定める条例に基づく規制が存在する場合もあります。たとえば、文化財保護法上の伝統的建造物群保存地区内の建造物の現状変更、歴史まちづくり法上

第2節　観光まちづくり・ケーススタディ　59

の歴史的風致形成建造物の増改築については、地方自治体にて届出義務等を設定することができるとされています。

反対に、法令・条例に基づく支援が利用可能な場合もあります。たとえば、文化財保護法上の「重要伝統的建造物群保存地区」における古民家の修理・修繕に際しては、建築基準法の例外措置や、歴史的建造物の外観保全に要する費用の一部助成等の支援が存在しますし、さまざまな自治体が歴史的建造物の修繕に対して技術的援助や助成を行っています（具体例については、国土交通省が公表している「世界に誇れる日本の美しい景観・まちづくり──全国 47 都道府県の景観を活かしたまちづくりと効果」を参照）。

したがって、古民家のリノベーションについては、その計画段階から、関連する法令・条例に基づく規制や支援の有無について、地方自治体と十分に協議を行うことが有益と思われます。

さらに、法令・条例に加えて、景観法上の「景観協定」のように、地域住民が自主的に定めた協定に基づく制限が適用される場合があります。特に、今回のモデルケースのように地域の外からビジネスとして参入する場合は、地域住民や他の事業者等と中長期的に良好な関係を築くという観点からも、そのような協定の有無・内容につき配慮を示すことが望ましいといえます。

なお、宿泊施設の看板を設置する場合には、当該看板が「屋外広告物」に該当し、その表示・設置につき屋外広告物法（およびそれに基づく条例）による規制を受ける場合があります（本(a)の全体につき、詳細については第 8 章第 3 節を参照）。

(b) 宿泊施設として利用する場合の規制

古民家を宿泊施設として利用する場合、原則として、旅館業法に基づく旅館業の許可が必要になります（詳細については第 4 章第 3 節 1 参照）。なお、自らが古民家に居住した上で、空いているスペースを宿泊に利用する場合、民泊新法に基づく住宅宿泊事業の届出を行うことや、地域によっては国家戦略特別区域法に基づく旅館業法の特例である特区民泊を利用して、宿泊施設の営業を行うことも考えられます。ほかにも、いわゆる農泊のようなサービスを提供する場合には、グリーンツーリズム法に基づく規制緩和措置（農林漁業体験民宿業に係る施設に対し、建築基準法・消防法・旅館業法等の規制緩和）が認められますので、どの制度に基づいて宿泊施設を運営するのかについて、事前に検討が必要となります（詳細については、第 4 章第 3 節を参照）。

また、宿泊施設の形態によっては、防火管理者の選任や消防計画の届出、消防設備の設置といった消防法上の手続きも必要となりますので、確認が必要です。

　上記に加えて、宿泊施設内の設備によっては、追加で許認可等が必要となる場合もあります。許認可等が必要となりうるケースの例を以下に示します。

- ・　バーやゲームセンター等：風俗営業許可（風俗営業法）
- ・　酒類の販売（飲食店で提供するものは除く）：酒類販売業免許（酒税法）
- ・　たばこの販売：製造たばこ小売販売業許可（たばこ事業法）

　宿泊施設において、上記のようなサービスを提供することを検討している場合、必要な手続きについて地方自治体と事前に確認しておくことが必要です。

(c)　温泉施設を作る場合の規制

　温泉法上、①温泉をゆう出させるために土地を掘削する場合、②温泉源から温泉を業として採取する場合、③温泉を公共の浴用または飲用に供する場合のそれぞれについて、都道府県知事の許可が必要とされています。したがって、本件のように新たに温泉を掘削して温泉施設を作る場合には、最初に一度だけ許可を取得すればよいということではなく、それぞれの段階で逐一許可を取得する必要がある点に留意が必要です。温泉権（温泉採取権）に関しては、各地の温泉地において独自の条例や地域ルールが存在する場合もあり、既存の温泉旅館等を譲り受けて事業を行う場合等は、温泉権（温泉採取権）の扱いに注意が必要です。

　なお、宿泊者以外にも温泉施設を利用させる場合（いわゆる「日帰り温泉」）、温泉法の許可に加えて、公衆浴場法に基づく許可が必要になることがありますので、地方自治体や保健所等と事前に相談した上で、温泉施設の利用対象者（宿泊者のみか、それ以外も含むか）を検討する必要があります（詳細については第4章第3節1(3)(b)を参照）。

(d)　飲食施設を運営する場合の留意点

　宿泊施設においてレストランや食堂を設置する場合、食品衛生法に基づく飲食店営業の許可が必要となります。また、提供する食品の種類に応じて、同法に基づく食肉製品製造業やそうざい製造業をはじめとした種々の製造業等の許可も必要です。飲食店の営業に関しては、都道府県の条例による規制も存在するため、所管の保健所と相談の上で手続を進める必要があります（詳細につい

ては第4章第3節1(3)(b)を参照）。

　また、法的な規制以外でも、多様な食文化への配慮・対応が必要です。ベジタリアンやビーガンだけでなく、ハラル（豚肉やアルコール等を禁ずるイスラム教における食事制限）に代表されるようなさまざまな宗教における制約に対応することは、外国人観光客の集客においては重要な要素となります。ハラルに関しては、複数の認証機関による「ハラル認証制度」が存在するので、こうした制度を利用して、食文化への配慮を積極的にアピールすることで外国人観光客を呼び込む方法も考えられます。

(e)　A町による支援と規制

　Xによる空き家の活用をきっかけとして、さまざまな事業者が町に訪れ、その結果、雇用と産業が創出されて地域全体の活性化につながることが期待できます。他方で、無制限の開発や地域の一体性を損なう改修等が行われた場合、地域の観光資源である景観が損なわれたり、地域住民とのトラブルに発展したりするおそれもあるため、A町としては、Xのような事業者に対する支援と規制のバランスを意識することが重要です。

　古民家のリノベーションについては、前記(a)記載のとおり、文化財保護法や歴史まちづくり法等の種々の法令に基づき、条例を定めることでXに対する支援と規制の双方を行うことが可能です。

　同町全体の街並みに関しては、景観法に基づき「景観地区」を設定し、建築物の意匠や高さを規制して全体の統一感を担保することで、Xの古民家を利用したビジネスを側面から支援することが可能です。

　なお、2019年4月に施行された文化財保護法の改正により、文化財として国による登録がなされていない文化財についても、地方自治体が地域一体としての保存計画（文化財保存活用地域計画）を定めることができるようになりました。この計画に基づいて、文化財の現状変更の制限を行ったり、文化財の活用に向けた修理・整備を地域一体で進めたりすることが可能になります。また、教育や景観まちづくり等の関連分野との連携に関する事項を計画に定めることにより、地域の文化財を活かした観光まちづくりをより効率的に行うことが期待されます（詳細については第8章第1節2(3)(a)を参照）。A町としても、こうした計画を利用することで、Xの取組みについてのみ対応を検討するのではなく、町全体を観光で盛り上げる工夫が重要です。

② ケース②自然公園を利用した着地型旅行商品と日本版 DMO

(1) ケース

　B市には、日本の四季を味わえるY国定公園が存在するが、外国人観光客の間での知名度が低く、その集客が大きな課題となっていた。また、せっかく同市を訪れた外国人観光客に対しても、英語をはじめとした言語の壁が高く、地域の魅力を十分に理解してもらうことができずにいた。

　そこで、B市では、①日本版 DMO を形成して、DMO を中心にY国立公園およびB市の魅力を外国人観光客に対して発信するとともに（ブランディング・プロモーション）、②Y国定公園内のトレッキングや自然ガイドツアー等、エコツーリズムに関心を持つ外国人観光客にとって魅力的なパッケージツアーを開発して、③当該ツアーを DMO が着地型旅行商品として販売すること、さらに④地元の若者を中心とする通訳ガイドの提供により地域の魅力をしっかり伝え、「別の季節にまた訪れたい」と感じてもらえるような受け入れ態勢を整備することを検討している。

(2) 解　説

　このモデルケースでは、前記ケース①のような単一の事業者によるビジネスではなく、地域全体の取組みについて解説します。ここでは、国定公園を地域観光資源としてピックアップしていますが、第8章第1節1で記載するようなさまざまな観光資源に置き換えれば、多くの地域における取組みに応用可能ですので、地域を挙げた取組みに関する規制・支援の枠組みとして理解していただくことを意図しています。

　このケースで知っておく必要のある主な法的論点は以下（図表2 - 12）のとおりです。

[図表2 - 12]　ケース②で知っておく必要のある主な法的論点

①日本版 DMO の形成・登録	観光庁における登録
②国立公園内のツアーの開発	ツアー実施の許可・届出（自然公園法）
③地域観光ツアーの販売	各種旅行業者の登録（旅行業法）
④通訳ガイドの確保・充実	通訳案内士と通訳ガイドの棲み分け（通訳案内士法）

第2節　観光まちづくり・ケーススタディ　63

(a) 日本版 DMO の形成・登録

地域全体での取組みを検討する場合は、地域資源を最大限に活用し、効果的・効率的な集客を図る「稼げる」観光地域づくりを推進するプラットフォームとしての日本版 DMO の形成を検討することが有益です。DMO を利用することにより、関係各省からさまざまな支援を受けることができる点もメリットのひとつです。

DMO の仕組みを利用する場合、DMO の種類（地域 DMO、地域連携 DMO、広域連携 DMO）や、財源確保の方法等について検討を行い、観光庁に登録を申請することが必要です。また、多様な関係者を巻き込んで合意形成を推進できるような人物・組織の選定、マーケティング・ブランディングといった民間的手法に長けた人材の確保も、DMO の活動の成果を左右する重要なポイントですので、地方自治体や地域の事業者・住民が協力して DMO 形成を進めていく必要があります（詳細については第 1 節 2 参照）。

(b) 国立公園を利用したツアーの開発に関する規制

自然公園法に基づき国立公園・国定公園等として指定されている公園内においては、地域ごとに一定の行為について許可制・届出制がとられているため、自然環境を利用したアクティビティやツアーを企画・主催し、観光客に対してサービスを提供する場合、こうした行為規制をクリアする必要があります。

近年では、環境省が「国立公園満喫プロジェクト」に取り組んでいる等、自然公園の利用を後押しする議論も存在しますが、他方で、一度破壊されてしまうと元に戻すことができないという自然の性質上、保護と活用のバランスについては慎重に検討する必要があります。

詳細については、第 8 章第 3 節 1 を参照してください。

(c) 地域観光ツアーの販売に関する規制

本件では、地域の既存の旅行業者ではなく、DMO が自らのビジネスとして地域の魅力を活かした旅行商品の開発・販売を行うことを想定しています。この点、2018 年 1 月に施行された旅行業法の改正により、旅行業者に対する各種規制を緩和した地域限定旅行業者という区分が導入され、旅行商品の企画・販売への参入障壁の改善がなされました。他方で、地域限定旅行業者が企画・販売できる旅行商品は隣接市町村等に限定されるため、従来の旅行業者の区分も含めて、どの種別の旅行業者として登録するかについて検討が必要になりま

64　第 2 章　観光まちづくりをめぐるビジネスと法律

す。観光まちづくりとの関係では、海外の募集型企画旅行が業務範囲に含まれる第1種旅行業者は検討対象とはなりませんので、ここで検討すべきなのは、第2種、第3種、地域限定旅行業者の3種類です。それぞれの主な相違点は以下（図表2-13）のとおりです（詳細については、第3章第3節1を参照）。

[図表2-13] 各種旅行業登録の比較（第1種を除く）

区　分	①業務範囲		②経済的要件		③手続き
	募集型国内企画旅行	受注型国内企画旅行	営業保証金	基準資産	
第2種旅行業者	○	○	1,100万	700万	―
第3種旅行業者	△（隣接市町村等）	○	300万	300万	―
地域限定旅行業者	△（隣接市町村等）	△（隣接市町村等）	15万	100万	旅行業務取扱管理者の要件緩和

　選択に際しては、上記のとおり、①業務範囲、②経済的要件、③手続きの観点を踏まえて検討することになります。最終的には、実際に取り扱おうとする旅行商品の内容（どのエリアを対象とした商品なのか）と、それぞれの区分に必要な資格要件（金銭的負担に耐えられるか、事務処理担当者は確保できるか等）とを個別具体的に考慮して決定することになりますが、一般的には、本件のように新たに地域の観光資源を活用してビジネスを始めようとする段階であれば、まずは地域限定旅行業者の登録から着手し、ビジネスが拡大してきた段階で第2種、第3種への登録変更を検討するというのが基本的な考え方になるものと思われます。

(d)　通訳案内士と通訳ガイドの棲み分け

　旅行業法と併せて2018年1月に施行された通訳案内士法の改正により、通訳案内士以外の者でも、「通訳案内士」または類似する名称を用いなければ、資格の有無にかかわらず、報酬を得て通訳案内を行うことができるようになり

ました。もっとも、通訳案内士の質の維持のため、通訳案内士の資格を持っていない通訳ガイドが「通訳案内士」という名称を使用することは禁止されている点に注意が必要です（詳細については、第3章第3節3を参照）。

　上記改正の結果、民間で有償の通訳ガイドサービスを行うことが可能になり、通訳ガイドの量的不足が改善されることが期待されています。その一方で、悪質なガイドによるトラブル等を防止するため、通訳ガイドの品質を維持する工夫も必要となります。あくまで一定の「質」を保ちつつ、目標とする観光客の数に応じて十分な「量」の通訳ガイドを確保するというバランス感覚を意識して、地域の特性や課題を考慮しつつ、①地域通訳案内士のみが登録可能な通訳ガイドの検索プラットフォームを整備するなど、通訳案内士法に基づく地域通訳案内士のみを対象とした支援を行う（「質」を優先）、②資格の有無にかかわらず支援を行う（「量」を優先）、または③DMO等と連携して、地域独自の一定の要件を満たす通訳ガイドに対して品質認証を与え、支援を行う（①と②の折衷案）等の対応を検討する必要があります。

3 ケース③地域のお祭りの訪日外国人観光客への開放

(1) ケース

　C市では、毎年7月に大型の山車が市内を運行するお祭りが地域の伝統として存在しており、開催期間中は多くの出店等で賑わっている。
　他方で、会場へ向かう観光客でバスが混雑する等住民の移動手段に支障が出ていること、お祭りの担い手が高齢化していること等を理由に、今後のお祭りの存続を懸念する声が地域住民からあがっている。また、C市内の宿泊施設が不足していることが原因で、お祭りだけ見学して他の地域に流れてしまう観光客が多く、山車の補修・維持といったお祭りのコストに見合う収益が得られていないという課題もあった。
　そこで、C市は、地域の事業者と連携して、①地域の宿泊施設（会場・宿泊施設間）および地域のバス会社（会場・主要鉄道駅間）によるシャトルバスの運行により地域住民の移動への影響を緩和し、②山車引き体験チケットの販売や民間企業の協賛・出展によりお祭りのコンテンツの充実と同時に担い手の負担軽減を図り、さらに、③地域住民がイベント民泊や民泊を利用してお祭りに訪れた観光客を受け入れることで、十分な宿泊施設を提供して市内での飲食等による消費を促進することを検討している。

(2) 解　説

　本ケースは、観光資源として高いポテンシャルを持ちながらも、担い手の高齢化等の課題に直面している地域のお祭りを活用して、特にその土地ならではの歴史や文化を体験することを好む外国人観光客をターゲットに集客を行い、無形民族文化財としてのお祭りを保護・継承するとともに、飲食・宿泊等を通じた地域全体の活性化を目指すもので、多くの地域で参考にできる部分があるものと思われます。

　お祭りの活用で地域の活性化を狙う場合、お祭りの現場だけではなく、その前後を含めて、お祭りに参加する観光客の行動（時系列）に沿った一連の取組みを実施することが重要です。具体的には、観光客による(a)情報収集、(b)開催地への移動、(c)お祭りへの参加、(d)開催地での宿泊・滞在、(e)開催地でのさらなる周遊というステップに分けた上で、一貫したバランスの良い対応を検討することになります（観光庁が2019年3月に公表した「お祭りの訪日外国人への開放に向けたナレッジ集」参照）。

　上記のうち、(a)については、たとえば日本版DMOを中心としたマーケティングや地方自治体によるPR動画の作成、SNSでの発信等の対応が、(e)については、地域の食材や文化体験を商品化することで地域での消費を促進することや他の地域と連携して複数の地域をめぐるツアー商品を開発・販売すること等、幅広いアイデアが考えられますが、本ケースでは、特に(b)開催地への移動、(c)お祭りへの参加、(d)開催地での宿泊・滞在について、法律と関連する部分を検討します。

　本ケースで知っておく必要のある主な法的論点は図表2-14のとおりです。

[図表2-14]　ケース③で知っておく必要のある主な法的論点

①バス会社・宿泊施設によるシャトルバスの運行	・　バス会社のシャトルバスについて一般乗合旅客自動車運送事業の許可（道路運送法） ・　宿泊施設のシャトルバスについて自家用有償旅客運送事業に該当しないことの確保（道路運送法）
②地域ツアー会社によるお祭りの体験の商品化	各種旅行業者の登録（旅行業法）
③地域住民による民泊等を利用した宿泊施設の確保	・　イベント民泊について旅館業の営業許可の例外（旅館業法） ・　民泊について住宅宿泊事業の届出（民泊新法）

第2節　観光まちづくり・ケーススタディ　67

(a) シャトルバスの運行に関する規制

お祭りに訪れた観光客が地域住民の日常の移動手段に影響を及ぼすと、お祭りの運営・存続に対する住民の意欲を削ぐだけでなく、地域住民と観光客との間のトラブルに発展することもあり得ます。もちろん、バス・電車の増便や運行時間の延長等による個別の対応も考えられますが、観光客と地域住民の移動手段を分けてしまうという仕組みそのものの工夫により対応することも効果的です。

自動車による旅客の輸送については、事業用の自動車を利用する場合と、自家用車を利用する場合とで大きく2つに規制が分かれており、本ケースにおける地域のバス会社は前者、宿泊施設は後者となります。

バス会社については、一般乗合旅客自動車運送事業の許可をすでに取得していれば、臨時バスの運行のためだけに新たに許認可等を取得する必要はありませんが、乗合バスではなく貸切バスを運行しているバス会社（一般「貸切」旅客自動車運送事業の許可を取得していることになります）が新たに乗合バスを運行するような場合には、一般「乗合」旅客自動車運送事業の許可を取得する必要があります。

宿泊施設について、シャトルバスの運行を有償で行ってしまうと、自家用有償旅客運送事業に該当することになりますが、かかる登録を行うことができるのは地方自治体やNPO法人等に限定されるため、宿泊施設が同登録を行うことはできません。したがって、宿泊施設が臨時のシャトルバスを運行する場合は、それが「有償」であると判断されないような形態で運用するよう注意が必要です（詳細については第5章第3節1を参照）。

(b) お祭りにおけるコンテンツの充実に関する法的論点

お祭りのコンテンツ不足により、来場者数が増加しても地域での消費の増加に結びついていない場合、お祭りへの参加体験や座席の販売による消費促進、または開催地の地域観光資源を利用した商品の開発・販売等により、観光客一人当たりの消費量を増やすことが考えられます。こうした旅行商品の販売に際して旅行業の登録が必要となる点は前記ケース②（前記2(2)(c)参照）と同様です。

さらに、お祭りのコンテンツを充実させる別の手段として、民間企業によるお祭りへの協賛・出展が考えられます。民間企業がお祭りを観光客に対するプロモーションの場として捉えて、会場で自社・自社製品のPRや体験イベント

等を実施することにより、お祭りにおける体験型コンテンツの充実に寄与することができます。加えて、協賛・参加企業から負担金等の名目でお祭りの運営費用を徴収することで、お祭りを経済面からもサポートすることが可能です。

なお、お祭りで看板を設置したり、食品や景品を提供したりする場合には、屋外広告物法、食品衛生法や景品表示法といった法令にもとづく規制についても遵守が必要となります（詳細については、第6章第3節2を参照）。

(c)　宿泊施設の確保・充実に関する規制

お祭り開催時の一時的な宿泊需要の増加に対応するためには、通年で営業することが前提となる旅館やホテルの数を増やすよりも、イベント民泊や民泊を利用することで対応する方が合理的な場合があります。

イベント民泊は、お祭り開催地の地方自治体の要請等に基づき自宅を宿泊施設として提供する場合に、旅館業法に基づく営業許可を不要とする仕組みであり、地方自治体の働きかけが出発点になっている点が特徴です。地域において、自発的に民泊を行っている、または行おうとしている住民がすでに多数存在するような場合は、その取組みに委ねることでも対応可能ですが、地域住民において（特に外国人）観光客の受け入れについて心理的なハードルがある場合には、まずは地方自治体から呼びかけを行ってイベント民泊を行うことも検討に値します。そして、イベント民泊をきっかけに、受け入れの成功体験を積み重ね、民泊の数を増やして地域として十分な宿泊施設を確保するという進め方も考えられるところです（詳細については、第4章第3節4(1)を参照）。

■本章の内容の理解に役立つ主要な資料・文献■

● 安本典夫『都市法概説〔第3版〕』（法律文化社、2017）
● 観光庁ウェブサイト「観光地域づくり」
 (https://www.mlit.go.jp/kankocho/shisaku/kankochi/index.html)
● 日本政府観光局（JNTO）ウェブサイト
 (https://www.jnto.go.jp/jpn/)

第３章

旅行業をめぐる
法律問題

■本章のポイント■

● 旅行業には、業規制にかかる基本的な法律として旅行業法が適用されるほか、広告表示等に関しては景品表示法が、通訳案内士業務に関しては通訳案内士法が適用されるなど、さまざまな関係法令が存在します。

● 旅行業法や通訳案内士法においては、近年の旅行者の増加やそのニーズの多様化、トラブルの顕在化などを受けて、2018年1月4日施行の法改正がなされています。大きな改正点としては、いわゆるランドオペレーターに旅行手配を丸投げすることによる安全性の低下（軽井沢スキーバス事故等）や、一部ランドオペレーターによるキックバックを前提とした訪日外国人旅行者等の土産物店への連れ回しや高額商品購入勧誘等の問題を受けて新設された旅行サービス手配業の規制（旅行業法）、外国人旅行者の増加やニーズの多様化を受けた通訳案内士法の改正が挙げられます。本章では、上記の改正点を含めた旅行業に係る法的規制について概説します。

● また近年注目されているオンライン旅行取引事業者（OTA）、災害発生時のボランティアツアー・自治体が関与するツアーと旅行業法をめぐる法的論点、およびこれらに関連する各種ガイドラインについても概説します。

第1節

はじめに——旅行業をめぐる ビジネスの最新動向

1 旅行業の役割について

　旅行業とは、旅行者と運送業者・宿泊業者等のサプライヤーとの間に立ち、報酬を得て、旅行計画を作成したり、運送・宿泊サービス等を手配したりする事業をいいます。

　旅行者は、自ら旅行計画を作成し、それぞれのサプライヤーと直接契約を締結することもできますが、サプライヤーを検索して予約等することには一定の時間と労力を要するため、これらを第三者に代行してもらいたいというニーズがあります（特に海外旅行においては、言語の壁等もあるため、このようなニーズが高いといえます）。またサプライヤーとしても、本来各自が行うべき集客・予約手続き等を第三者に代行してもらい、業務の省略化を行いたいというニーズがあります。旅行業は、このような旅行者およびサプライヤーのそれぞれのニーズに応えるものといえます。

2 旅行業界の現状

　旅行業法は、旅行業に関わるさまざまな事業形態のうち、①旅行業、②旅行業者代理業、③旅行サービス手配業について、登録制度を定めていますが、2014年以降の各登録事業者数の推移は、次の図表3-1のとおりです（各事業の概要については第3節で後述します）。

第1節　はじめに——旅行業をめぐる ビジネスの最新動向　73

[図表 3 - 1]　旅行業者数の推移

	2014年	2015年	2016年	2017年	2018年※
旅行業者	9,143 社	9,074 社	9,321 社	9,551 社	9,684 社
・第 1 種旅行業者	696 社	697 社	708 社	704 社	688 社
・第 2 種旅行業者	2,777 社	2,776 社	2,827 社	2,914 社	2,980 社
・第 3 種旅行業者	5,625 社	5,524 社	5,668 社	5,789 社	5,816 社
・地域限定旅行業者	45 社	77 社	118 社	144 社	200 社
旅行業者代理業者	835 社	810 社	779 社	750 社	706 社
旅行サービス手配業者					717 社
総　数	9,978 社	9,884 社	10,100 社	10,301 社	10,390 社

※ 2018 年データは 5 月 1 日現在
(参考：(公財) 日本交通公社「旅行年表 2018」を元に作成)

　全体として登録されている旅行業者数は増加傾向にあり、特に、地域の観光資源の活用により着地型旅行を企画・提供しやすい環境作りを目的として2013 年に新設された登録区分である地域限定旅行業者については、その登録数が増加傾向にあります。また旅行サービス手配業は、2018 年 1 月から新たに旅行業法に基づく登録制度の対象となった事業ですが、2019 年 5 月 1 日現在で 1,102 社が登録しています。他方で、旅行業者代理業者は減少傾向にあるといえます。

　また観光庁は主要旅行業者 50 社（旅行取扱額上位 50 社）の旅行取扱額を公表していますが、2014 年以降の旅行取扱額の推移は、図表 3 - 2 のとおりです。

[図表 3 - 2]　主要旅行業者の旅行取扱額

(単位：兆円)

	2014年	2015年	2016年	2017年
海外旅行	2.20	2.02	2.04	2.07
外国人旅行	0.11	0.17	0.20	0.22
国内旅行	4.10	4.44	3.33	3.42
合　計	6.42	6.64	5.57	5.71

(参考：観光庁「旅行業者取扱額」を元に作成)

図表3‒2における海外旅行・国内旅行は、日本人旅行者の旅行の取扱いを意味しますが、いずれも減少傾向にあるといえます。他方、図表3‒2における外国人旅行は、日本の旅行会社による外国人旅行者のインバウンド旅行の取扱いを意味しますが、増加傾向にあり、2014年から2017年までのわずか3年間で旅行取扱額が2倍に増えています（この傾向は、日本政府観光局（JNTO）が公表する年別訪日外客数の伸び率ともほぼ一致しています）。

第2節

旅行業をめぐる法体系の全体像

1 旅行業を営むための業規制に関する法令

　旅行業や旅行業者代理業、旅行サービス手配業等の旅行に関する事業を営む場合に適用を受ける法令は旅行業法です。同法は、旅行業について登録制をとり、登録された旅行業者に対する業規制について定めています。無登録で旅行業等を営んだ場合、刑事罰（100万円以下の罰金）の対象となるため、新規事業等の旅行業等該当性につき、同法を十分に確認し、該当する場合には登録を行った上で、同法の内容（業規制）を遵守しなければなりません。

[図表3-3]　旅行業を営むための業規制に関する法令

・　旅行業法（業規制部分）

2 旅行業等を営む上で遵守すべき行為に関する法令

　旅行業を営むに際しては、旅行業者と取引する消費者の保護等を目的に設けられているいくつかの法令を遵守する必要があります。こうした法令の規定は行為規制と呼ばれ、旅行業法にも定められているほか、より一般的なルールとしては、民法における約款規制（2020年4月施行の改正民法では定型約款についてのルールが定められています）や消費者契約法に定められている消費者保護に関連する規定があります。さらに、広告表示や集客のための景品類の提供等の行為に関する規制としては、景品表示法（不当景品類及び不当表示防止法）を遵守する必要があるところ、旅行業者の場合には、広告表示をめぐるトラブルが多いことから、同法に基づき旅行業公正取引協議会が定め、公正取引委員会等

76　第3章　旅行業をめぐる法律問題

の認定を受けた公正競争規約（表示規約および景品規約）が定められており、これに参加しこれを遵守することによって、景品表示法等を遵守する仕組みとなっています。

[図表3-4]　旅行業を営む上で遵守すべき行為に関する法令

- ・　旅行業法（行為規制部分）
- ・　民法（約款規制）や消費者契約法
- ・　景品表示法（不当景品類及び不当表示防止法）
- ・　旅行業における景品類の提供の制限に関する公正競争規約
- ・　募集型企画旅行の表示に関する公正競争規約

③　旅行に関連するその他のビジネスに関する法令

　旅行に関連するビジネスとしてはさまざまなものがありますが、このうち、法律上定められているものとして、「通訳案内士」（いわゆる通訳ガイド）の資格があります。通訳案内業自体は資格を要せずに行うことができますが、「通訳案内士」の名称を使って通訳案内業を行う場合には、通訳案内士法に基づき資格を得る必要があります。

[図表3-5]　旅行に関連するその他のビジネスに関する法令

- ・　通訳案内士法

④　旅行業をめぐる法体系の全体像

　旅行業をめぐる法体系の全体像は次の図表3-6のとおりです。

第2節　旅行業をめぐる法体系の全体像　77

[図表3-6] 旅行業をめぐる法体系の全体像

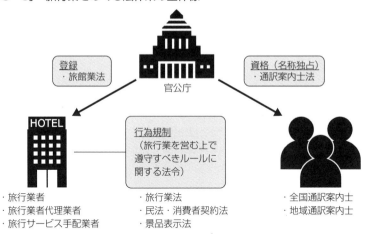

第3節

旅行業をめぐる法律の基本的知識

1 旅行業法

(1) はじめに

　旅行業法は、旅行業務に関する取引の公正の維持、旅行の安全の確保および旅行者の利便の促進を図ることを目的とした法律です。旅行業法所定の旅行業を営む者は、観光庁長官または都道府県知事の登録を受けて、所定の規制に服することとなります。具体的には旅行業、旅行業者代理業、旅行サービス手配業を営むにあたっては登録が必要になるため、事業として旅行業を営む場合には、これらに該当する可能性があるかを検討し、登録対象事業の場合は旅行業法の定めを遵守することが必要となります。

　消費者の利益の保護を目的とした法律としては、他に不当な勧誘行為の禁止や広告規制等を定めた特定商取引法（特定商取引に関する法律）も存在しますが、旅行業の登録を受けた旅行業者および旅行業者代理業の登録を受けた旅行業者代理業者が行う旅行業や旅行業者代理業の各種行為には、同法上の規制のうち、訪問販売、通信販売および電話勧誘販売に関する規制は適用されません（特定商取引法26条1項8号ハ）。これは、旅行業法によって消費者保護が適切に図られると認められるためです。

　なお旅行業法については、2017年5月26日に「通訳案内士法及び旅行業法の一部を改正する法律（平成29年法律第50号）」が成立し、2018年1月4日から施行されています。これは、近年注目されている着地型旅行（旅行者が訪れる地域内で催行される地域発案型の旅行）の推進や、従前は規制の対象外とされてきた旅行サービス手配業（ランドオペレーター）に対する規制の新設等を目的としたものです。

　(2)以下では、旅行業法の基本的知識について解説します。

(2) 旅行業

(a) 旅行業の意義

　旅行業とは、報酬を得て旅行業法2条1項各号に掲げる行為を行う事業を意味します（旅行業法2条1項柱書）。「報酬」を得て、「事業」として（すなわち反復継続して）行うことが要件となっているため、報酬を得ていない場合や、反復継続する意思で行っていない場合には、同法の規制は及ばないこととなります。

　同法2条1項の行為は、大きく、以下の3つに分類されます。

[図表3-7]　旅行業法2条1項の行為の分類

基本的旅行業務 （下記(i)(iii)(iv)）	旅行者と運送業者または宿泊業者（「運送等業者」）との間に立って、運送サービスまたは宿泊サービス（「運送等サービス」）を手配する行為
付随的旅行業務 （下記(ii)(v)(vi)）	基本的旅行業務に付随して、運送等サービス以外の旅行に関するサービス（「運送等関連サービス」）を手配する行為
相談業務（下記(vii)）	旅行の相談に応ずる行為

　運送等サービスの手配（バスやホテルの手配）は、基本的旅行業務として旅行業に該当しますが、運送または宿泊を伴わない運送等関連サービスの手配（レストランやアミューズメントパークの予約等）は、基本的旅行業務に付随して行われる場合に限り、旅行業の規制対象となります。したがって、付随的旅行業務のみを行う場合は旅行業の規制対象とはなりません。

　以下、法律上の旅行業に該当する各行為の概要について説明します。

（i）　企画旅行に係る基本的旅行業務（旅行業法2条1項1号）

　旅行計画を作成の上、同計画に定める運送等サービスの提供のために必要な契約を、自己の計算において、運送等業者と締結する行為をいいます。具体的には、パッケージツアーやオーダーメイド旅行（修学旅行等）等の旅行計画を企画して、その実施のために、航空会社や宿泊施設と契約を締結する行為がこれに該当します。

（ii）　企画旅行に係る付随的旅行業務（旅行業法2条1項2号）

　（i）に付随して、運送等関連サービスの提供のために必要な契約を、自己の計算において、関係業者（運送等関連サービス提供者）と締結する行為をいいま

す。具体的には、パッケージツアーやオーダーメイド旅行に係る旅行計画の実施のために、レストランやアミューズメントパークと契約を締結する行為等がこれに該当します。

(iii) 手配旅行に係る基本的旅行業務（旅行業法２条１項３号・４号）

旅行者から委託を受けて、運送等サービスの提供を受けるために、旅行者と運送等業者との間の契約締結について、代理、媒介または取次ぎをする行為（３号）、および、運送等業者から委託を受けて、運送等サービスの提供のために、旅行者と運送等業者との間の契約締結について、代理または媒介する行為（４号）をいいます。具体的には、旅行者から依頼されて、航空会社や宿泊施設と契約を締結する行為等がこれに該当します。

なお、上記定義にかかわらず、旅行業法は、もっぱら運送業者を代理し、旅行者と運送契約を締結する行為のみを行う事業については、契約内容が明確で取引も定型的であることを理由に、旅行業の対象から除外しています（旅行業法２条１項柱書かっこ書き）。具体的には、航空運送代理店やバス等の回数券販売所は旅行業に該当しないこととなります。

(iv) 利用運送・利用宿泊に係る基本的旅行業務（旅行業法２条１項５号）

他人の経営する運送機関または宿泊施設を利用して、旅行者に対して運送等サービスを提供する行為をいいます。旅行会社と旅行者間で運送契約・宿泊契約が成立し、旅行会社自身が運送人等としての義務を負った場合、旅行会社は当該運送等サービス提供債務の履行のために、下請けとして運送機関または宿泊施設との間で自己の名義で契約を締結し、これらを利用することになります。

(v) 手配旅行／利用運送・利用宿泊に係る付随的旅行業務（旅行業法２条１項６号・７号）

(iii)または(iv)に付随して、旅行者から委託を受けて、運送等関連サービスの提供を受けるために、旅行者と関係業者との間の契約締結について、代理、媒介または取次ぎをする行為をいいます（６号）。また関係業者から委託を受けて、運送等関連サービスの提供のために、旅行者と関係業者との間の契約締結について、代理または媒介する行為をいいます（７号）。

(vi) 旅行者の便宜となるサービス提供業務（旅行業法２条１項８号）

(i)、(iii)または(iv)に付随して、旅行者の案内、旅券の受給のための行政庁等に対する手続きの代行その他旅行者の便宜となるサービスを提供する行為をいいます。具体的には、団体旅行における添乗員による案内、旅券・ビザ申請手続

第３節　旅行業をめぐる法律の基本的知識　81

きの代行がこれに該当します。

(vii) 相談業務（旅行業法2条1項9号）

旅行に関する相談に応ずる行為をいいます。具体的には、旅行会社窓口で、旅行者の相談に応ずる行為がこれに該当します。

(b) 企画旅行と手配旅行

旅行業法は、旅行会社が旅行者に提供する旅行を、①募集型企画旅行、②受注型企画旅行、③手配旅行に区分した上で、旅行業の登録区分を設定し、各旅行に対する規制を定めています。また、標準旅行業約款（旅行業約款については(d)(iii)で後述します。）は①～③の各旅行に対応する形で約款を定めているため、旅行会社の旅行者に対する契約責任の内容も各旅行に応じて変わってきます。

(i) 企画旅行

企画旅行とは、旅行業法2条1項1号の業務（企画旅行に係る基本的旅行業務）により実施される旅行をいいます。企画旅行は、以下のように募集型企画旅行と受注型企画旅行に分類されます。

[図表3-8] 企画旅行の分類

募集型企画旅行	旅行業者が、広く旅行者を募集するために、あらかじめ旅行計画を作成して実施する旅行（パッケージツアー）
受注型企画旅行	旅行業者が、特定の旅行者の依頼に応じて、当該旅行者のために旅行計画を作成して実施する旅行（オーダーメイド旅行）

企画旅行について、旅行業者は、旅行業法上、企画旅行の円滑な実施を確保するための措置を講ずる義務を負っています（旅行業法12条の10。旅程管理義務）。また、標準旅行業約款上、旅行業者は、旅程管理義務および旅程保証責任、ならびに、安全確保義務および特別保証責任を負っています。

[図表3-9] 旅行業者の責任

旅程管理義務	旅行業者は、契約内容（旅行計画）どおりに旅行サービスを提供できるよう必要な措置を講じなければならず、やむをえず契約内容を変更せざるをえないときには、必要最小限の変更にとどめるよう努力しなければならない

旅程保証責任	旅行業者は、契約内容の重要な変更が生じた場合には、天災地変等の一定の免責事由に該当しない限り、その帰責事由の有無にかかわらず、一定額の変更補償金を旅行者に支払わなければならない
安全確保義務	旅行業者は、旅行者の生命・身体・財産等の安全を確保するため、旅行目的地・旅行日程・旅行行程・旅行サービス機関の選択等について合理的に検討・判断し、また契約内容の実施にあたっては遭遇する危険を排除すべく合理的措置を講じなければならない
特別保証責任	旅行業者は、旅行者が旅行参加中にその生命、身体または手荷物について一定の損害を被った場合には、その帰責事由の有無にかかわらず、一定額の補償金および見舞金を支払わなければならない

(ii) 手配旅行

手配旅行とは、旅行業法2条1項3号・4号の業務（手配旅行にかかる基本的旅行業務）により実施される旅行をいいます。

旅行業者は、手配旅行については、旅程管理義務・特別保証責任等を負いませんが、事業開始前にはあらかじめ手配旅行にかかる手数料を定めて、営業所において掲示する必要があります（旅行業法12条1項）。

(c) **旅行業の登録**

(i) 登録区分

旅行業法は、旅行業者について、その業務範囲に応じて、第1種旅行業者、第2種旅行業者、第3種旅行業者、地域限定旅行業者の4種類の登録区分を設定しています（旅行業法4条1項3号、同法施行規則1条の3）。

第1種旅行業は、旅行業法2条1項の旅行業務全般を取り扱うことができます。海外を目的地とする募集型企画旅行を取り扱うためには、第1種旅行業者として登録する必要があります。

第2種旅行業は、日本国内を目的地とする募集型企画旅行は取り扱うことができますが、海外を目的地とする募集型企画旅行を取り扱うことはできません。なお、受注型企画旅行および手配旅行に関しては、日本国内・海外のいずれを目的地とする旅行も第2種旅行業の資格で取り扱うことができますが、受注型企画旅行・手配旅行であっても海外の業務を行うためには、必ず総合旅行

第3節　旅行業をめぐる法律の基本的知識　83

[図表3-10]　旅行業の登録区分

登録行政庁 (申請先)	業務範囲			
	企画旅行			手配旅行
	募集型		受注型	
	海　外	国　内		
第1種　観光庁長官	○	○	○	○
第2種　主たる営業所の所在地を管轄する都道府県知事	×	○	○	○
第3種　主たる営業所の所在地を管轄する都道府県知事	×	△ (隣接市町村等)	○	○
地域限定　主たる営業所の所在地を管轄する都道府県知事	×	△ (隣接市町村等)	△ (隣接市町村等)	△ (隣接市町村等)

業務取扱管理者の資格を有する者を選任する必要がある点に留意が必要です（後記(d)(ii)参照)。

　第3種旅行業は、事業者の営業所が存在する市町村の区域、これに隣接する市町村の区域および観光庁長官の定める区域（以下「拠点区域」）内の募集型企画旅行は取り扱うことができますが、その他の区域での募集型企画旅行は取り扱うことができません（受注型企画旅行・手配旅行のうち海外業務を行うためには総合旅行業務取扱管理者の資格者の選任が必要である点は、第2種旅行業と同様です）。

　地域限定旅行業は、募集型企画旅行、受注型企画旅行、手配旅行いずれも、拠点区域内でのみ取り扱うことができます。

　第1種旅行業については、観光庁長官に登録申請書を提出して登録を受ける必要があります。その他の旅行業については、主たる営業所の所在地を管轄する都道府県知事に登録申請書を提出して登録を受ける必要があります（旅行業法3条、同法施行規則1条の2)。

(ii) 財産的基礎

　旅行業は比較的小さな規模でも事業を開始することができますが、その取扱額は必ずしも小さいとはいえません。旅行者は、旅行業者の財務状況如何によっては、旅行業者に対して旅行代金を前払いしたにもかかわらず、旅行業者の経営破綻などにより運送等サービスの提供も旅行代金の返金も受けることができないという被害を受ける可能性があります。

　そこで、旅行業法は、事業を遂行するために必要と認められる財産的基礎を有していることを、旅行業者の登録の要件としています（旅行業法6条1項10号、同法施行規則3条）。すなわち、総資産額から総負債額および営業保証金額（後述(d)参照）を引いて算出される「基準資産額」が、次の図表3−11に定める額以上であることが必要となります。

[図表3−11]　登録区分毎の基準資産額

登録区分	基準資産額
第1種	3,000万円
第2種	700万円
第3種	300万円
地域限定	100万円

(d)　旅行業に対する主な規制

(i)　営業保証金・弁済業務保証金分担金

　旅行業法は、旅行業者の経営破綻などにより旅行者が不測の被害を受けることのないよう、観光庁の指定を受けた旅行業協会（一般社団法人日本旅行業協会および一般社団法人全国旅行業協会）に加入していない旅行業者に対して、一定額の営業保証金の供託を義務付けています（旅行業法7条1項）。旅行業協会未加入の旅行業者は、営業保証金を供託し、その旨を登録行政庁に届け出た後でなければ、事業を開始することができません（同法7条3項）。

　この営業保証金は、旅行者の旅行業者に対する債権の担保として機能しており、旅行者は、旅行業者との取引によって生じた債権について、旅行業者が供託している営業保証金から旅行代金等の範囲内で弁済を受けることができます（同法17条1項）。各旅行者の弁済請求額の合計金額が、営業保証金額を超える場合、営業保証金額の範囲内で請求額に応じて按分されることとなります。

第3節　旅行業をめぐる法律の基本的知識　85

[図表3-12] 営業保証金制度の概要

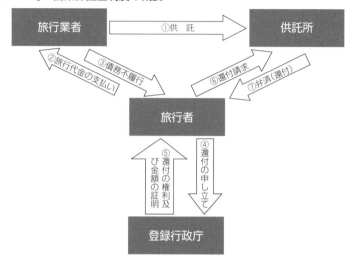

(出典:観光庁「営業保証金制度及び弁済業務保証金制度の概要」より引用)

　旅行業者が供託する必要のある営業保証金の金額は、同法8条1項、同法施行規則7条において定められています。前事業年度における旅行業務に関する旅行者との取引額によって算定されますが、旅行業の新規登録の場合には、登録申請時に申告した年間取引見込額によることとなります(同法施行規則6条の2)。

　また海外募集型企画旅行を取り扱う第1種旅行業者は、追加で所定の金額を供託する必要があります(この追加供託義務は、株式会社てるみくらぶが2017年3月27日に破産手続開始決定を受け、同社を利用していた多くの旅行者に損失を与えた事案を契機に導入されました。同社は破産前の段階で財産状況を著しく悪化させており、同社のツアーの航空券が発券できず旅行先から帰国できない、同社を通じて支払済みのはずのホテル代を旅行者が再度ホテルから請求される等のトラブルが多発していました)。

　旅行業協会未加入の旅行業者は、毎事業年度終了後100日以内に、その事業年度における旅行業務に関する旅行者との取引額を報告し、必要に応じて追加で営業保証金を供託しなければなりません(旅行業法9条、10条)。

　他方、旅行業者が観光庁の指定を受けた旅行業協会に加入している場合には、弁済業務保証金分担金(上記の営業保証金額の5分の1相当額。第1種旅行

業者の場合は、上記の追加営業保証金額についてもその5分の1相当額）を旅行業協会に納付することで、営業保証金の供託を免れることができます（同法48条1項、49条1項、53条）。この場合、旅行者は、旅行業者との取引によって生じた債権について、旅行業協会が供託している弁済業務保証金から旅行代金等の範囲内で弁済を受けることができます（同法48条1項）。各旅行者の弁済請求額の合計金額が、弁済限度額（旅行業者が納付している弁済業務保証金分担金額の5倍相当額）を超える場合、弁済限度額の範囲内で請求額に応じて按分されます。

[図表3-13] 弁済業務保証金制度の概要

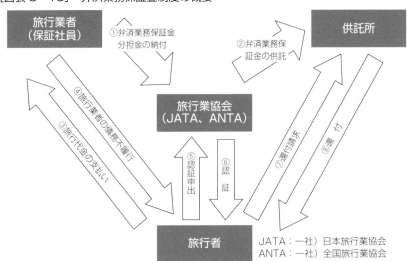

（出典：観光庁「営業保証金制度及び弁済業務保証金制度の概要」より引用）

(ii) 旅行業務取扱管理者

　旅行業者は、その営業所ごとに1人以上の旅行業務取扱管理者を選任する必要があります（旅行業法11条の2第1項）。

　旅行業務取扱管理者試験に合格した者が、旅行業務取扱管理者に就任することができます。旅行業務取扱管理者試験は3種類あり、旅行業務取扱管理者は、その合格した試験に応じて、①総合旅行業務取扱管理者、②国内旅行業務取扱管理者、③地域限定旅行業務取扱管理者に分かれています（③の地域限定旅行業務取扱管理者は、地域の観光資源の活用による着地型旅行の促進に向けた規

制緩和として、2018年1月施行の改正法で新設された分類です）。旅行業者は、その営業所の取り扱う旅行業務に応じて、次の図表3－14のとおり旅行業務取扱管理者を選任する必要があります。

[図表3－14]　旅行業務取扱管理者の分類

拠点区域内の旅行業務のみ取り扱う営業所	総合旅行業務取扱管理者、国内旅行業務取扱管理者、地域限定旅行業務取扱管理者のいずれか
日本国内の旅行業務のみ取り扱う営業所	総合旅行業務取扱管理者、国内旅行業務取扱管理者のいずれか
その他の営業所（海外の旅行業務を取り扱う営業所）	総合旅行業務取扱管理者

　旅行業務取扱管理者は、原則として、複数の営業所を兼任することはできません（同法11条の2第4項）。例外として、地域限定旅行業者については、営業所が近接しており（営業所間の距離の合計が40km以下の場合）、かつ当該営業所の前事業年度における旅行業務に関する旅行者との取引額の合計額が1億円以内の場合には、1人の旅行業務取扱管理者が複数の営業所を兼任することができます（同法11条の2第5項、同法施行規則10条の2、10条の3）。
　また旅行業務取扱管理者は、5年に1度、旅行業協会が実施する研修を受講しなければなりません（同法11条の2第7項）。
　(iii)　旅行業約款
　旅行業法は、旅行業者が旅行者に不利な条件で契約を締結することがないよう、旅行業者に対し、旅行者と締結する旅行業務の取扱いに関する契約について旅行業約款を定めて、観光庁長官の認可を受けることを義務付けています（旅行業法12条の2）。ただし、観光庁長官および消費者庁長官が定めた標準旅行業約款と同一の旅行業約款を自社の約款として定めるのであれば、観光庁長官の認可は不要となります（同法12条の3）。
　現在、観光庁長官および消費者庁長官は、募集型企画旅行契約、受注型企画旅行契約、手配旅行契約、渡航手続代行契約、旅行相談契約の5部構成の標準旅行業約款を定めて公示しており、多くの旅行業者もこの標準旅行業約款を自社の約款として定めています。
　標準旅行業約款も用いず、観光庁長官の認可も受けていない自社約款（無認

可約款）を用いた場合、業務改善命令（同法18条の3第3号）や業務停止、登録取消し（同法19条1項1号）等の行政処分や、30万円以下の罰金（同法82条、79条7号）に処せられる可能性があります。

　(iv)　その他の主たる規制

　前記のほか、旅行業者は、主として①取引条件の説明・書面交付義務、②契約書面の交付義務、③広告規制といった規制を遵守する必要があります。

　　a　取引条件の説明・書面交付義務

　旅行業者は、旅行者と旅行業務に関する契約を締結するにあたって、旅行者に対して旅行サービスの内容等の所定の取引条件を説明し、所定の事項を記載した書面を交付する必要があります。旅行者の承諾があれば、電磁的方法により提供することも許容されます（旅行業法12条の4）。説明事項・書面記載事項の詳細は、旅行業者等が旅行者と締結する契約等に関する規則（以下「旅行業者契約規則」）3条および5条に定めがあります。

　　b　契約書面の交付義務

　旅行業者は、旅行者または運送等業者と旅行業務に関する契約を締結したときは、旅行サービスの内容等の所定の事項を記載した書面を交付する必要があります。旅行者または運送等業者の承諾があれば、電磁的方法により提供することも許容されます（旅行業法12条の5、旅行業者契約規則9条）。

　　c　広告規制

　旅行業法は、旅行業務に係る広告規制を規定しています。まず、企画旅行の参加者を募集する際には、旅行の目的地および日程、旅行者が旅行業者等に支払うべき対価等、法定の事項を表示しなければならないとされています（旅行業法12条の7、旅行業者契約規則13条）。さらに、企画旅行に限らず、旅行業務に関する広告をするときは、旅行サービスの品質や旅行者の安全確保に関する事項、旅行地の景観、環境等に関する事項等に関して、著しく事実に相違する表示をし、または実際のものよりも著しく優良であり、もしくは有利であると人を誤認させるような表示をしてはなりません（誇大広告の禁止。旅行業法12条の8、旅行業者契約規則14条）。

　また、旅行業の広告に関しては、旅行業法以外に、景品表示法または景品表示法に基づき旅行業公正取引協議会が公表する公正競争規約も遵守する必要があります。景品表示法および公正競争規約については、後記2を参照下さい。

(3) 旅行業者代理業

(a) 旅行業者代理業の意義

　旅行業者代理業とは、報酬を得て、旅行業者を代理し、旅行業務に関する契約を締結する行為を行う事業を意味します（旅行業法2条2項）。旅行業と同様、「報酬」を得て「事業」として（反復継続して）行うことが要件となっているため、経済的収入を得ていない場合、反復継続する意思で行っていない場合には、旅行業法の規制は及びません。

(b) 旅行業者代理業の登録

　旅行業法は、取引関係の明確化のために、旅行業者代理業者は特定の旅行業者1社のみを代理できると規定しています（一社専属制。旅行業法6条1項11号）。このため、旅行業者代理業の登録にあたっては、所属旅行業者の名称等を申請することが求められています（同法4条1項5号）。所属旅行業者は旅行業者代理業者の監督責任を負っており、旅行業者代理業者が旅行者に加えた損害についても原則として賠償責任を負うこととなります（同法14条の3第5項）。

　このように一社専属制で所属旅行業者が代理業者の監督責任を負うことになっており、旅行業者代理業者の資産状況を別途問題にする必要はないことから、旅行業者代理業においては、財産的基礎を有することは登録要件とはされていません。

　旅行業者代理業は、主たる営業所の所在地を管轄する都道府県知事に登録申請書を提出して登録を受けることとなります（同法3条、同法施行規則1条の2第3号）。

(c) 旅行業者代理業に対する主な規制

　旅行業者代理業者は、旅行業者と同様、旅行業務取扱管理者の選任義務（旅行業法11条の2第1項）、取引条件の説明・書面交付義務（同法12条の4）、契約書面の交付義務（同法12条の5）、広告規制（同法12条の7、12条の8）等を遵守する必要があります。

　他方、前記(b)のとおり旅行業者代理業者の資産状況を別途問題にする必要はないことから、旅行業者代理業者は、営業保証金の供託および弁済業務保証金分担金の納付義務を負いません。

⑷ 旅行サービス手配業

⒜ 旅行サービス手配業の意義

　旅行サービス手配業とは、旅行業者から委託を受けて、報酬を得て、運送等サービスまたは運送等関連サービスの提供のために、旅行業者と運送等業者または関係会社間の契約締結について、代理、媒介または取次ぎをする行為を行う事業を意味します（旅行業法2条6項）。前述のとおり、2018年1月4日施行の旅行業法改正により、従前は旅行業者と旅行者の間のみを規律していた旅行業者の対象が拡大し、業者間の契約の代理業務等（いわゆるランドオペレーターの業務）についても「旅行サービス手配業」として登録を求められることとなりました。

　旅行業と同様、「報酬」を得て「事業」として行うことが要件となっているため、経済的収入を得ていない場合や、反復継続する意思で行っていない場合には、旅行業法の規制は及びません。

⒝ 旅行サービス手配業の登録

　旅行サービス手配業は、主たる営業所の所在地を管轄する都道府県知事に登録申請書を提出して登録を受けることとなります（旅行業法23条、同法施行規則42条）。旅行業の登録と異なり、旅行サービス手配業の登録にあたって「財産的基礎」を有することは要求されていません（同法26条1項参照）。

[図表3-15]　旅行サービス手配業の概要

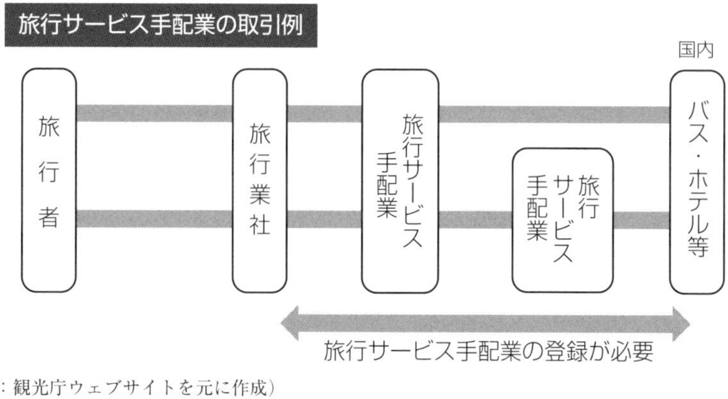

（参考：観光庁ウェブサイトを元に作成）

(c)　旅行サービス手配業に対する主な規制

　旅行サービス手配業者は、その営業所ごとに1人以上の旅行サービス手配業務取扱管理者を選任する必要があります（旅行業法28条1項）。旅行サービス手配業務取扱管理者には、①総合旅行業務取扱管理者、②国内旅行業務取扱管理者のほか、③登録研修機関が実施する旅行サービス手配業務取扱管理者研修の課程を終了した者が就任することができます（同条5項）。旅行サービス手配業務取扱管理者は、旅行業務取扱管理者と同様、5年に1度、登録研修機関が実施する研修を受講しなければなりません（同条6項）。

　また、旅行サービス手配業者は、旅行業者や運送等業者と旅行サービス手配業務に関する契約を締結したときは、旅行サービスの内容等の所定の事項を記載した書面を交付する必要があります。旅行業者や運送等業者の承諾があれば、電磁的方法により提供することも許容されます（同法30条）。

　なお、旅行業者代理業者と同様、旅行サービス手配業者は営業保証金の供託および弁済業務保証金分担金の納付義務を負いません。

② 景品表示法・公正競争規約

(1)　景品表示法（不当景品類及び不当表示防止法）

　過大な景品類の提供や不当な表示を規制する法律として景品表示法がありますが、同法では、公正取引委員会および消費者庁の認定のもと、各業界がその特殊事情を勘案して、同法の趣旨にのっとった自主ルール（公正競争規約）を設定することを認めています（景品表示法31条1項）。

　消費者の利益保護のためには、提供される商品やサービスの選択に必要な情報が正しく提供されること、そして、過大な景品類が提供されないことが必要となりますが、何が必要な情報なのか、何が過大な景品類といえるのかは、業界やその商品・サービスによって異なるため、事業者団体に自主ルールの設定を委ねることとされています。

　もっとも、規約の内容が不当なものであってはならないため、その内容が公正な競争の確保のために適切なものであるか否かにつき、公正取引委員会および消費者庁長官の認定を要するものとされています。

　公正取引委員会および消費者庁長官は、次の4つの要件に適合すると認められる規約でなければ、認定することはできないとされています（同法31条2項）。

①	不当な顧客の誘引を防止し、一般消費者による自主的かつ合理的な選択および事業者間の公正な競争を確保するために適切なものであること
②	一般消費者および関連事業者の利益を不当に害するおそれがないこと
③	不当に差別的でないこと
④	公正競争規約に参加し、または公正競争規約から脱退することを不当に制限しないこと

　このように、公正取引委員会および消費者庁長官が適切であると認定した業界における良識や商慣習を明文化し、これを業界内で相互に守ることにより、規約に参加する事業者、そして業界全体に対する消費者の信頼を高めることにつながっています。

　また、規約に参加する事業者は、規約の内容を遵守している限りは、景品表示法等に違反しているとされることはないため、安心して取引を行うことが可能となります（公正競争規約は、参加を強制するものではありませんので、事業者は規約に参加しないという選択をすることも可能ですが、参加しない場合は、不当表示や過大な景品類の提供を行うと、消費者庁による景品表示法に基づく措置の対象となります）。

　旅行業に関しては、旅行業公正取引協議会という業界団体が、景品表示法31条1項に基づく公正競争規約として、以下の2つの規約を設定し、公正取引委員会および消費者庁長官の認定を受けています。

①	旅行業における景品類の提供の制限に関する公正競争規約（景品規約・昭和59年10月1日公正取引委員会認定）
②	募集型企画旅行の表示に関する公正競争規約（表示規約・平成4年5月26日公正取引委員会認定）

　(2)以降で、それぞれの規約の概要を説明します。

⑵　景品規約（旅行業における景品類の提供の制限に関する公正競争規約）

　景品規約は、旅行業務に関する取引に付随する不当な景品類の提供の制限を定めることにより、不当な顧客の誘引を防止し、一般消費者による自主的かつ合理的な選択および事業者間の公正な競争を確保することを目的としています（景品規約1条）。

　景品類とは、顧客を誘引する手段として、事業者が旅行業務関連取引に付随

して相手方に提供する金銭・金券・商品券その他の有価証券や、映画・演劇・スポーツ・旅行その他催物への招待・優待等のことです（同規約2条(3)）。

　懸賞付き販売（抽選券・じゃんけん等のくじや、パズル・クイズ等特定の行為の優劣または正誤によって景品を提供するもの）の場合は景品類の最高額および総額の上限が定められており、また、懸賞によらないで景品を提供する場合（旅行の申込者や参加者にもれなく提供する場合や、来店先着順に提供する場合。図表3-16の総付景品）についても、景品の限度額が定められています。他方、旅行の購入を条件にしない（取引に附随しない）で新聞、テレビ等のクイズにより応募させるもの（図表3-16のオープン懸賞）については、上限は廃止されています。

(3)　表示規約（募集型企画旅行の表示に関する公正競争規約）

　表示規約は、日本国内における募集型企画旅行（旅行業者が日程・内容の計画を作成し、旅行者を募集するもの。いわゆるパッケージツアーやパック旅行）に関する法文の広告その他の表示について定めたものです（表示規約2条）。募集型企画旅行は目に見えない商品であり、一般消費者にとっては広告その他の表示を通してしか事前に内容をすることができないという特殊性に鑑み、詳細かつ正確な情報の提供をすることに努め、虚偽・誇大な表示や一般消費者の募集型企画旅行の選択にとって重要な要素となる情報の不表示により、一般消費者に誤った期待を抱かせないよう、厳に戒めることを求めています（同規約3条）。

　また同規約5条では、募集型企画旅行についての説明書面に記載しなければならない事項を定めており、同規約の施行規則および運用基準では、以下のようなさらに詳細な内容が定められています。

- ・　旅行日程に含まれる観光地・観光施設について、季節や天候等により変更が予測される場合にはその内容を具体的に表示すること
- ・　宿泊先の客室からの景観が旅行条件の一部となっている場合は、その景観を明確に（ホテルが定める呼称にかかわらず、実際の景観に見合った内容を）表示すること
- ・　最低の旅行代金を表示するときは、併せて最高の旅行代金を同じ方法で表示すること（字の大きさ、色、濃さ等が同一で最低または最高のいずれかが目立つように表示されていないこと）

　同様に、募集型企画旅行に関する募集広告についても、表示すべき内容が定

められています（同規約6条、同規約施行規則および運用基準）。

さらに、写真やイラスト等を用いる場合は、原則として日程に含まれているものについて紹介する場合に限ること（同規約7条）、優位性、最上級等を意味する用語（「当社だけ」「最高級」「超豪華」等）、推奨を意味する用語（「推賞」「推奨」「推薦」等）等の使用方法（同規約8条）、他の事業者の募集型企画旅行との比較を表示する場合の基準（同規約9条）に至るまで、詳細な内容が定められています。

[図表3-16] 景品規約概要

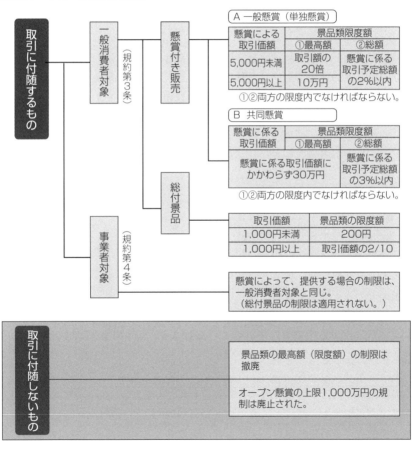

（出典：旅行業公正取引協議会ウェブサイトより引用）

また、重要なものとしては、以下の禁止事項の定めがあります。

- ・ 二重価格表示（一般価格、通常販売価格、一般標準価格、市価等と比較をした表示）の原則禁止と例外的に認められる二重価格表示の具体例
（「一般旅行代金○○○○円のところ、特別旅行代金○○○○円」という記載は認められないが、値下げを継続して行う場合の「旅行代金 ~~150,000~~ 円（○○新聞○月○日掲載）120,000円」のような記載や値下げ期間を限定する記載は許容される）
- ・ おとり広告の禁止
（募集の時点で募集定員に達しているのにその旨の表示が明確でない場合、架空の最少催行人数を表示している場合等）
- ・ 観光等や運送サービスの内容その他について、一般消費者に誤認されるおそれがある不当表示の禁止

募集型企画旅行の企画・募集を行う旅行業者は、表示規約、その施行規則および運用基準の内容を十分に理解した上で、表示規約に参加する場合はその内容を遵守した説明書面や募集広告を作成する必要があります。

また、表示規約に参加しない事業者も、表示規約等の内容に十分に配慮した表示を行うことで、景品表示法上違法な表示を行うリスク、これにより消費者庁による措置の対象となるリスクを下げることが望まれます。

③ 通訳案内士法

(1) 通訳案内士法改正の経緯

通訳案内士（通訳ガイド）とは、日本を訪問した外国人を各地へ案内し、その土地の文化や伝統、生活習慣等を外国語を使って紹介する仕事です。会議等の場面での通訳業務とは異なり、日本の文化、歴史、地理、経済、産業等幅広い知識に加え、それらの事象をきちんと外国語で説明することが求められます。また、ガイド業務だけではなく、旅行スケジュールの管理やホテルの予約、移動の段取り、買い物のアドバイス、ホテルのチェックイン・チェックアウトを代わりに行う等、ツアーコンダクターのような業務も行います。

通訳案内士は、従前は有資格者の独占業務とされていましたが、訪日外国人観光客が急増する中で、受入れ環境整備の課題の1つとして挙げられていたのが、通訳ガイドの量的不足、大都市部への偏在、そして言語の英語偏重の問題でした。すなわち、訪日外国人の急増を受け、都市部だけではなく地方部への

訪問も増加させていく必要性や、英語以外のさまざまな言語に対応できる通訳案内士の需要が高まっていたものの、従前の通訳案内士の4分の3は東京・神奈川・千葉・埼玉・大阪・兵庫・京都という大都市部に偏在しており、また、対応言語も7割は英語でした。また、国家試験である通訳案内士試験は、合格率もそこまで高くなく、たとえばタクシードライバーが外国語で有料の観光案内をしようとしても、国家試験に合格する必要がある点が参入障壁となっていました。

　加えて、上述のとおり、通訳案内士は単に語学力があればよいのではなく、文化、歴史、産業等についての知識力が問われる業務ですが、近年の外国人旅行者はインターネット等を通して事前にある程度の情報を得ていることも多く、その分、旅行者の興味関心も千差万別であり、通訳ガイドに対するニーズも詳細化・多様化してきました。

　通訳案内士の不足やニーズの多様化への対応の一環として、2006年4月には、従前は国家試験のみが存在していた通訳案内士の制度を改正し外客来訪促進計画を策定した都道府県に地域限定通訳案内士の制度が導入され（通訳案内業法及び外国人観光旅客の来訪地域の多様化の促進による国際観光の振興に関する法律の一部を改正する法律。2006年4月1日施行。なお、当時、地域限定通訳案内士を導入したのは6道県であり、現在は沖縄県のみの導入となっています）、さらに、2012年4月以降は、地域特別措置法や総合特区法、構造改革特区法等により、地方公共団体の研修を経れば、試験等を経ずに特例ガイドとして活動できる例も認められるようになりました（構造改革特区制度を活用した例としては、東京都が実施する研修を修了し登録を行った者に地域特例通訳案内士として東京都内で通訳案内を行えるようにし、これによりタクシードライバーによる通訳ガイドが解禁された事例があります）。これを受け、特区等における地域特例通訳案内士は増加し、地域密着型の通訳ガイドの需要の高まりは明らかな状況となっていました。

　そこで、訪日外国人旅行客のさらなる増加とニーズの多様化に対応するため、2017年6月2日の旅行業法改正に合わせ、通訳案内士の業務独占規制を廃止し、名称独占のみ存続させるため（「規制改革実施計画」（2016年6月2日閣議決定）参照）、通訳案内士法が改正されました（2018年1月4日施行）（当該改正後の通訳案内士法を以下「改正通訳案内士法」といいます）。

　改正通訳案内士法における具体的な改正ポイントは次の4点です。

①	業務独占規制の廃止・名称独占規制の存続
②	地域特例ガイドを地域通訳案内士として全国展開
③	全国通訳案内士の試験科目の見直し（通訳案内の実務に係る科目の追加）
④	全国通訳案内士に対し定期研修受講の義務付け

(2) 通訳案内士の業務独占規制の廃止・名称独占規制の存続

　通訳案内士については、従前は業務独占資格とされ、国の通訳案内士試験に合格した者しか、有料の通訳案内業務、通訳ガイド業務を行うことが認められていませんでしたが、改正通訳案内士法により、国家資格がなくとも有料の通訳ガイド業務を行うことができるようになりました。これにより、合格率が20％前後（日本政府観光局（JNTO）ウェブサイト「受験者及び合格者数、合格基準」参照）程度と難関であった通訳案内士の国家試験に合格せずとも、通訳ガイドを行うことができるようになり、通訳ガイドの需要増加に対応できるようになることが期待されています。

　もっとも、名称独占規制は存続していますので、資格を有さない者が「通訳案内士」の名称やこれに類似する名称（具体的には、「通訳ガイド」「日本ガイド」「（地域名）ガイド」といった有資格者であると誤認されるような名称、「国家ガイド」「○○市ガイド」「認定ガイド」「登録ガイド」のような公的な認定を受けていると誤認されるような名称）を用いることは引き続き禁止されています（改正通訳案内士法52条、60条）。

　なお、改正通訳案内士法により、従前、「通訳案内士」としての資格を有していた者は自動的に「全国通訳案内士」とみなされ（平成29年6月2日法律第50号（改正法）附則3条6項）、登録証の再発行等の手続きは不要となっています。

(3) 地域限定通訳案内士や地域特例通訳案内士を地域通訳案内士として全国展開

　前記(1)で説明したこれまでの地域限定通訳案内士、および各特例法に基づき導入されていた各地域特例通訳案内士について、改正通訳案内士法の本則に位置づけ（改正通訳案内士法2条2項）、新たに「地域通訳案内士」制度として全国展開が図られました。

　地域通訳案内士は、特定の地域内で業務を行い、地域の情報に精通した者とされ、都道府県または市町村が単独または共同で定めた育成計画に基づいて実

98　第3章　旅行業をめぐる法律問題

施する研修の修了等を要件に、登録が認められます。

同法により、これまでの「地域限定通訳案内士」と「地域特例通訳案内士」は、いずれも「地域通訳案内士」とみなされることとなり（改正法附則 21 条 2 項）、すでに上記いずれかの資格を有していた者は、登録証の再発行等の手続きは不要となっています。

(4) 全国通訳案内士の試験科目の見直し（通訳案内の実務に係る科目の追加）

全国通訳案内士試験の筆記科目について、新たに通訳案内業務の基礎知識を問う試験として「通訳案内の実務」に係る科目が追加されました。もっとも、上記の新科目設置に伴い、改正通訳案内士法施行までに資格を取得し、全国通訳案内士としての登録に移行する者に対しては、「通訳案内の実務」に関する知識を補うため、観光庁が経過措置として 2019 年度末まで研修を実施することとなっています。

(5) 全国通訳案内士に対し定期研修受講の義務付け

全国通訳案内士には、旅程管理の実務や災害時の対応といった通訳案内士が実務において求められる知識について、5 年ごとに登録研修機関が行う定期的な研修（以下「登録研修機関研修」といいます）を受講することが義務づけられました（2020 年度より順次開始予定）。全国通訳案内士が登録研修機関研修を受講しない場合、都道府県知事は当該通訳案内士の登録を取り消すことができ、取消しから 2 年間は、再登録することができません。

他方、地域通訳案内士については、全国通訳案内士と異なり定期的な研修の義務付けはありませんが、「地域通訳案内士の育成等に関する基本的な指針」には、自治体の自主的な定期研修の実施によって質の維持、向上を図ることが望ましいと記載されています。

(6) 悪質ガイドの防止

前述のとおり、通訳案内士の役割は、単なる通訳案内・ガイド業務に限らず、訪日外国人観光客のさまざまなニーズに対応できなければならず、また、悪質なガイドにより、訪日外国人旅行者が迷惑を被る事態は、避けなければなりません。無資格でもガイド業務が行えるようになったことから、キックバックを前提とした土産物店への連れ回しや高額商品を強制的に販売する等の詐欺

第 3 節　旅行業をめぐる法律の基本的知識　99

まがいの商売を行うような悪質ガイドの防止措置は必須な状況となっていました。

　同時に改正された旅行業法では、旅行業者やランドオペレーターに対し、有資格者を優先的に手配するようガイドラインを通じて指導することとされています。また有資格者のデータベースの作成や、悪質な手配を行う外国旅行業者については、各国観光当局に対し情報を提供する等各国法に基づく取り締まりや指導等の要請等も検討がされています。

第4節

旅行業に関する法律問題

1 企画旅行中の事故についての旅行業者の責任

　前述のとおり、標準旅行業約款上、旅行業者は、旅程管理義務および旅程保証責任、ならびに、安全確保義務および特別保証責任を負っています。企画旅行中の事故について、旅行業者の安全確保義務が争われたケースとして、以下の事例が存在します。

[図表3-17]　旅行業者の安全確保義務にかかる裁判例

No.	事件名	概　要
1	台湾バス事故事件 （東京地判平成元年6月20日判タ730号171頁）	【事案の概要】 　旅行業者Yによる台湾行の企画旅行の実施中、Yの手配代行者が手配した乗車バスが道路外に逸脱・転落し、旅行者が死亡・負傷した事案。旅行者およびその遺族Xは、Yに対し、①旅行行程設定上の過失、②運送サービス提供機関選定上の過失、③履行補助者たる添乗員の過失を主張して損害賠償を請求した 【裁判所の判断】 　旅行業者Yは安全配慮義務を尽くしていたとして、Xの請求を棄却した。すなわち、①Yは従業員を現地に派遣して道路状況を確認する等して旅行行程を確定した、②Yは台湾内において法令上資格ある運送機関・運転手を手配し、法令上運行を認められたバス等を使用させた、③添乗員においてバスの安全に不安を持つような状況ではなかった、としてYの安全配慮義務違反を否定した

第4節　旅行業に関する法律問題　101

2	ケニアゴンドラ転倒事故事件（大阪地判平成9年9月11日交民30巻5号1384頁）	【事案の概要】 　旅行業者Yによるケニア行の企画旅行の実施中、Yが熱気球飛行会社を選定して「バルーン・サファリ」（熱気球に搭乗して上空を飛行するサファリ）を実施したところ、熱気球ゴンドラが着陸時に転倒して、旅行者Xが負傷した事案。旅行者Xは、Yに対し、①旅行サービス提供機関選定上の過失、②履行補助者たる添乗員の過失等を主張して損害賠償を請求した 【裁判所の判断】 　旅行業者Yは安全配慮義務を尽くしていたとして、Xの請求を棄却した。すなわち、①Yは熱気球飛行経験の豊富な熱気球飛行会社・パイロット等を選定した、②添乗員において熱気球飛行は明らかに危険であると認識できるほどの風が吹いていたわけではない、等としてYの安全配慮義務違反を否定した
3	アフリカマラリア罹患事件（東京地判平成18年11月29日判タ1253号187頁）	【事案の概要】 　旅行業者Yの企画した南部アフリカツアーに参加した旅行者が、マラリアに罹患し、帰国後に死亡した事案。旅行者の遺族Xは、Yに対し、マラリアの危険性を告知する義務を怠った等と主張して損害賠償を請求した 【裁判所の判断】 　一般論として、旅行業者に旅行の危険性に関する情報提供義務が生じうることは認めたが、本件においてYに情報提供義務違反を認めることはできないとして、Xの請求を棄却した。すなわち、旅行業者は、その主催する旅行について、社会通念上、高度の発生可能性を有する格別の現実的危険が存在する場合には、これに関する情報を旅行者に対して告知すべき信義則上の義務を負うが、訪問地点におけるマラリア罹患の危険性は、その可能性が極めて乏しいあるいは低いものであり、旅行一般において生じうる各種の危険と比べても殊更にその危険性が高いものと認めることはできないから、旅行者に対する告知を要すべき格別の現実的危険にはあたらない、等としてYの情報提供義務違反を否定した

102　第3章　旅行業をめぐる法律問題

② オンライン旅行取引と旅行業登録

　近年、旅行者は、インターネットを使って旅行の申込みや予約することが多くなっており、オンライン旅行取引事業者（Online Travel Agency、以下「OTA」）、特に、海外 OTA（海外に拠点を有しながら、日本語サイトを立ち上げて日本国内の旅行者向けに事業を行う OTA）の規模は拡大の一途にあるといえます。

　旅行業法は、日本に営業所がない海外事業者に対しては適用されないと考えられています。このため、海外 OTA については、日本に営業所を有していなければ同法は適用されず、たとえ日本の消費者が当該旅行サイトを利用している実態があったとしても、同法に基づく登録を受ける必要はないと考えられています（旅行産業研究会「旅行産業の今後と旅行業法制度の見直しに係る方向性について」（2016 年 5 月）参照）。

　またオンライン旅行取引に関するものとして、いわゆる「メタサーチ」や「場貸しサイト」がありますが、これらサイトの運営者は、他の事業者が提供する旅行商品・旅行サービスを紹介するにすぎず、契約当事者にならない（旅行者は直接他の事業者に対して具体的な申込みや予約を行う）ため、同法に基づく登録を受ける必要はないと考えられています。

　以上のような状況であるため、旅行者は、OTA サイト、メタサーチ、場貸しサイトその他のオンライン旅行取引に関するサイトを利用するにあたって、取引の相手方が誰になるのか、当該相手方が旅行業登録を受けているのかを区別できないまま、旅行の申込みや予約をすることがあり、消費者保護の観点から問題があるとされていました。

　そこで、観光庁は、2015 年 6 月に、「オンライン旅行取引の表示等に関するガイドライン（OTA ガイドライン）」を策定し、OTA（海外 OTA を含みます）、メタサーチ運営者、場貸しサイト運営者（以下「OTA 等」）に対して、同ガイドラインに則ってサイトを運営することを要請しています。

　具体的には、OTA 等は、以下のような事項に留意して、サイトを運営することが要請されています。

> ・ OTA 等に関する基本情報
> ・ 問合せ先に関する事項
> ・ 契約条件に関する事項
> ・ 契約内容確認画面等

①OTA 等に関する基本情報

　　OTA 等の名称、住所、代表者等の氏名、旅行業登録の有無について、旅行者が容易に認識できるように表示すること。

②問合せ先に関する事項

　　問合せ連絡先（電話番号、メールアドレス等）、問合せ受付可能時間、問合せ受付可能言語について、旅行者が容易に認識できるように表示すること。

③契約条件に関する事項

　　契約当事者および契約形態、運送等サービスの内容、旅行代金額および支払方法、キャンセル条件、その他の契約条項（約款）、最終確認画面、契約成立時期について、旅行者が容易に認識できるように表示すること（ただしメタサーチ運営者および場貸しサイト運営者は、契約当事者および契約形態・運送等サービスの内容を表示すれば足ります）。

④契約内容確認画面等

　　契約締結後、速やかに上記②および③の各事項等を記載した電子メールを旅行者に送信したり、サイト上にこれらの各事項を一覧して確認できる契約内容確認画面を設けたりする等の措置を講じること（ただしメタサーチ運営者および場貸しサイト運営者はこれら措置を講じる必要はありません）。

　OTA 等が OTA ガイドラインを遵守することで、消費者に適切な情報がわかりやすい形で提供され、消費者トラブルが減少することが期待されています。

③　ボランティアツアーと旅行業登録

　東日本大震災等の災害発生時には、NPO やボランティア団体がボランティアを募って被災地での支援活動を行っており、被災地の復興に向けて大きな力となっています。しかし、従前、NPO やボランティア団体がボランティアを募り、被災地への運送サービスや被災地での宿泊サービスを手配することは、旅行業法上の旅行業に該当し、その活動は同法に抵触する可能性があると指摘

104　第3章　旅行業をめぐる法律問題

されていました。

そこで、観光庁は、2017年7月、「災害時のボランティアツアー実施に係る旅行業法上の取扱いについて」と題する通知を発し、ボランティアツアーに係る旅行業法の取扱いの指針を示しました。今後、同通知に従った災害時のボランティアツアーについては、旅行業法が適用されないこととなります。具体的には、以下のとおりです。

①観光庁の災害指定

　観光庁は、国土交通省に災害対策本部を設置するような大きな災害であるか、被災地でボランティアの受入態勢が整っているか、被災地でボランティアの受入ニーズがあるか等を総合的に判断し、対象となる災害・期間等を指定します。

②参加者名簿の提出

　ボランティア団体、NPO法人、自治体、大学等のボランティアツアー主催者は、事前に参加者名簿を、被災自治体、送り出し自治体または社会福祉協議会等の準公的団体に提出する必要があります。

③適切な措置の履行

　ボランティアツアー主催者は、旅行者の身体的安全および財産的安全を確保しつつ旅行目的を達成できるよう、ツアー責任者を置き、事故発生時の損害賠償に備えて損害賠償責任保険に加入する等の措置を講じることが必要になります。

上記通知に従った運用によって、旅行者の安全・利便性の確保を引き続き図りつつ、緊急性・公益性の高いボランティアツアーが円滑かつ迅速に実施されることが期待されています。

4 自治体が関与するツアーと旅行業登録

近年、自治体が関与するツアーについて、旅行業法の登録がないまま、不特定多数の参加者を募り、費用を集める行為が同法に抵触するおそれがあるとの指摘を受けて、自治体が夏休みの子供向けキャンプ等を中止して混乱を招いたり、急きょ、登録のある旅行業者に委託する方法に切り替えたりする例が相次ぎました。もともと、営利性、事業性がないものについては旅行業法の適用はありませんので、過剰反応ではないかとの指摘もありましたが、自治体関与ツアーの旅行業該当性につき、不明確な点があったことも事実でした。

そのため、2017 年 7 月、観光庁は「自治体が関与するツアー実施に係る旅行業法上の取扱いについて」と題する通知を発出し、自治体関与ツアーと旅行業法の関係について、明確に整理しました。

　これにより、自治体がツアーを実質的に企画・運営しており、かつ営利性および事業性がないもの（参加費等の名目を問わず参加者から徴収する金員では収支を償うことができないこと、日常的に反復継続して行われるものでないこと、不特定多数の者に募集を行うものでないことにより、営利性、事業性がないことが裏付けられているもの）については、同法の適用はないと解されることが明確になりました。

　もっとも、上記通知は、同法の適用がない自治体関与ツアーについても、安全および旅行目的を確保するための留意事項として、以下のような措置を挙げています。

---

① 旅行の企画・募集の段階から責任を持って遂行できる責任者を置くこと
② 当該責任者は催行しようとする旅行に関する法令について確実な知識を持つこと
③ 当該責任者が、旅程が安全面において問題なく、かつ旅行目的を達成していると判断する能力を有すること
④ 旅行中に連絡が取れる責任者を置くこと
⑤ 事故発生時の損害賠償に備えて損害賠償責任保険加入等の措置が取られていること

5　住宅宿泊仲介業と旅行業登録

　旅館業法の特則として、民泊を規律する民泊新法（住宅宿泊事業法）が 2018 年 6 月 15 日に施行されました。同法は、民泊を行う住宅宿泊事業と、民泊物件の管理を行う住宅宿泊管理業に加え、民泊物件の仲介を行う住宅宿泊仲介業という類型の事業を新たに定義しています。そして、かかる住宅宿泊仲介業の観点からいえば、同法は旅行業法の特則としても位置付けられることになります。すなわち　報酬を得て、旅行者または宿泊のサービスを提供する者のため、宿泊のサービスの提供について、代理して契約を締結し、媒介をし、または取次ぎをする行為を行う事業は同法の旅行業に該当します（旅行業法 2 条 1 項 3 号・4 号）。そして、住宅宿泊仲介業はかかる定義に該当しますので、本来旅行業に該当します。民泊新法は旅行業法の特則として、宿泊のサービスの中

106　第 3 章　旅行業をめぐる法律問題

でも、特に民泊新法の届出住宅を利用した宿泊のサービスの代理、媒介または取次ぎについては、旅行業の登録を受けなくとも、住宅宿泊仲介業の登録を受ければ行うことが可能としたものです。

上記のとおり、住宅宿泊仲介業の登録を受けて行う住宅宿泊仲介業は、あくまで住宅宿泊事業者の届出住宅を対象としたものです。したがって、住宅宿泊仲介業者は、旅館業の許可を受けて行う民泊や特区民泊についての仲介業は行えず、それを行うには旅行業の登録を受ける必要があると考えられます。逆に、旅行業法上の旅行業の登録を受けた旅行業者は、当然住宅宿泊事業の届出住宅についての仲介業も行うことができます（民泊新法12条、旅行業法2条1項、3条）。

民泊新法では、国内に住所もしくは居所のない自然人または国内に主たる事務所のない法人その他の団体であって、外国において住宅宿泊仲介業を営む者を外国住宅宿泊仲介業者と定義しています。したがって、国内に営業所のない海外の旅行事業者に適用がないと考えられている旅行業法とは異なり、民泊新法の届出住宅を取り扱う海外の旅行事業者については、国内に営業所がなくとも、同法が適用され、住宅宿泊仲介業の登録が必要となるほか、住宅宿泊仲介業者に適用のある規制が及ぶことになり、また、観光庁の監督下に置かれることになります。

なお、前記第3節1(1)で述べた旅行業者および旅行業者代理業者と同様、住宅宿泊仲介業者が行う住宅宿泊仲介業務に関する役務の提供についても、訪問販売、通信販売および電話勧誘販売に関する特定商取引法の規制が適用されません（特定商取引法26条1項8号ハ・ニ、同法施行令5条、同施行令別表第二第51号）。

第4節　旅行業に関する法律問題　107

■本章の内容の理解に役立つ主要な資料・文献■

● 観光庁ウェブサイト「旅行業法」
 (https://www.mlit.go.jp/kankocho/shisaku/sangyou/ryokogyoho.html)
● 日本政府観光局（JNTO）ウェブサイト
 (https://www.jnto.go.jp/jpn/)
● 消費者庁ウェブサイト「景品表示法」
 (https://www.caa.go.jp/policies/policy/representation/fair_labeling/)
● 環境省ウェブサイト「エコツーリズム推進法」
 (http://www.env.go.jp/nature/ecotourism/try-ecotourism/law/index.html)
● 旅行業公正取引協議会ウェブサイト
 (http://www.kotorikyo.org/)
● 一般社団法人日本旅行業協会ウェブサイト
 (https://www.jata-net.or.jp/)
● 一般社団法人全国旅行業協会ウェブサイト
 (http://www.anta.or.jp/)

■本章の主な法令等■

1 旅行業法

目　的	旅行業等を営む者について登録制度を実施し、あわせて旅行業等を営む者の業務の適正な運営を確保するとともに、その組織する団体の適正な活動を促進することにより、旅行業務に関する取引の公正の維持、旅行の安全の確保および旅行者の利便の増進を図ること（1条）	
定　義	旅行業	報酬を得て、旅行業法2条1項各号に掲げる行為を行う事業（2条1項）
	旅行業者代理業	報酬を得て、旅行業を営む者のため旅行業法2条1項各号に掲げる行為について代理して契約を締結する行為を行う事業（2条2項）
	旅行サービス手配業	報酬を得て、旅行業を営む者のため、旅行者に対する運送等サービスまたは運送等関連サービスの提供について、これらのサービスを提供する者との間で、代理して契約を締結し、媒介をし、または取次ぎをする行為を行う事業（2条6項）
概　要	・ 旅行業、旅行業者代理業、旅行サービス手配業を営もうとする者は、観光庁長官または都道府県知事の登録を受ける必要がある（3条、23条） ・ 旅行業者は、営業保証金の供託、旅行業務取扱管理者の選任等の規制に服する ・ 旅行業者代理業者は、特定の旅行業者1社のみ代理でき、また、旅行業務取扱管理者の選任等の規制に服する ・ 旅行サービス手配業者は、旅行サービス手配業務取扱管理者の選任等の規制に服する	

2 景品表示法

目　的	商品および役務の取引に関連する不当な景品類および表示による顧客の誘引を防止するため、一般消費者による自主的かつ合理的な選択を阻害するおそれのある行為の制限および禁止について定めることにより、一般消費者の利益を保護すること（1条）	
定　義	景品類	顧客を誘引するための手段として、その方法が直接的であるか間接的であるかを問わず、

本章の主な法令等　109

		くじの方法によるかどうかを問わず、事業者が自己の供給する商品または役務の取引に付随して相手方に提供する物品、金銭その他の経済上の利益であって、内閣総理大臣が指定するもの（2条3項）
	表　示	顧客を誘引するための手段として、事業者が自己の供給する商品または役務の内容または取引条件その他これらの取引に関する事項について行う広告その他の表示であって、内閣総理大臣が指定するもの（2条4項）
	規　約	事業者または事業者団体が、内閣府令で定めるところにより、景品類または表示に関する事項について、内閣総理大臣および公正取引委員会の認定を受けて、不当な顧客の誘引を防止し、一般消費者による自主的かつ合理的な選択および事業者間の公正な競争を確保するために設定する規約（31条1項）
概　要		・ 内閣総理大臣および公正取引委員会は、31条1項の規約が次の@〜@のいずれにも適合すると認める場合でなければ、同項の認定をしてはならない（31条2項） 　@ 不当な顧客の誘引を防止し、一般消費者による自主的かつ合理的な選択および事業者間の公正な競争を確保するために適切なものであること 　@ 一般消費者および関連事業者の利益を不当に害するおそれがないこと 　@ 不当に差別的でないこと 　@ 当該規約に参加し、または当該規約から脱退することを不当に制限しないこと ・ 31条に基づき、旅行業公正取引協議会が、「旅行業における景品類の提供の制限に関する公正競争規約」（景品規約）と「募集型企画旅行の表示に関する公正競争規約」（表示規約）を設定している

110　第3章　旅行業をめぐる法律問題

3　通訳案内士法

目　的	全国通訳案内士および地域通訳案内士の制度を定め、その業務の適正な実施を確保することにより、外国人観光旅客に対する接遇の向上を図り、もって国際観光の振興に寄与すること（1条）	
定　義	全国通訳案内士	報酬を得て、通訳案内（外国人に付き添い、外国語を用いて、旅行に関する案内をすることをいう。以下同じ）を行うことを業とする者（2条1項）
	地域通訳案内士	その資格を得た地域通訳案内士育成計画に定める地域通訳案内士業務区域において、報酬を得て、通訳案内を行うことを業とする者
概　要	・　全国通訳案内士試験に合格した者は、全国通訳案内士となる資格を有する（3条） ・　全国通訳案内士試験は、全国通訳案内士として必要な知識および能力を有するかどうかを判定する目的で、外国語、日本地理、日本歴史、産業、経済、政治および文化に関する一般常識、通訳案内の実務の各科目について行う（5条、6条2項） ・　全国通訳案内士は、通訳案内を受ける者のためにする物品の購買その他のあっせんに関する販売業者その他の関係者に対する金品の要求、通訳案内を受けることの強要、登録証の他人への貸与、全国通訳案内士の信用または品位を害するような行為をしてはならない（31条、32条） ・　地域通訳案内士育成等計画を定めることにつき観光庁長官の同意を得た市町村または都道府県が行う、地域通訳案内士業務区域の特性に応じた通訳案内に関する研修を修了した者は、当該地域通訳案内士業務区域において、地域通訳案内士となる資格を有する（55条）	

本章の主な法令等　111

第4章

宿泊事業者をめぐる
ビジネスと法律

■本章のポイント■

● 近年、宿泊事業業界は、訪日外国人の増加に伴い、盛り上がりを見せています。政府がビジット・ジャパン・キャンペーン（VJC）を開始した2003年当時、訪日外国人観光客の数は521万人でしたが、その後、政府が設定した目標を上回る勢いで増加していき、2018年には過去最多の3,119万人となりました。また、2020年には東京オリンピック・パラリンピックが開催される予定であり、宿泊事業業界にとっては更なる追い風となることが予想されます。

● こうしたインバウンドの増加により、訪日外国人の宿泊需要が増加しており、大都市を中心として、宿泊施設の建設ラッシュが起きました。また、外国人観光客の消費傾向に変化が生じており、近年では商品やサービスではなく、体験を重視する「コト消費」が増加しています。自国では出来ない体験を求めて来日する外国人観光客の中には、ホテルや旅館に宿泊するのではなく、一般住宅を利用した民泊やクルーズ船に宿泊する人もいます。これらの民泊等の宿泊施設は、単なる宿泊需要の受け皿ではなく、ホテル等にはない地域に根差した宿泊体験を提供する施設として人気を博しています。

● このような新たなビジネスモデルに対応するため、近年、宿泊事業に関連する法律の整備が行われました。2013年12月13日に国が定める国家戦略特別区域において旅館業法の例外を認める国家戦略特別区域法が公布・施行され、2017年6月9日には、それまでグレーゾーンとされてきた民泊について必要な規律を及ぼすため、民泊新法（住宅宿泊事業法）が制定されました。また、この民泊新法の制定に併せて旅館業法も改正されており、2018年6月15日に民泊新法と同時に施行されています。

● 本章では、まず、宿泊事業の最新の動向を俯瞰した上で、関連する法律の内容を紹介し、宿泊事業を行う際に問題となりうる個別の問題について解説します。

第1節

はじめに——宿泊事業をめぐる
ビジネスの最新動向

1 「モノ消費」から「コト消費」への変化

　近年のインバウンド需要の増加に伴い、訪日外国人の消費傾向に変化が起きました。数年前までの訪日外国人の消費傾向としては、「爆買い」に代表される「モノ消費」が中心でしたが、近年では体験を重視する「コト消費」にシフトしています。宿泊業界においても、こうした旅行客の消費動向を踏まえ、最近では着付け体験や茶道等、日本文化を体験できる施設が訪日外国人の人気を集めているようです。

　観光庁も体験が及ぼす観光客への影響を認識しており、「最先端観光コンテンツ　インキュベーター事業」プロジェクトを発足させ、ビジネスモデルとして全国への展開を図ることを目的に、体験型コンテンツを提供するモデル事業を募集しています。2019年3月6日に開催された「最先端観光コンテンツ　インキュベーター事業」成果報告会では、「最先端ICT（AR／VR等）を活用した観光事業」、「自然体験型観光事業」、「ビーチリゾートを活用した観光事業」、「夜間観光資源（ナイトタイムエコノミー）を活用した観光事業」等の複数のカテゴリーでモデル事業として選定された事業が紹介されました。

　このように官民の双方から体験を重視する「コト消費」を意識した戦略がとられており、今後の宿泊業界では、施設がいかに魅力的な体験を提供できるかという点が肝になりそうです。

2 簡易宿所の増加

　また、インバウンド需要の拡大と客室単価の上昇により、東京や大阪、京都等のマーケットを中心として、ホテル開発が進んでいます。国土交通省の「建

[図表 4 - 1] 宿泊施設タイプ別施設数の推移

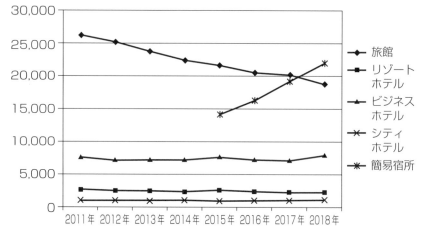

※各年 12 月末日現在。簡易宿所については、2015 年からの統計のみ
(出典:観光庁「宿泊旅行統計調査」)

築着工統計」によれば、ここ数年で宿泊事業用の建築着工が急増しており、インバウンド需要の拡大と並行して、宿泊施設の建設件数が増加していることが分かります。

　宿泊施設の中でも特に増加しているのは、宿泊サービスのみを提供する宿泊主体型のビジネスホテルや簡易宿所です。フルサービスのシティホテルやリゾートホテルについては、ほとんど延べ施設数は増加していません。また、旅館については後継者の問題等もあり、ここ数年で大きくその数を減少させています。

　ビジネスホテルや簡易宿所の増加の原因としては、用地取得や開発のコストがシティホテル等に比べて抑えられる点にあります。宿泊サービスのみを求めている客層からすれば、シティホテル等が提供する水準のサービスは不要であり、それよりは宿泊コストが抑えられる施設に宿泊したいと考えるので、こうした客層のニーズに応えるかたちでカプセルホテル等の簡易宿所等の数が増加しているようです。

　また、従来、こうした簡易宿所等は、最低限泊まれる機能だけを備えた簡素な造りでしたが、最近では女性をターゲットとしたお洒落な施設や航空機の客室をイメージする等の個性を売りにした施設も増えており、新たな展開を見せています。

③ 民泊業界の動向

　近年、逼迫するホテル需要やシェアリング・エコノミーの浸透を背景に、自宅等の居住用建物を活用して宿泊サービスを提供する「民泊」が急速に普及し、たとえば2018年12月から2019年1月までの間で、延べ247,867人もの人が民泊を利用しています。

　日本で民泊が注目され始めた当初、民泊は「グレーゾーン」なものとしてその法的な位置付けは明確ではありませんでした。しかし、2018年6月に民泊新法（住宅宿泊事業法）が施行されたことにより、民泊が完全に合法化され、同時に民泊経営に携わる者に必要な規律が課されることとなりました。インターネット上で、宿泊サービスの提供者とその利用者とをマッチングさせるAirbnb等のプラットフォーマーについても、住宅宿泊事業の届出等をしていない物件については、仲介サイトに掲載してはならないこととなりました。これにより、民泊新法の施行前後でAirbnbの登録民泊数は大きく減少しています。

　また、民泊新法において、民泊の年間の宿泊提供日数に180日の上限が設けられたことにより、ビジネスの機会が制限され、業界全体としての当初の勢いはややトーンダウンしたと評価する向きもあります。しかし、住居専用地域で営業できる点や常駐する従業員が不要な点は、依然としてホテル等にはない民泊の強みであり、民泊業界は今後もインバウンド需要の高まりとともに堅調に成長していくことが予想されます。最近では、民泊として宿泊サービスの提供を行う180日以外の期間中に物件をマンスリーマンションとして貸し出す等、期間制限を上手く活用する運用も行われています。

④ 宿泊事業業界における IoT

　日本の人口減少の影響により、宿泊事業の就業者数も今後減少していくものと考えられます。インバウンドの拡大により宿泊需要が増加していく中、少ない従業員で経営を行うためには施設運営の生産性を向上させる必要があり、最近ではIoT（Internet of Things）の技術を宿泊施設に取り入れることで、省人化を目指す試みがなされています。

　たとえば、宿泊予約サイトから発行されたQRコードを機械にかざすと

チェックインができ、さらにスマートフォンで部屋が開錠できるようにして、フロント業務を無人化することが出来ます。こうした試みはすでに業界で取り入れられており、一部のホテルではIoTやロボットの導入により、業務のほぼすべてを自動化し、大幅な人員の削減に成功しています。

　宿泊サービスにおいては宿泊客の要望やイレギュラーな事態に対応するため、最終的に人の存在は欠かすことはできません。しかし、定型的な業務については IoT等の技術を活用することで、人員を適切な部署に配置し、全体として質の高いサービスをすることが可能となっています。

第2節

宿泊事業をめぐる法体系の全体像

　宿泊事業をめぐる法律は、大きく分けて①宿泊施設の営業許可に係る法律と②その他宿泊事業に関連する法律に分類されます。

1　宿泊施設の営業許可に係る法律

　宿泊料を受けて、施設に人を宿泊させるサービスを提供する場合、施設の営業者は、法律上、営業許可を取得する必要があります。この営業許可には、旅館業法による許可、国家戦略特別区域法による認定、民泊新法（住宅宿泊事業法）による届出の3つのパターンがあり、宿泊事業を営もうとする者は、これらのうちのいずれかを受けて、宿泊施設を経営することになります。なお、グリーンツーリズム法など、特定の目的のために宿泊施設の営業を行う必要がある場合には、許可取得の要件が緩和されることがあります。

　本章で取り扱う宿泊施設の営業許可に関する主要な法令は①旅館業法、②特区民泊（国家戦略特別区域法）、③民泊新法（住宅宿泊事業法）、④グリーンツーリズム法（農山漁村滞在型余暇活動のための基盤整備の促進に関する法律）の4法です（各法令の詳細については、章末の「本章の主な法令等」を参照）。

2　その他宿泊事業に関連する法律

　宿泊施設の営業者が営業許可を受ける場合や許可取得後に施設の経営を行う場合、当該宿泊施設や提供するサービスの内容は、宿泊者の安全や公衆衛生の見地から、一定の基準を満たす必要があるものとされています。この一定の基準を定めた法律には、建築基準法や消防法、食品衛生法等があります。宿泊施設やサービスの内容は、これらの法律が定める基準に合致していなくてはなり

ません。

　本章で取り扱う宿泊事業に関する法令は①建築基準法、②消防法、③食品衛生法、④温泉法、⑤公衆浴場法の5法です（各法令の詳細については、章末の「本章の主な法令等」を参照）。

3　宿泊事業をめぐる法体系の全体像

　宿泊事業をめぐる法体系の全体像は次のとおりです（図表4-2）。

[図表4-2]　宿泊事業をめぐる法体系の全体像

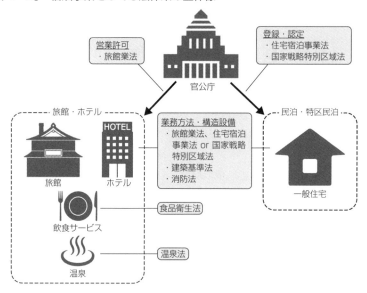

第3節

宿泊事業を営む上での
法律の基本的知識

① 旅館業法

(1) 旅館業の規制枠組み

(a) 概　要

　旅館業を営もうとする者は、都道府県知事等の許可を受けなければなりません（旅館業法3条1項本文）。旅館業法では、旅館業として、旅館・ホテル営業、簡易宿所営業および下宿営業の3つの類型を定めています。

　旅館・ホテル営業は、「施設を設け、宿泊料を受けて、人を宿泊させる営業で、簡易宿所営業及び下宿営業以外のもの」と定義されています（同法2条2項）。簡易宿所営業は、「宿泊する場所を多数人で共用する構造及び設備を主とする施設を設け、宿泊料を受けて、人を宿泊させる営業で、下宿営業以外のもの」と定義されており（同条3項）、1名しか宿泊できない客室のみの施設は該当しません。また、下宿営業は、「施設を設け、一月以上の期間を単位とする宿泊料を受けて、人を宿泊させる営業」と定義されています（同条4項）。

[図表4-3]　旅館業法上で定められている営業形態

	内　容	具体例
旅館・ホテル営業	施設を設け、宿泊料を受けて、人を宿泊させる営業で、簡易宿所営業および下宿営業以外のもの	・　温泉旅館 ・　ビジネスホテル ・　リゾートホテル
簡易宿所営業	宿泊する場所を多数人で共用する構造および設備を主とする施設を設け、宿泊料を受けて、人を宿泊させる営業で、下宿営業以外のもの	・　民宿 ・　ゲストハウス ・　カプセルホテル

第3節　宿泊事業を営む上での法律の基本的知識　121

下宿営業	施設を設け、1ヶ月以上の期間を単位とする宿泊料を受けて、人を宿泊させる営業	大家同居型の施設

　旅館業の特徴の1つとして、宿泊をさせる義務があること（宿泊拒否制限）が挙げられます。すなわち、図表4-4に記載する例外的な場合を除き、営業者は宿泊を拒めません（同法5条、旅館業衛生等管理要領Ⅳ）。もっとも、2017年12月15日施行の旅館業衛生等管理要領の改正により、多様な消費者ニーズに応えられるよう、合理性が認められる範囲内において、たとえば、大人向け等営業上の工夫として利用者の良識と任意の協力の下において実施される場合には宿泊拒否には当たらないという規定が新設されました。なお、2018年6月15日施行の旅館業衛生等管理要領の改正により、宿泊者の性的志向、性自認等を理由に宿泊を拒否（宿泊施設におけるダブルベッドの予約制限を含みます）することなく、適切に配慮する旨が規定されました（旅館業衛生等管理要領Ⅳ第3項）。

[図表4-4]　宿泊を拒否できるとき

①	宿泊しようとする者が宿泊を通じて人から人に感染し重篤な症状を引き起こすおそれのある感染症にかかっていると明らかに認められるとき
②	宿泊しようとする者がとばく、その他の違法行為または風紀を乱す行為をするおそれがあると認められるとき
③	宿泊施設に余裕がないときその他都道府県等が条例で定めるとき

(b)　旅館業の許可が不要とされる場合

(i)　宿泊料を徴収しない場合

　旅館業は「宿泊料を受けて、人を宿泊させる営業」とされており（旅館業法2条1項～4項）、宿泊料を徴収しない場合は旅館業に該当しません。なお、ここでいう宿泊料とは、実質的に寝具や部屋の使用料とみなされる、休憩料、寝具賃貸料、寝具等のクリーニング代、光熱水道費、室内清掃費等も含んでおり、「宿泊料」名目の金銭を徴収しなければよいというものではありません。

(ii)　「営業」に該当しない場合

　また、「旅館業」に該当する上では、当該宿泊サービスの提供が「営業」に

あたることが前提とされています。「営業」とは、施設の提供が、「社会性を
もって継続反復されているもの」に該当するかどうかで判断されています。
「社会性をもって」とは、社会通念上、個人の生活上の行為として行われる範
囲を超える行為として行われるものとされていますが、要するに、知人・友人
を泊めるだけではなく、不特定の者を泊めたり、広告をしたり等する場合をい
います。そのため、人を宿泊させるために施設を提供し、宿泊料を受け取った
場合でも、友人・知人を宿泊させただけの場合や継続反復性がない場合は、
「営業」には該当せず、やはり旅館業には該当しません。

　(iii)　不動産賃貸業に該当する場合

　さらに、「人を宿泊させる（営業）」という定義との関係で、利用者が施設に
滞在している場合でも、利用者に施設を賃貸している場合（不動産賃貸業とい
える場合）には、旅館業法による規制を必要とする場面ではないため、人を宿
泊させていると評価する必要がなく、旅館業には該当しないという考え方が厚
生省（当時）の通知で示されています。そこでは、旅館業か、それとも旅館業
の適用がない不動産賃貸業かを区別するには、図表4-5に記載の2点の条件
を満たすか否かで判断するものとされています（1986年3月31日厚生省生活衛
生局指導課長通知「下宿営業の範囲について」）。このうち、宿泊者の生活の本拠
があるか否かを判断する基準として、厚生労働省は、宿泊者の滞在（期間）が
1ヶ月以上か否かで判断する考え方をとっているようです。この関係を図示の
上、整理したものが次頁の図表4-6です。

[図表4-5]　旅館業に該当する条件

①	施設の管理・経営形態を総体的にみて、宿泊者のいる部屋を含め施設の衛生管理上の維持管理責任が営業者にあると社会通念上認められること
②	施設を利用する宿泊者がその宿泊する部屋に生活の本拠を有さないことを原則として、営業しているものであること

[図表 4 - 6] 旅館業と不動産賃貸業の関係

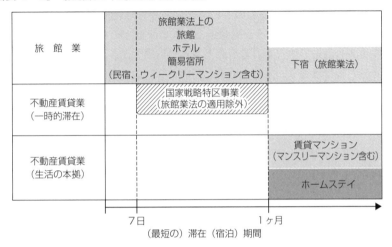

　そして、上記の議論を踏まえて、厚生労働省が、旅館業の許可が必要な場合と不要な場合とを判断する項目、内容およびこれらのポイントとして公表している内容が図表 4 - 7 となります。

[図表 4 - 7] 旅館業の許可が必要な場合と不要な場合

	許可が必要な場合	許可が不要な場合
宿泊料の徴収の有無	【宿泊料】 ・ 名称にかかわらず、休憩料、寝具賃貸料、寝具等のクリーニング代、光熱水道費、室内清掃費等 ・ 時間単位で利用させる場合を含む	【宿泊料以外】 ・ 食事代 ・ テレビ等の視聴料 ・ 体験事業の体験料
社会性の有無	【社会性があると判断される例】 ・ 不特定の者を宿泊させる場合 ・ 広告等により広く一般に募集を行っている場合	【社会性がないと判断される例】 ・ 日頃から交流のある親戚、知人、友人を泊める場合

	【継続反復性があると判断される例】	【継続反復性がないと判断される例】
継続反復性の有無	・ 宿泊募集を継続的に行っている場合 ・ 曜日限定、季節営業等、営業日を限定した場合であっても繰り返し行っている場合	・ 年1回（2～3日程度）のイベント開催時であって、宿泊施設の不足が見込まれることにより、開催地の自治体の要請等により自宅を提供するような公共性の高いもの
生活の本拠か否か	【生活の本拠でないと考えられる例】 ・ 使用期間が1ヶ月未満（ウィークリーマンション等） ・ 使用期間が1ヶ月以上であっても、部屋の清掃や寝具類の提供等を施設提供者が行う場合（下宿等）	【生活の本拠と考えられる例】 ・ 使用期間が1ヶ月以上（マンション、アパート、マンスリーマンション、サービスアパートメント等）で、使用者自らの責任で部屋の清掃等を行う場合

■□■ Column ■□■

カラオケや漫画喫茶はなぜ旅館業の許可をとらないのか

　施設の利用に際して利用客から料金を徴収し、生活の本拠とならない形態で人を寝泊りさせる営業を行う者は、旅館業の許可を取らなくてはなりません。しかし、カラオケや漫画喫茶のような施設でも、夜から翌朝まで利用することにより、実質的に宿泊をすることができますが、こうした施設は旅館業の営業許可をとっていないのが通常です。カラオケや漫画喫茶は、なぜ旅館業の営業許可を取らずに人を寝泊りさせる営業ができるのでしょうか。

　旅館業法をみると、「旅館業」とは、「宿泊料を受けて、人を宿泊させる営業」とされています（旅館業法2条1項～4項）。ここで、「宿泊」とは、「寝具を使用して……施設を利用すること」と定義されています（同法2条5項）。したがって、利用者が施設の利用に際して「寝具」（ベッド、敷布団、掛布団、毛布、包布、シーツ、枕、枕覆い等をいいます）を使用しない場合には、施設に寝泊りしたとしても「宿泊」には該当せず、同法は適用されません。

　カラオケや漫画喫茶等の施設は、利用者が料金を出して泊まることが可能であるものの、布団や枕等の「寝具」は貸し出されておらず、「宿泊」には該当し

ないものと一般に整理されており、旅館業法の適用は受けず、旅館業の営業許可は不要ということになります。しかし、カラオケや漫画喫茶であっても、シートに枕が備え付けられていたり、「タオル」等の名目で実質的には「寝具」に該当する備品が貸与されていたりする場合には、利用者が「寝具を使用して……施設を利用」していると判断される可能性が高くなり、そのように判断された場合には同法の適用を受けることになります。

(2) 構造設備の基準

旅館業法では、旅館業の許可を受けるために遵守しなければならない施設の構造設備の基準が定められています。このうち主なものは、図表4-8のとおりです（旅館業法3条2項）。旅館業衛生等管理要領により詳細な基準が定められています。

[図表4-8] 主な構造設備の基準

	旅館・ホテル営業	簡易宿所営業
客室の床面積	① 1客室の床面積7㎡（寝台を置く客室にあっては、9㎡）以上	① 延床面積33㎡以上 ② ただし、簡易宿所営業の許可の申請に当たって宿泊者の数を10人未満とする場合には、3.3㎡に当該宿泊者の数を乗じて得た面積以上
階層式寝台	―	上段と下段の間隔はおおむね1m以上
玄関帳場等※ ※玄関、玄関帳場もしくはフロントまたはこれに類する設備	① 玄関帳場またはフロントは、玄関から容易に見えるよう宿泊者が通過する場所に位置し、囲い等により宿泊者の出入りを容易に見ることができない構造設備でないこと ② 玄関帳場またはフロントは、事務をとるのに適した広さを有し、相対する	① 適当な規模（努力義務） ② ただし、以下のいずれにも該当するときは、不要 ・ 玄関帳場等に代替する機能を持つ設備を設けることその他善良の風俗の保持を図るための措置が講じられていること ・ 事故が発生したときそ

126　第4章　宿泊事業者をめぐるビジネスと法律

宿泊者と従事者が直接面接できる構造であること

③ 玄関帳場に類する設備として従業者が常時待機し、来客のつど、玄関に出て客に応対する構造の部屋を玄関に付設することができること

④ モーテル等特定の用途がある施設においては、玄関帳場またはフロントとして、施設への入口、または宿泊しようとする者が当該施設を利用しようとするときに必ず通過する通路に面して、その者との面接に適する規模と構造がある設備（たとえば管理棟）を設けることができること

⑤ ただし、以下のいずれにも該当し、宿泊者の安全や利便性の確保ができているときは、不要

・ 事故が発生したときその他の緊急時における迅速な対応のための体制が整備されていること（緊急時に対応できる体制については、宿泊者の緊急を要する状況に対し、その求めに応じて、通常おおむね10分程度で職員等が駆けつけることができる体制を想定しているものであること）

・ 営業者自らが設置したビ

の他の緊急時における迅速な対応のための体制が整備されていること（緊急時に対応できる体制については、宿泊者の緊急を要する状況に対し、その求めに応じて、通常おおむね10分程度で職員等が駆けつけることができる体制をとることが望ましい）

第3節　宿泊事業を営む上での法律の基本的知識　127

	デオカメラ等により、宿泊者の本人確認や出入りの状況の確認を常時鮮明な画像により実施すること ・ 鍵の受渡しを適切に行うこと
換気、採光、照明、防湿および排水の設備	適当な設備
入浴設備	① 宿泊者の需要を満たすことができる規模 ② 共同浴室を設ける場合は、原則として男女別に分け、各1ヶ所以上備え付けること ③ 当該施設に近接して公衆浴場がある等入浴に支障をきたさないと認められる場合は不要
洗面設備	宿泊者の需要を満たすことができる適当な規模
便　所	① 適当な数および構造設備 ② 共同便所を設ける場合は、男子用、女子用の別に分けて、適当な数を備え付けること
その他	都道府県等が条例で定める基準

　簡易宿所営業の玄関帳場等に関しては、旅館業法施行令における構造設備基準において特段の規定を設けておらず、旅館業衛生等管理要領においても、「適当な規模の玄関、玄関帳場またはフロントおよびこれに類する設備を設けることが望ましい」と規定し、その設置は義務とはしないこととされています。しかし、一部の都道府県等における条例では、依然として当該設置が義務付けられています。この状況を踏まえ、条例において玄関帳場等の設置義務が規定されている場合には、図表4－9に記載の取扱いが認められることとされました（2017年12月15日厚生労働省大臣官房生活衛生・食品安全審議官通知「簡易宿所営業における玄関帳場等の設置について」）。

[図表4-9] 条例において玄関帳場等の設置義務が規定されている場合に許容される取扱い

①	・ 一の営業者が複数の簡易宿所を運営するときに、玄関帳場等を1つ設置して、それら複数の簡易宿所の玄関帳場等として機能させること
②	・ 複数の簡易宿所の営業者が、共同して玄関帳場等を1つ設置して、それら複数の簡易宿所の玄関帳場等として機能させることは、緊急時に適切に対応できる体制が整備されていれば差し支えないものとされること ・ 緊急時に適切に対応できる体制とは、宿泊客の緊急を要する状況に対し、その求めに応じて、通常おおむね10分程度で職員等が駆けつけることができる体制が想定されている （距離の目安として、徒歩で駆けつけることが想定されるケースであれば1km程度、自転車や自動車で駆けつけることが想定されるケースではより長い距離を基準とすることが考えられるものとされている（平成29年12月15日厚生労働省医薬・生活衛生局生活衛生課事務連絡「簡易宿所営業における玄関帳場等の設置について」））

(3) 旅館業法に関連する規制

(a) 建築基準法・消防法

旅館業を行う建物は、建築基準法上「ホテル・旅館」に該当しますが、住居専用地域では原則として「ホテル・旅館」を建築することはできません（建築基準法48条1項～4項、同法別表第二）。そのため、住居専用地域では、旅館業を行うことはできないのが原則です。

また、消防法上必要となる消火器、自動火災報知設備、誘導灯といった消防用設備等の新たな設置や、カーテンやじゅうたん等について防災物品の使用、また、防火管理者を選任する等の届出等が必要となる場合があり、事前に管轄消防署へ相談することも必要です。旅館業の許可を取得するためには、消防法令に適合していることを証明する消防法令適合通知書の交付を消防署から受ける必要がありますので、留意が必要です。

(b) 食品衛生法・温泉法・公衆浴場法

旅館業を営む者が利用者に飲食サービスを提供する場合やその施設の浴場が温泉である場合、食品衛生法および温泉法により、一定の規制を受けることとなります。

具体的には、営業者が飲食サービスを提供する場合には、営業者は都道府県

知事による飲食店営業の許可を受ける必要があります（食品衛生法 52 条 1 項、51 条、同法施行令 35 条 1 号）。許可に際しては、営業設備の構造や食品取扱設備等が、各都道府県が定める条例の基準を満たすものでなくてはなりません。また、営業者は許可取得後も公衆衛生上講ずべき措置を取らなくてはならないものとされており（同法 50 条 3 項・2 項）、各都道府県が条例により「公衆衛生上講ずべき措置」として定めた、食品衛生責任者や衛生措置に関する基準を遵守する必要があります。

　宿泊施設の浴場が温泉である場合には、温泉法に基づき、都道府県知事に申請してその許可を受けなければなりません（温泉法 15 条 1 項）。また、営業者は施設内の見やすい場所に、温泉の成分等の掲示をすることが義務付けられています（同法 18 条 1 項）。

　なお、温泉以外にも、業として公衆浴場を経営しようとする者は、都道府県知事の許可を受ける必要がありますが、旅館業法の宿泊施設内の浴場については、必要な規制が同法により課されていることから、公衆浴場法の適用がないものとされています（1949 年 10 月 17 日厚生省公衆衛生局長通知「公衆浴場法等の営業関係法律中の『業として』の解釈について」）。

(c)　宿泊者名簿

　旅館業を行うときは、宿泊者名簿を備え付けなければなりません（旅館業法 6 条 1 項、同法施行規則 4 条の 2）。そのため、営業者は、本人確認を行わなければなりませんが、本人確認は、必ずしも対面である必要はなく、テレビ電話やタブレット端末等の ICT（情報通信技術）を活用した方法等の対面と同等の手段によることも可能とされています（旅館業衛生等管理要領 V 第 4 項）。

2　特区民泊

　国家戦略特別区域会議が国家戦略特別区域外国人滞在施設経営事業を定めた区域計画について、内閣総理大臣の認定を受けたときは、当該認定の日以後、当該区域内で外国人滞在施設経営事業を行おうとする者は、その事業が国家戦略特別区域外国人滞在施設経営事業に該当することについて都道府県知事等の認定を受けることにより、当該事業については、旅館業法 3 条 1 項本文の規定は適用されず（国家戦略特別区域法 13 条 1 項・4 項）、旅館業法に基づく許可がなくても、宿泊事業を行うことが可能です。

2019 年 9 月 30 日現在、東京都大田区、大阪府（33 市町村）、大阪市、北九州市、新潟市、千葉市、八尾市および寝屋川市が国家戦略特別区域外国人滞在施設経営事業を定めた区域計画の内閣総理大臣の認定を受けています。

特区民泊の特定認定を受けるために当該営業を行う施設において遵守しなければならない主な構造設備の基準は、図表 4 - 10 のとおりです（国家戦略特別区域法施行令 13 条 3 号）。

[図表 4 - 10]　主な特区民泊の構造設備の基準

客室の延床面積	・ 1 居室 25㎡（壁芯）以上 ・ ただし、都道府県知事等が、外国人旅客の快適な滞在に支障がないと認めた場合はこの限りではない
階層式寝台	上段と下段の間隔はおおむね 1m 以上
必要な設備	・ 適当な換気、採光、照明、防湿、排水、暖房および冷房の設備 ・ 台所、浴室、便所および洗面設備 ・ 寝具、テーブル、椅子、収納家具、調理のために必要な器具または設備および清掃のために必要な器具

特区民泊は、滞在者に施設を使用させる期間の下限が決められており、3 日から 10 日までの範囲内において条例で定める期間以上とされています（同施行令 13 条 2 号）。

また、旅館業法と同様滞在者名簿の備付けが必要ですが、本人確認の方法も同様に必ずしも対面である必要はありません。

なお、特区民泊の施設を紹介・あっせんする行為は、宅建業法の規制対象である「貸借の代理または媒介」との関係が問題となりますが、実質的に宅建業法上の建物の賃借には該当せず、宅建業法の適用はないという通知が出されています（2014 年 12 月 5 日国土交通省土地・建設産業局不動産課長通知「国家戦略特別区域法における国家戦略特別区域外国人滞在施設経営事業と宅地建物取引業法の関係について」）。

第 3 節　宿泊事業を営む上での法律の基本的知識　131

③ 民泊新法

(1) 住宅宿泊事業

　住宅宿泊事業を行おうとする者は、都道府県知事等に届出をすることで、住宅宿泊事業を行うことができるため（民泊新法3条1項）、旅館業法に基づく許可がなくても、宿泊事業を行うことが可能です。

　住宅宿泊事業とは、①旅館業法上の営業者以外の者が宿泊料を受けて住宅に人を宿泊させる事業であって、②人を宿泊させる日数が1年間で180日を超えないものをいいます（同法2条3項）。

　民泊新法では、住宅に宿泊客が滞在する間、事業者が不在となる類型（家主不在型）と、事業者が自ら居住する住宅の一部を宿泊客に提供する類型（家主居住型）の2つに分類されます。家主不在型は家主が自己の遊休資産である不動産を民泊として有効活用する場合や出張や旅行で不在とする場合を想定しており、家主は住宅の管理業務を住宅宿泊管理業者に委託することが義務付けられています（同法11条1項2号）。

　住宅宿泊事業者は、届出住宅について公衆の見やすい場所への標識掲示義務（同法13条）、各居室の床面積に応じた宿泊者数の制限、定期的な清掃その他の宿泊者の衛生確保義務（同法5条）をはじめとするさまざまな義務を負います。

(2) 住宅宿泊管理業

　住宅宿泊管理業は、家主不在型の住宅宿泊事業者等から委託を受け、報酬を対価として、住宅宿泊事業の適正な実施のために届出住宅の維持保全に関する事務を行う事業をいいます（民泊新法2条5項・6項）。

　住宅宿泊管理業を営もうとする者は、国土交通大臣の登録を受けなければなりません（同法22条1項）。

　住宅宿泊管理業者は、各居室の床面積に応じた宿泊者数の制限、定期的な清掃その他の宿泊者の衛生確保義務（同法5条）等の義務（同法36条）や名義貸しの禁止（同法30条）、誇大広告等の禁止（同法31条）等のさまざまな義務を負います。

132　第4章　宿泊事業者をめぐるビジネスと法律

(3) 住宅宿泊仲介業

　住宅宿泊仲介業は、旅行業法上の旅行業者以外の者が、報酬を得て、宿泊者または住宅宿泊事業者のために、宿泊契約の締結について代理、媒介、取次ぎ等を行う事業です（民泊新法2条8項・9項）。予約サイトを運営し、住宅宿泊事業者と宿泊者をマッチングさせる事業は、これに該当します。

　住宅宿泊仲介業を営むには、観光庁長官の登録を受ける必要があります（同法46条1項）。

　住宅宿泊仲介業者は、違法民泊仲介の禁止等の義務（同法58条2号・3号）を負うほか、名義貸しの禁止（同法54条）、不当な勧誘等の禁止（同法57条）、住宅宿泊仲介契約の締結前の書面交付義務（同法59条）を負います。

　宿泊者と締結する住宅宿泊仲介業務に関して住宅宿泊仲介業約款を作成し、その実施前に観光庁長官に届け出なければならず（同法55条1項）、その業務開始前に住宅宿泊仲介業務に関する料金を定めこれを開示する必要があります（同法56条1項）。

　なお、住宅宿泊仲介業が民泊物件の仲介を行う以上、形式的には旅行業法の定める旅行業の定義に該当することになりますので、民泊新法は旅行業法の特則として機能することとなります（詳細については第3章第4節5参照）。

4　特別な類型の宿泊営業

(1) イベント民泊

　旅館業法の適用を受けない特別な類型としてイベント民泊というものがあります。これは、「①年数回程度（1回当たり2日〜3日程度）のイベント開催時であって、②宿泊施設の不足が見込まれることにより、③開催地の自治体の要請等により自宅を提供するような公共性の高いもの」について、旅館業に該当しないものとして取り扱い、自宅提供者において、旅館業の許可なく、宿泊サービスを提供するものです。イベント民泊を実施できる場合および実施する際の留意点等をまとめたイベント民泊ガイドラインが出されており（2016年4月1日（2017年7月10日および2019年7月8日一部改訂）観光庁観光産業課および厚生労働省医薬・生活衛生局生活衛生・食品安全部生活衛生課事務連絡）、当該ガイドラインを遵守することが前提とされています。

　このような場合は、「反復継続」するものではなく、「業」に当たらないと考えられています（2015年7月1日厚生労働省健康局生活衛生課事務連絡「規制改革

実施計画への対応について」および同年9月1日同事務連絡「『規制改革実施計画（平成27年6月30日閣議決定）』に基づくイベント開催時の旅館業法上の取扱いについて」）。もっとも、これはあくまで一時的なイベントに対応する限定的な場面でのみ行われるものであり、長期間や異なる複数のイベントにおいて継続して民泊を行う場合にも適用されるかは慎重な検討が必要と考えられます。

(2) 農林漁業体験民宿業

　ゆとりのある国民生活の確保と農山漁村地域の振興に寄与することを目的として定められたグリーンツーリズム法（農山漁業滞在型余暇活動のための基盤整備の促進に関する法律）に基づき農林漁業体験民宿業、すなわち、施設を設けて人を宿泊させ、農作業の体験の指導をはじめとする農林水産省令で定める農村滞在型余暇活動または山村・漁村滞在型余暇活動に必要な役務を提供する営業を行う場合には、旅館業法の簡易宿所営業の施設の客室の延床面積33㎡（宿泊者の数を10人未満とする場合には、3.3㎡に当該宿泊者の数を乗じて得た面積）以上という要件が適用されなくなるという規制緩和措置が設けられています（旅館業法施行規則5条1項4号・2項）。したがって、当該民宿業をする場合の簡易宿所営業の施設は、上記面積基準未満とすることも可能です。

　また、簡易宿所営業の施設は建築基準法上原則として旅館・ホテルに含まれるものとして取り扱われるが、住宅の一部を農林漁業体験民宿業に利用するもののうち、客室の床面積の合計が33㎡未満であって、各客室から直接外部に容易に避難できる等避難上支障がないと認められる建築物については、建築基準法上旅館・ホテルに該当しないものとして取り扱われるため、住宅や兼用住宅として取り扱われる（2005年1月17日国土交通省住宅局建築指導課長通知「農家民宿等に係る建築基準法上の取扱いについて（技術的助言）」）。

　さらに、消防法上も、従来、住宅として使用されていた家屋で、農林漁業体験民宿業その他宿泊の用途に使用される小規模なもののうち、適切な防火管理が行われていると消防長または消防署長が認めるものについては、一定の要件を満たした上で、誘導灯、誘導標識、消防機関へ通報する火災報知設備の設置を不要とする特例が認められています（2007年1月19日消防庁予防課長通知「民宿等における消防用設備等に係る消防法令の技術上の基準の特例の適用について」）。

　なお、農林漁業体験民宿業の営業者が自ら提供する運送・宿泊サービス（これに農業・農林体験ができる農業体験サービスを付加する場合を含みます）を販売

することは、代理、媒介、取次ぎ、利用のいずれにも該当しないことから、旅行業に該当しないとされています（2003年3月20日国土交通省総合政策局観光部旅行振興課長通知「農家民宿が自ら宿泊者に対して行う農業体験サービスに関する旅行業法上の解釈の明確化について」）。

(3) その他

前記(1)および(2)以外にも、①キャンプ場、スキー場、海水浴場等において特定の季節に限り営業する施設、②交通が著しく不便な地域にある施設であって、利用度の低いもの、③体育会、博覧会等のために一時的に営業する施設については、床面積、玄関帳場、入浴設備に関する基準の一部が緩和される特例が認められています（旅館業法施行規則5条1項・2項）。

第4節

宿泊事業に関する法律問題

1 宿泊事業全般に関わる問題

(1) 宿泊事業を行う上でのトラブルについて

　宿泊事業を行う上でよくあるトラブルとして、宿泊者の騒音トラブルがあります。宿泊者が騒音を出して近隣住民に被害を生じさせた場合に、宿泊者だけでなく、宿泊事業者が責任を負う場合があるため留意が必要です。すなわち、宿泊事業者は宿泊者の騒音により周辺住民に対して迷惑をかけることがないように配慮をする義務があると考えられますので、宿泊者が社会通念上、受忍限度を超えた騒音を生じさせていたような場合には、宿泊者だけでなく、宿泊事業者も、債務不履行や不法行為に基づき損害賠償責任を負う場合があります。宿泊事業者は、当該配慮義務違反があったと評価されないように、宿泊者が騒音を出した場合に宿泊者に注意をしたり、必要があれば、現場に赴いて騒音を出す行為をやめさせたりする等の対応をする必要があります。

　また、宿泊事業を行うにあたっては、宿泊物件において宿泊者が怪我等をすることがないよう留意をする必要があります。宿泊事業者は、宿泊者が安全に宿泊できるように配慮すべき義務を負っていると考えられますので、宿泊事業者がそのような義務に反した結果、宿泊者が怪我等をした場合は、宿泊事業者は債務不履行責任や不法行為責任を負う可能性があります。そのため、宿泊事業者は、清掃業者等を通じて清掃時等に、宿泊物件において宿泊者が怪我をすることがなく安全に宿泊することができる状態にあるか等を確認する必要があります。

(2) 宿泊施設の運営方法について

　宿泊事業者が宿泊施設を運営する場合、大きく分けて3つの運営方法があり

ます。

1つは、宿泊施設を所有する者が自ら施設の運営を行う方法です（直営方式）。直営方式では、所有者自らが宿泊施設の経営および運営を行うので、宿泊施設の売上や費用はすべて所有者に帰属します。

また、宿泊施設の所有者から施設を借り受けて、賃借人が施設の運営を行う方法があります（リース方式）。リース方式では、賃借人が施設の経営者になりますので、売上等はすべて賃借人に帰属することになり、賃借人は所有者に一定額の金額を賃料として支払うことになります（なお、施設の売上に応じて、賃料が変動する変動賃料制がとられることもあります）。

そして、宿泊施設の経営を行う所有者が施設の運営のみを外部に委託する方法があります（業務委託方式）。業務委託方式では、施設の売上等は所有者に帰属することになり、所有者から運営を受託した者に対して、業務委託報酬として売上に応じた金額が支払われることになります。

[図表4-11]　宿泊施設の運営方法

	所有権	経営権	運営権
直営方式	所有者	所有者	所有者
リース方式	所有者（賃貸人）	賃借人	賃借人
業務委託方式	所有者（委託者）	所有者（委託者）	受託者

(3)　業務委託契約における留意点について

以上のとおり、リース方式と業務委託方式では、所有者以外の者が施設の運営に関与することになります。リース方式では、所有者と賃借人は賃貸借契約を締結し、業務委託方式を採用する場合には、所有者は施設のオペレーションを行う業者と業務委託契約を締結することになります。賃貸借契約が借地借家法により多くの規制を受ける一方、業務委託契約は契約当事者による自由度が高いため、以下では業務委託契約を締結するにあたり、特に重要となるポイントについて紹介します（なお、民泊事業において、住宅宿泊事業者が住宅宿泊管理業務を委託する場合も業務委託契約を締結することとなりますが、住宅宿泊管理業務の委託については、国土交通省から「住宅宿泊管理受託標準契約書」が公表されており、多くの住宅宿泊管理業務の委託契約は、この契約書をベースに締結されています）。

第4節　宿泊事業に関する法律問題　137

(a) 契約期間

　まず、契約期間をどのように設定すべきか検討しなくてはなりません。業務委託契約では、契約を毎年更新していくケースや5年等の期間を定めて、それ以降は1年ごとに更新するケース等があります。

　契約期間が定められている場合でも、多くの契約書では中途解約権が定められており、契約期間中に中途解約をすることが認められています。中途解約では、違約金を支払うこととされているのが通常であり、解約する側の当事者が一定額を支払う必要があります。また、契約時に一定の売上の目標額を定め、受託者が目標売上額を数期連続で達成できない場合には、委託者側からの解約を認める条項が定められることもあります。

　宿泊施設の運営委託は、数年から、ときには数十年に及ぶこともあり、契約後に当初は想定していなかった事態が発生する可能性があります。そのため、契約の期間や中途解約の条件等については、契約前から慎重に検討する必要があります。

(b) 業務内容・方法

　受託者側が行う業務の内容について、あらかじめ明示しておく必要があります。宿泊事業においては、宿泊者への対応に関する業務、広告・会計に関する業務、清掃・衛生業務、安全確保や設備維持に関する業務等業務内容が多岐にわたりますが、受託者が責任を負う業務について事前に定めておかなければ、後に紛争につながる可能性もあります。

　また、業務の方法も契約書に定めておかなくてはなりません。金銭の支出や施設・運営方針の重大な変更を伴う業務に関する委託者の事前の承認、委託業務の再委託の禁止、運営資金の管理方法や運営状況の報告等は、業務委託契約書で定められることが多い事項です。

(c) 報酬・費用

　受託者の報酬の算定方法も重要な事項です。上記のとおり、宿泊事業の業務委託報酬については、売上に連動して定められるのが通常ですが、具体的な算定方法についてはさまざまな種類があります。ホテル業界でよく用いられるのは、GOP（Gross Operating Profit）という指標です。これは、宿泊施設の総売上から運営費用等を控除した営業総利益を指します。総売上から控除される費用は、オペレーターによる運営に係る費用（人件費、水道光熱費、消耗品費、外部

業者への業務委託費等）であり、運営には直接関係しない費用（減価償却費、保険料、支払金利等）は控除の対象となりません。オペレーターの報酬は「GOPのX％」といったかたちで定められるため、オペレーターは売上を伸ばしつつ、運営に係る費用を圧縮することで、自らの受託報酬の最大化を図ることができます。

このように受託者の報酬を算定するにあたっては、売上や控除費用等のさまざまな科目が算定の要素となることが通常です。したがって、契約書においては、後に当事者間において疑義が生じないよう、算定の基礎となる売上や控除費用等について、正確に定義しておく必要があります。

(d) 損害賠償

業務委託契約では、当事者間に債務不履行があった場合の損害賠償額があらかじめ定められることがあります。この場合、委託者が請求できる損害賠償額は契約書で定められた額になります（民法420条1項）。賠償額の予定は、受託者からすると、自らの負うリスクを限定・明確化するメリットがあり、委託者には発生した損害額を証明する手間を省くというメリットがありますが、実損害額が契約書で定めた賠償額を上回ったとしても、これに上乗せして請求をすることができないため留意が必要です。たとえば、委託者は、受託者の義務違反により生じた相当因果関係の範囲内にある損害については、休業を余儀なくされた場合の逸失利益を含め請求できるのが原則ですが、損害賠償額の予定を定めた場合には、その額を超えた賠償請求はできません。

② 旅館業に関わる問題

旅館業を営もうとする者は、旅館業法上の営業許可を受ける必要があります（旅館業法3条）。施設の所有者や施設を一括して借受けた賃借人が経営を行う場合には、経営主体が明確なので、誰が営業許可を申請するのか問題となることは通常ありません。しかし、経営者が施設のオペレーションを外部の業者に委託する場合等、経営の主体がどちらにあるのか明らかでない場合には、いずれが旅館業の許可申請を行うのか問題となることがあります。

運営の業務委託がなされる場合の許可申請の主体について、旅館業法上明文の規定はありませんが、参考になる事例として、厚生省（当時）がある施設の賃借権について所有者と第三者に争いがある場合にいずれに旅館業の許可を付

第4節　宿泊事業に関する法律問題　139

与するべきか判断した事例があります。同事例において、厚生省は、旅館業の許可は私法上の権利関係ではなく、公衆衛生取締の見地から付与されなければならないとしました。

すなわち、旅館業の許可は私法上の法律関係の内容にかかわらず、営業許可の申請を行った者が施設の営業を行っても、公衆衛生取締の見地から支障がない場合に認められることになります。したがって、施設の運営の業務委託がされている場合でも、許可の申請は申請に係る施設を実際に管理し、衛生環境を維持できる者が行うべきこととなります。必要に応じて管轄保健所に確認することも必要です。

③ 民泊事業に関わる問題

(1) 借りている物件で民泊を行う場合に特に留意すべきについて

物件の所有者から借りている物件で民泊事業を行う場合には、物件の所有者との間の賃貸借契約において、賃貸人の事前の承諾がない限り転貸借を禁止する旨の規定がないかを確認する必要があります。そのような規定がある場合には、当該規定を設けた趣旨に鑑みれば、民泊事業も第三者を宿泊させて物件を利用させるという点で転貸借と類似していると考えますので、民泊事業にあたっても、賃貸人の承諾が必要であると考えられます。事前の賃貸人の承諾がないにもかかわらず、勝手に民泊事業を行ってしまうと、賃貸借契約上の義務違反があり、かつ、賃貸人と賃借人との間の継続的な信頼関係が破壊されたとして、賃貸人から賃貸借契約が解除され、物件の明渡しを求められることもありますので、留意が必要です。

また、賃借人は、賃貸借契約に基づき、物件の明渡しの時に、原状に回復する義務があります。そのため、賃貸借契約が終了し、賃貸人に物件を返す際に、すべてこれらを撤去し、元に戻す必要がありますので、原状回復ができないようなリフォーム等はしないよう注意をしましょう。

(2) 投資不動産を民泊営業で運用することおよびその留意点について

まず、住宅宿泊事業の民泊については、あくまで人の居住用に利用されていると認められる「住宅」で行う必要があり、かつ、年間180日間しか宿泊させることができないことから、投資不動産を民泊専用で運用することはできませ

ん。考えられるケースとしては、賃貸業を主たる事業として行う不動産において、その補完的事業として民泊を行うモデルであり、具体的には、賃借人入居者がいる間は賃貸を行い、その入居者が退去した後次の入居者が見つかるまでの間で民泊を行うケースです。この場合の留意点は、以下のとおりです。

(a) 住宅宿泊事業は人を宿泊させる事業であり、宿泊とは寝具を使用して施設を利用することですので、当該物件には、寝具を備え付ける必要があります。また、通常宿泊サービスを提供する場合、提供する宿泊サービスの程度に応じてFF&E（家具・調度品、情報設備・機器、什器・備品等）を備え付けることも必要です。したがって、賃貸を行うときはこれらの家具、備品等付の物件として賃貸することになるものと考えられます。親和性があるのはサービスアパートメントやマンスリーマンション等短期賃貸物件としての活用です。

(b) 本業の賃貸業に支障を及ぼさない範囲に民泊の運営が制限される可能性があります。たとえば、幅広い期間にわたり宿泊の予約を受け付けると、その間賃貸の募集が事実上行えなくなり、「住宅」要件（住宅宿泊事業要件）を充足しないとみなされるおそれがあります。

(c) 賃貸専用で運用する場合と住宅宿泊事業の民泊を補完的に行う場合との収益性の比較はよく検討する必要があると考えられます。まず1つには、民泊を行うために、建物の構造設備や消防設備の設置費用等がかかることが想定されます。さらに、賃貸業の運営の委託（プロパティマネジメント業者、宅地建物取引業者）に加えて、民泊の運営の委託（住宅宿泊管理業者、住宅宿泊仲介業者）を行う必要があり、委託先に支払う委託料の費用が追加的にかかります。また、共同賃貸住宅の場合、他の居室が見ず知らずの宿泊者に提供されることに抵抗を覚える人も想定され、当該共同住宅全体のリーシング条件が悪化し、本業の賃貸業の収益に悪影響を及ぼす可能性があります。住宅宿泊事業の民泊も行うことによる十分な収益性の上昇が見込まれなければむしろ賃貸専用で運用した方がよいということになるものと考えられます。

■□■ Column ■□■

投資不動産を民泊営業で運用する場合のストラクチャーおよび留意点

　居住用物件を賃貸業および住宅宿泊事業の民泊で運用する場合には、当該所有者が住宅宿泊事業の届出を行い、その管理を住宅宿泊管理業者に委託することになります。あるいは、共同住宅等の場合各居室を一括して借り上げるマスターレッシー（以下「ML」）がいることもありますが、その場合 ML が届出を行い（届出は建物でまとめて 1 つではなく居室ごと）、その管理を住宅宿泊管理業者に委託するか、ML が住宅宿泊管理業者でもある場合は自ら当該物件の住宅宿泊管理業を行うことも考えられます。通常賃貸物件でこのようなスキームを構築する場合、物件の管理運営（リーシング業務を含みます）（以下「PM 業務」）をプロパティマネジャー（以下「PM」）に委託することが多いですが、PM が住宅宿泊管理業者でもある場合には、PM 業務に加えて住宅宿泊管理業も併せて受託することが考えられます。スキームのイメージ図は次頁のとおりです。

　これに対して、当該物件で旅館業の民泊または特区民泊が行われる場合には、所有者が自ら旅館業の許可を取得して営業するか、旅館業の許可を受けた業者に賃貸または運営委託を行うことが考えられます。基本的にホテルの投資ストラクチャーと同じになるものと考えられます。

　投資不動産を民泊営業で運用する場合の留意点は以下のとおりです。

① REIT や不動産私募ファンド等ファンドによる投資の場合、民泊物件投資がファンドの投資方針に反しないことが必要となります。なお、民泊物件に投資「できる」または「できない」旨を明示した規定があれば投資の可否は明確ですが、そうではなく、たとえば、投資対象としてもっぱら居住用物件とすることのみが方針とされている場合、住宅宿泊事業の民泊物件や特区民泊物件への投資が可能であるかは議論となります（旅館業の民泊への投資はできないと考えられます）。できる限り投資方針を変更して明確化するのが望ましいといえます。

②関連契約において民泊物件投資が許容されていることが必要となります。たとえば、居住用物件における ML に対するマスターリース契約において転貸目的以外の物件使用は通常禁止されているため、民泊目的による使用も認める規定を設ける必要があります。

③区分所有建物の場合管理規約において民泊に使用することが許容されていることが必要となります。

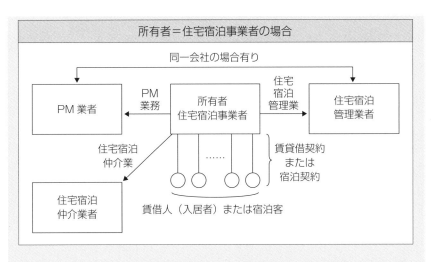

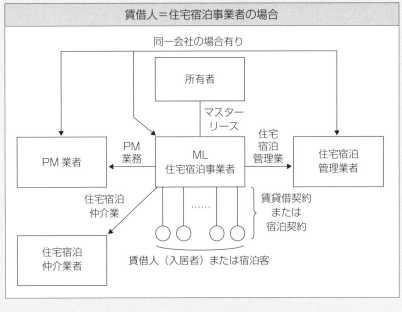

第4節　宿泊事業に関する法律問題

4 分譲ホテルコンドミニアム、タイムシェア、ホテル利用権

(1) ビジネスモデル

ホテルを区分して投資家に販売し、投資家は購入した権利に基づきホテルを一部利用しつつ、通常時はその管理運営を事業者に担わせホテルの収益の一部を受領することが行われています。

たとえば、分譲ホテルコンドミニアムは、①ホテルの各客室を区分所有化して分譲し、投資家は当該客室の区分所有者となり、それを事業者に賃貸または運営委託を行い、事業者がホテルの客室として利用します。タイムシェアとホテル利用権は呼び方の差にすぎないともいえますが、大要、②ホテルの共有持分を投資家に販売して投資家は共有者となり、それを事業者に賃貸または運営委託を行い、事業者がホテルの客室として利用するか、③ホテルの所有権は投資家に移さずに、投資家に利用権のみ付与する形態が考えられます。なお、ホテルの会員権については、これらのいずれかの性質を有するものと分類できることが通常です。いずれの場合も投資家自身が年間の一定日数のみ使用できる権利があり、残りの日数を事業者が一般の宿泊客に提供し、そこから生じた収益を投資家に分配することが多いようです。

(2) 旅館業との関係

ホテル事業を運営するのは事業者なので、事業者が旅館業法上の許可を受けてホテル事業を運営することになります。ただし、前記(1)の①の場合、その客室を年間全日数完全に自己使用する者がいると、1棟のホテルのうち、一部の客室のみがホテル事業の対象となり、かつ、区分所有者が入れ替わるたびにホテル事業の対象となる客室が変わる可能性があります。このような場合にも、当該一棟のホテルで旅館業の許可を受けることができるかは事前に管轄保健所に確認する必要があります。この点、厚生省（当時）の過去の通知で、このような場合にもホテル事業の対象となる客室の変動があるたびに変更届出を行う前提で旅館業の許可を認めたと考えられるものがあります（1974年5月11日宮城県衛生部長宛厚生省環境衛生局指導課長回答）。一方で、個々の専用部分である客室ごとに旅館業の許可を取得することも考えられますが、ホテル事業の対象となる客室の変動があるたびに許可を受けまたは受け直すのはオペレーションとして難しいものと考えられます。

なお、前記(1)の①または②の場合で、投資家のみがホテルを利用し、一般の宿泊客に宿泊サービスを提供しない完全にクローズドな会員制の場合、所有者自身が宿泊し、事業者はその管理を委託されているに過ぎないため、通常旅館業の許可を受けなくてもよいと考えられます。

(3)　金融商品取引法の集団投資スキームとの関係

　投資家の権利が集団投資スキーム（金融商品取引法2条2項5号に係る権利）に該当する場合、投資家に対する当該権利の販売等は金融商品取引法の規制に服することになります（たとえば、投資家に対する当該権利の販売は第二種金融商品取引業者が行う必要があります）。

　集団投資スキームは、投資家が金銭等の出資または拠出を行い、当該金銭等により事業が行われ、当該事業の収益または財産が投資家に分配されることが要素となります。前記(1)の①から③の場合、直接的には不動産を出資または拠出しているに過ぎませんが、その不動産の販売と出資が一体の取引となっているような場合には、実質的には販売代金の支払いが金銭等の出資とみなされる可能性があります。したがって、当該金銭等がホテル事業の運営に利用され、ホテル事業の収益が投資家に分配されている実態がある場合には集団投資スキームに該当しうるため留意が必要です。

第4節　宿泊事業に関する法律問題　145

■本章の内容の理解に役立つ主要な資料・文献■

● 横田真一朗＝佐伯優仁＝野村祐美子『これ1冊でわかる　住宅宿泊事業法——弁護士が解説する民泊制度の要点とトラブル対応事例』（第一法規、2018）
● 厚生労働省・国土交通省・観光庁ウェブサイト民泊制度ポータルサイト「minpaku」
（http://www.mlit.go.jp/kankocho/minpaku/index.html）
● 厚生労働省ウェブサイト「旅館業のページ」
（https://www.mhlw.go.jp/stf/seisakunitsuite/bunya/0000110603.html）
● 観光庁ウェブサイト「住宅宿泊事業法」
（http://www.mlit.go.jp/kankocho/shisaku/sangyou/juutaku-shukuhaku.html）
● 内閣府地方創生推進事務局ウェブサイト「旅館業法の特例（特区民泊）について」
（https://www.kantei.go.jp/jp/singi/tiiki/kokusentoc/tocminpaku.html）

■本章の主な法令等■

1 宿泊施設の営業許可に係る法体系

(1) 旅館業法

目　的	旅館業の業務の適正な運営を確保すること等により、旅館業の健全な発達を図るとともに、旅館業の分野における利用者の需要の高度化および多様化に対応したサービスの提供を促進し、もって公衆衛生および国民生活の向上に寄与すること（1条）	
主な用語	旅館業	旅館・ホテル営業、簡易宿所営業および下宿営業（2条1項）
	旅館・ホテル営業	施設を設け、宿泊料を受けて、人を宿泊させる営業で、簡易宿所営業および下宿営業以外のもの（2条2項）
	簡易宿所営業	宿泊する場所を多数人で共用する構造および設備を主とする施設を設け、宿泊料を受けて、人を宿泊させる営業で、下宿営業以外のもの（2条3項）
	下宿営業	施設を設け、1ヶ月以上の期間を単位とする宿泊料を受けて、人を宿泊させる営業（2条4項）
	宿　泊	寝具を使用して旅館業の施設を利用すること（2条5項）
概　要	・　公衆衛生および国民生活の向上の観点から、旅館業の営業者に必要な規制を及ぼす法律 ・　旅館業を営もうとする者は旅館業法に基づく都道府県知事等の営業許可を得なければならない（3条1項本文）。 ・　営業者は、宿泊施設について、宿泊者の衛生に必要な措置を講じなければならない（4条1項） ・　営業者は、宿泊施設に宿泊名簿を備え、これに宿泊者の氏名、住所、職業等を記載し、都道府県知事等の要求があったときは、これを提出しなければならない（6条1項）	

本章の主な法令等　147

(2) 特区民泊（国家戦略特別区域法）

目　的	国が定めた国家戦略特別区域において、経済社会の構造改革を重点的に推進することにより、産業の国際競争力を強化するとともに、国際的な経済活動の拠点を形成することが重要であることに鑑み、国家戦略特別区域に関し、規制改革その他の施策を総合的かつ集中的に推進するために必要な事項を定め、もって国民経済の発展および国民生活の向上に寄与すること（1条）	
主な用語	国家戦略特別区域	高度な技術に関する研究開発等に関する事業等または国際的な経済活動に関連する居住者等を増加させるための市街地の整備に関する事業等を実施することにより、日本の経済社会の活力の向上および持続的発展に相当程度寄与することが見込まれる区域として政令で定める区域（2条1項）
	国家戦略特別区域外国人滞在施設経営事業	外国人旅客の滞在に適した施設を賃貸借契約およびこれに付随する契約に基づき一定期間以上使用させるとともに、当該施設の使用方法に関する外国語を用いた案内その他の外国人旅客の滞在に必要な役務を提供する事業として政令で定める要件に該当する事業（13条1項）
概　要	・　一定の要件を満たす国家戦略特別区域内の施設を、賃貸借契約に基づき条例で定めた期間以上、旅客に使用させることを認める法律 ・　国家戦略特別区域において、外国人滞在施設経営事業を行おうとする者は、内閣総理大臣の認定を受けた区域内で都道府県知事等の認定を受けることで、旅館業法3条1項の適用を受けることなく、宿泊施設の運営が可能（13条1項・4項） ・　最低日数（3日から10日までの範囲内で施設の所在地を管轄する都道府県等の条例で定める期間）以上の宿泊が条件（同法施行令13条2号）	

148　第4章　宿泊事業者をめぐるビジネスと法律

(3) 民泊新法（住宅宿泊事業法）

目 的	日本における観光旅客の宿泊をめぐる状況に鑑み、住宅宿泊事業、住宅宿泊管理業および住宅宿泊仲介業を営む者に係る届出・登録制度を設ける等の措置を講ずることにより、これらの事業を営む者の業務の適正な運営を確保しつつ、国内外からの観光旅客の宿泊に対する需要に的確に対応してこれらの者の来訪および滞在を促進し、もって国民生活の安定向上および国民経済の発展に寄与すること（1条）	
主な用語	住宅宿泊事業	旅館業法に規定する営業者以外の者が宿泊料を受けて住宅に人を宿泊させる事業であって、人を宿泊させる日数として国土交通省令・厚生労働省令で定めるところにより算定した日数が1年間で180日を超えないもの（2条3項）
	住宅宿泊管理業	住宅宿泊事業者から委託を受けて、報酬を得て宿泊者の衛生や安全の確保など住宅宿泊に係る管理業務および住宅の維持保全に関する業務を行う事業（2条6項）
	住宅宿泊仲介業務	宿泊者または住宅宿泊事業者のために、インターネット等を用いて、宿泊サービスの提供に係る契約を代理して締結し、媒介し、または取次ぎする業務（2条8項）
	家主居住型	住宅宿泊事業のうち、事業者が自ら居住する住宅の一部を宿泊客に提供する類型
	家主不在型	住宅宿泊事業のうち、住宅に宿泊客が滞在する間、事業者が不在となる類型
概 要	・ ホテルや旅館ではなく、一般住宅を宿泊施設として利用することを認める法律 ・ 住宅宿泊事業、住宅宿泊管理業または住宅宿泊仲介業を営もうとする者は、それぞれ都道府県知事等への届出、国土交通大臣の登録、観光庁長官の登録が必要（3条1項、22条1項、46条1項） ・ 住宅宿泊事業における年間営業日数は180日以内（2条3項） ・ 家主不在型の住宅宿泊事業においては、住宅宿泊事業者は住宅宿泊管理業務を住宅宿泊管理業者に委託しなくてはならない（11条1項2号）	

本章の主な法令等　149

⑷ グリーンツーリズム法（農山漁村滞在型余暇活動のための基盤整備の促進
  に関する法律）

目　的	農山漁村地域の振興に寄与するため、農山漁村滞在型余暇活動のための基盤の整備を促進	
主な用語	農村滞在型余暇活動	主として都市の住民が余暇を利用して農村に滞在しつつ行う農作業の体験その他農業に対する理解を深めるための活動（2条1項）
	山村・漁村滞在型余暇活動	主として都市の住民が余暇を利用して山村または漁村に滞在しつつ行う森林施業または漁ろうの体験その他林業または漁業に対する理解を深めるための活動（2条2項）
	農林漁業体験民宿業	施設を設けて人を宿泊させ、農村滞在型余暇活動または山村・漁村滞在型余暇活動に必要な役務を提供する営業（2条5項）
概　要	・　農林漁業体験民宿業を営む者は、「農林漁業体験民宿業者」としての登録を受けることができる（16条1項）。 ・　農林漁業体験民宿業者としての登録は、農林水産大臣の登録を受けた「登録実施機関」が行う（同項） ・　農林漁業体験民宿業者としての登録を受けるためには、その営業方法に関し農林水産省令で定める基準（同条2項）に従う必要があるが（同条1項）、当該登録を受けた者は、当該宿泊施設に当該登録を受けている旨の標識を掲示することができる（17条1項）	
その他	・　旅館業法上の簡易宿所の営業許可（旅館業法3条1項本文、2条3項）の取得要件（同法3条2項）が緩和されており（同法施行令1条2項1号、2条、同法施行規則5条1項4号・2項）、農村漁村等における民宿の営業が容易となっているが、民泊新法に基づく届出によっても営業は可能であり、いずれの方法が有利かについては検討を要する	

150　第4章　宿泊事業者をめぐるビジネスと法律

2 その他宿泊事業に関連する法体系

(1) 建築基準法

目　的	建築物の敷地、構造、設備および用途に関する最低の基準を定めて、国民の生命、健康および財産の保護を図り、もって公共の福祉の増進に資すること（1条）	
主な用語	建築物	土地に定着する工作物のうち、屋根および柱もしくは壁を有するもの、これに附属する門もしくは塀、観覧のための工作物または地下もしくは高架の工作物内に設ける事務所、店舗、興行場、倉庫その他これらに類する施設（2条1号）
	用途地域	住宅地、商業地、工業地等市街地の大枠としての土地利用を定めた地域の種類
	住居専用地域	用途地域のうち、第一種低層住居専用地域や第二種低層住居専用地域等、住宅地としての使用が予定されている地域
概　要	・　国民の生命、健康、財産を守るため、建築物の安全性や、建築物の敷地、周囲の環境等に関する必要な基準を定めた法律 ・　建築主は、建築物の建築または修繕等をしようとする場合、建築主事の確認を受け、確認済証の交付を受けなければならない（6条1項柱書前段） ・　各用途地域内においては、別表に掲げる各建築物以外の建築物を建築してはならない（48条）	

(2) 消防法

目　的	火災を予防し、警戒しおよび鎮圧し、国民の生命、身体および財産を火災から保護するとともに、火災または地震等の災害による被害を軽減するほか、災害等による傷病者の搬送を適切に行い、もって安寧秩序を保持し、社会公共の福祉の増進に資すること（1条）	
主な用語	防火対象物	山林または舟車、船きょもしくはふ頭に繋留された船舶、建築物その他の工作物もしくはこれらに属する物（2条1項）
	消防用設備等	政令で定める消防の用に供する設備、消防用水および消火活動上必要な施設（17条1項）

概　要	・　消防用設備等の設置義務や消防機関の権限等に関する事項を定めた法律 ・　学校、病院、工場、事業場、興行場、百貨店、旅館、飲食店、地下街、複合用途防火対象物その他の防火対象物で政令により定めるものの関係者は、消防用設備等を、政令で定める技術上の基準に従って、設置し、および維持しなければならない（17条1項）

(3) 食品衛生法

目　的	食品の安全性の確保のために公衆衛生の見地から必要な規制その他の措置を講ずることにより、飲食に起因する衛生上の危害の発生を防止し、もって国民の健康の保護を図ること（1条）	
主な用語	食品等事業者	食品もしくは添加物を採取し、製造し、輸入し、加工し、調理し、貯蔵し、運搬し、もしくは販売することもしくは器具もしくは容器包装を製造し、輸入し、もしくは販売することを営む人もしくは法人または学校、病院その他の施設において継続的に不特定もしくは多数の者に食品を供与する人もしくは法人（3条1項）
	食　品	すべての飲食物。ただし、医薬品、医薬部外品および再生医療等製品は含まれない（4条1項）
概　要	・　食品等事業者は、販売食品等の安全性の確保に係る知識および技術の習得、販売食品等の原材料の安全性の確保、販売食品等の自主検査の実施その他の必要な措置を講ずるよう努めなければならない（3条1項） ・　営業者は、都道府県が条例により定めた公衆衛生上講ずべき措置を遵守しなければならない（50条2項・3項） ・　飲食店営業（旅館を含む）を営もうとする者は、都道府県知事の許可を受けなければならない（52条1項、51条、同法施行令35条1号）	

(4) 温泉法

目　的	温泉を保護し、温泉の採取等に伴い発生する可燃性天然ガスによる災

		害を防止し、および温泉の利用の適正を図り、もって公共の福祉の増進に寄与すること（1条）
主な用語	温　泉	地中からゆう出する温水、鉱水および水蒸気その他のガス（炭化水素を主成分とする天然ガスを除く）で、一定の温度または物質を有するもの（2条1項）
概　　要	・　温泉をゆう出させる目的で土地を掘削しようとする者は、温泉法施行規則で定めるところにより、都道府県知事に申請してその許可を受けなければならない（3条1項） ・　温泉を公共の浴用または飲用に供しようとする者は、温泉法施行規則で定めるところにより、都道府県知事に申請してその許可を受けなければならない（15条1項）	

(5) 公衆浴場法

目　的	国民保健および環境衛生の観点から、公衆浴場について必要な規制を課すもの	
主な用語	公衆浴場	湯、潮湯または温泉その他を使用して、公衆を入浴させる施設（1条1項）
概　　要	・　業として公衆浴場を経営しようとする者は、都道府県知事等の許可を受けなければならない（2条1項） ・　浴場業を営む者は、公衆浴場について、換気、採光、照明、保温および清潔その他入浴者の衛生および風紀に必要な措置を講じなければならない（3条1項）	
その他	・　旅館業法の宿泊施設内の浴場については、必要な規制が同法により課されていることから、公衆浴場法の適用がないものとされている（1949年10月17日厚生省公衆衛生局長通知「公衆浴場法等の営業関係法律中の『業として』の解釈について」）	

(6) 国際観光ホテル整備法

目　的	ホテルその他の外客宿泊施設について登録制度を実施するとともに、これらの施設の整備を図り、あわせて外客に対する登録ホテル等に関する情報の提供を促進する等の措置を講ずることにより、外客に対する接遇を充実し、もって国際観光の振興に寄与すること（1条）

本章の主な法令等　153

概　要	・ ホテル・旅館を営む者は、ホテル・旅館ごとに、ハード面（基準客室数等）およびソフト面（外客接遇主任者の選任等）における登録基準を満たした上で、登録を受けることができ（3条、18条1項）、その名称に登録ホテルまたは登録旅館との名称を使用することができる（8条、18条2項） ・ 登録は、観光庁長官の登録を受けた「登録実施機関」が行う（3条） ・ 登録施設では、料金・宿泊約款の届出および公示等の義務を負うほか、外国語会話能力を有する従業員による接遇等外国人宿泊客の利便の増進のための措置を行う義務を負う
その他	・ 2019年4月末現在の登録施設数は、ホテル946施設、旅館1,432施設 ・ 地方税の不均一課税が可能であり、2018年12月末現在、249市町村で固定資産税の軽減措置を実施

第5章

移動・交通手段をめぐる
ビジネスと法律

■本章のポイント■

● インバウンド・観光のビジネスにおいて、移動およびそれに用いられる交通手段は重要な分野です。もっとも、移動およびそれに用いられる交通手段は、インバウンド・観光を行うための方法、手段という面が強いため、これまで必ずしも注目を浴びていない面もありました。

● 近時の観光ビジネスの活発化の中で、これまでの傾向は大きく変わりつつあります。具体的には、豪華寝台特急、クルーズ船のように移動や交通手段それ自体を観光資源としても活かす例や、移動に際して人々が集まる場所（バスターミナルや駅、空港等）をビジネスの場として有効活用しようとする動きもあります。また、観光資源や地域経済の活性化のための呼び水として、新たな態様の移動方法や交通手段の導入も進んでいます。

● 観光ビジネスの分野における状況の変化は法規制や法解釈の変化と密接に関連しています。これまで、移動およびそれに用いられる交通手段に関しては安全性や秩序を重んじる観点から非常に多くの規制が設けられてきました。こうした規制について、必要なものは残しつつ、観光ビジネスを活発化する観点から法改正や官公庁の通知等により規制の緩和が行われており、それに伴いビジネスの機会が拡大するという好循環が生まれています。

● 移動・交通手段をめぐる法令を中心とした規制体系は、大きく、タクシーやバス等の道路を用いた移動の分野、鉄道による移動の分野、船による海上の移動の分野、航空機による空の移動の分野に分けることができます。本章では移動・交通手段をめぐるビジネスと法律の関係について、それぞれの分野に分けて概説します。

第1節

はじめに——移動・交通手段を
めぐるビジネスの最新動向

① 道路交通関係

　道路交通を担うバスやタクシーは、通勤・通学等我々の日常生活に必要不可欠な公共交通機関です。

　少子高齢化・過疎化の進行等に伴い、担い手不足が深刻化している自動車運送事業においては、働き方改革を推進し、必要な人材確保や生産性の向上を図るための取組みが行われているところです。また、観光先進国の実現に向けて、訪日外国人客2020年に4,000万人、2030年に6,000万人の目標を掲げ、さらに東京オリンピック・パラリンピックを契機として、利用者の多様なニーズに適格に対応した安全・安心な輸送サービスの提供が求められてきているところです。

　こうした点を踏まえて、国土交通省からも「地域の創意工夫に柔軟に対応できる制度のあり方」や「既存輸送資源の積極活用のための方策」等の論点についての提言がなされています。たとえば、前者については、地域住民の生活交通に留まらず、観光客への二次交通への対応も含む形で（利用のハードルが高い）自家用有償旅客運送の実施の円滑化が議論されています。また、後者については、空いた座席の活用やルートの最適化等のタクシー事業の生産性向上が必要であるといった課題が提示されており、タクシーの相乗り制度の導入に向けたルールの整備についての議論がなされています。

② 鉄道交通関係

　日本の鉄道サービスはその快適性や定時運行性の観点から世界的に高い評価を受けており、日本は諸外国と比較しても旅客運送において鉄道の占める比重

が大きい国となっています。このため、観光ビジネスにおいて移動・交通手段を考える場合、鉄道が果たす役割を無視することはできません。また、日本の都市は鉄道駅を中心に整備されていることが多く、観光地へも鉄道駅からアクセスすることが前提とされていることが少なくないため、鉄道の駅施設内や高架下、現在は使われていない鉄道用地等鉄道施設周辺の空間は非常に高い価値を有しています。こうした事情から、鉄道自体または鉄道と関連する施設・空間を観光ビジネスのために活かそうとする動きが活発化しています。

　このうち、鉄道を単なる移動手段としてだけでなく、それに乗ること自体を観光資源として活用しようとする試みとして、各地で観光列車を走らせようとする動きが広がっています。また、鉄道自体をビジネスの手段として利用する動きとして、鉄道の車両が広告の手段として利用されることも増えてきています。従来から鉄道は、駅構内における広告や吊り広告をはじめとした車両内の広告、線路脇に設置される広告等として広告に用いられてきましたが、最近、ラッピングトレインと呼ばれる、車両の前面や側面を広告スペースとして利用する手法が用いられるようになり、話題を呼んでいます。

　鉄道施設周辺の空間の活用も急速に進んでいます。前述のとおり、鉄道駅構内や鉄道駅の隣接地、都市の高架区間における高架施設の下部の空間等鉄道周辺には活用可能な空間が多くあります。こうした鉄道施設周辺の空間は、従来より駅ビルの建設や高架下における商業施設の開発等の形で一定の利用が図られてきましたが、最近は鉄道駅の構内や隣接地に多種多様な施設が整備される等、商業活動がより活発になってきています。

　これらに加え、鉄道自体を新たに敷設しようとする動きも見られます。日本の鉄道網の骨格はすでに整備が完了していることから、新規の鉄道を敷設しようとする動きが大規模に見られるわけではありませんが、IR や MICE といった大規模な投資を伴う新たな観光資源のための輸送手段として既存の鉄道を延伸する動きや、市街地の活性化のために新たに路面電車を敷設しようとする動きがみられます。これらの動きも観光ビジネスと鉄道との新たな関係を示すものといえます。

③　海上および航空交通関係

　日本は四方を海に囲まれた島国であり、他国へ繋がる陸路が存在しないことから、海上および航空交通は、国際的な輸送および交通の手段として、従来我

が国の発展を支えてきました。近年は、海外特にアジアから観光目的で日本を訪れる訪日外国人観光客が増加しており、2018年12月の訪日外国人観光客数は263万2,000人を記録し12月としては過去最高の記録となっています。

　海上交通については、従来は貨物運送としての側面が重視されていましたが、近年は観光および旅客運送としての側面も重視され、特に訪日外国人観光客によるクルーズ船の利用数増加が顕著です。すなわち、2013年の訪日クルーズ旅客数は17万人余りであったにもかかわらず、わずか3年後の2016年には199万人を超えました。これを受けて、政府は、2020年までに訪日クルーズ旅客数を500万人にまで増加させることを目標として設定し、訪日クルーズ旅客数の増加に努めています。

　もっとも、これまで我が国の港湾は多くの訪日外国人が訪れることを想定していなかったため、施設および設備が整っておらず、その整備が急務といえます。こうした状況の中、政府は、2017年6月に港湾法を改正し、民間の力を借りて港湾を整備する施策を実施しました。すなわち、港湾を積極的に開発した業者については、港湾の利用について優先権を付与することで、港湾開発へのインセンティブを与え、他方で、港湾の利用が独占的なものにならないよう港湾の利用について一定のルールを定めました。

　このように、クルーズ船を中心とした海上輸送観光ビジネスは、急速に発展していくことが見込まれており、今後も注視していく必要があります。

　航空交通については、リーマンショック以降の世界的な景気後退を受けて、一時は旅客輸送量および交通輸送量ともに減少傾向にありましたが、現在は全体として増加傾向にあり、特に国際航空旅客輸送については、2017年に過去最多の旅客数が記録される等、急速な上昇傾向にあります。

　従来、航空交通の分野は規制が厳しく特に新規事業主の参入については高い障壁がありましたが、1999年以降の航空法改正によって規制が緩和されており、これによるLCCの参入等従来の航空交通市場の様相は変化しつつあります。たとえば、安い運賃を看板に複数のLCCが航空交通市場に新規参入したことは、当時世間を大いに騒がせました。もっとも、新規格安航空会社が既存の大手航空事業者を打倒しているかといえば、必ずしもそうではなく、いまだに国内のシェアは大手の航空会社2社が大きな割合を占めている状態です。とはいえ、今や国内線航空旅客の約10％、国際線では約20％がLCCを利用しており、今後もLCCがシェアを伸ばしていくものと考えられ、成田空港では2015年にLCC専用ターミナルも開設されています。

第1節　はじめに——移動・交通手段をめぐるビジネスの最新動向　159

第2節

移動・交通手段をめぐる
法体系の全体像

　移動・交通手段をめぐる法律に関しては、道路交通関係の法律、鉄道交通関係の法律、海上、航空交通関係の法律に分類することができます。

１　道路交通関係の基本的な法律

　道路交通の分野では、移動に関するビジネスは、バス事業やタクシー事業といった形で行われています。こうしたバス、タクシー等の、事業用自動車を用いる有償旅客運送に係る事業は、「旅客自動車運送事業」に該当し、道路運送法の適用を受けます。また、自家用車を有償旅客運送に用いることができるのは限定的な場面に限られています。

　したがって、道路交通の分野に関しては道路運送法が最も基礎となる法律ということになります。

２　鉄道交通関係の基本的な法令等

　鉄道交通に関する法令としては、鉄道事業全般に係る基本的事項を規定する鉄道事業法と、鉄道事業に係る設備、人員、旅客に関する具体的な事項を規定する鉄道営業法の２法が基本的な法令として存在し、これらを補完するものとして、新幹線や軌道等の特殊な事業に関する法令や、鉄道を運行するための技術的事項等を定める政令や規則等が多数存在しています。また、インバウンド・観光との関係では、ラッピング列車を運行する際に問題となる屋外広告物法や都道府県の屋外広告物条例、駅施設を商業施設や交流施設等に用いる際に問題となる建築基準法や消防法、駅施設等のバリアフリー化と密接に関係する高齢者、障害者等の移動等の円滑化の促進に関する法律（以下「バリアフリー

160　第5章　移動・交通手段をめぐるビジネスと法律

法」）、地域の活性化のために鉄道や軌道を活用しようとする際に関係する地域公共交通の活性化及び再生に関する法律（以下「地域公共交通活性化再生法」）といった法令も広い意味での鉄道交通に関する法令ということができます。

3 海上および航空交通関係の基本的な法令等

海上交通に関する主たる法令は、海上運送法および港湾法、航空交通に関する主たる法令は、航空法です。

海上運送法は海上運送事業の運営について定めた法律であり、船舶運航事業を営むために国土交通大臣の許可・船舶運行計画等の届出が必要であることを定めています（海上運送法3条以下）。これに加えて港湾法は、港湾の利用・管理に関する法律であり、港湾の管理者（港湾管理者）を定め、港湾区域内における特定の行為を規制する等港湾内の基本的なルールを定めています。また、港湾についてのルールは法律だけではなく、港湾施設管理条例等によっても定められており、両者が一体となって港湾内のルールを定めているのが現状です。さらに、近年、利用者が増加しているクルーズ船内にホテルを設置する場合には、旅館業法も海上交通との関連性を持ちます。

次に、航空交通事業を営む上で基本となる法律は航空法です。航空法は、航空運送事業を行うためには国土交通大臣の許可が必要であることや（航空法100条1項）、航空機に求められる安全性（同法10条以下）、乗務員の技能証明（同法22条以下）等について定めています。以前は、運賃の設定や航空運送事業の経営について厳しい規制が課されていましたが、規制緩和の流れを受けて1999年に改正され、運賃について事前の届出で足りるとされたり、路線ごとの免許制が廃止されたりする等しています。

4 移動・交通手段をめぐる法体系の全体像

移動・交通手段をめぐる法体系の全体像は図表5-1のとおりです。

[図表５- 1] 移動・交通手段をめぐる法体系の全体像

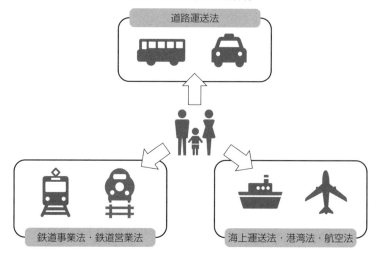

第3節

移動・交通手段をめぐる法律の基本的知識

1 道路交通関係

(1) 概 要

　バス事業やタクシー事業は、道路運送法上の「旅客自動車運送事業」に該当し、旅客自動車運送事業は以下の種別に分けられます（道路運送法3条）。

[図表5-2] 旅客自動車運送事業における事業の種別

事業の種別		具体例
一般旅客自動車運送事業	一般乗合旅客自動車運送事業	コミュニティバス 路線バス
	一般貸切旅客自動車運送事業	貸切バス
	一般乗用旅客自動車運送事業	タクシー
特定旅客自動車運送事業	―	通勤・通学用バス 送迎バス

　本書では一般旅客自動車運送事業を取り扱いますが、いずれの事業の種別についても、①事業の実施に際しては国土交通大臣の許可が必要となり（道路運送法4条1項）、②不適格な事業者を排除するための欠格事由が定められるとともに（同法7条）、③適正な運賃・料金に関して事前届出制または事前認可制のもと（同法9条～9条の3）、利用者保護の観点からの運賃や料金等の掲示義務（一般乗用旅客自動車運送事業者を除きます）（同法12条）が課せられ、④輸送の安全確保するための一定の措置（安全管理規程の策定（同法22条の2第1項）、安全統括管理者の選任（同条4項）や運行管理者の選任（同法23条1項）等）

を講じる必要があります。

　なお、国土交通大臣はその申請に基づき適正化機関の指定を行うことができるとされており、指定された適正化機関は①旅客自動車運送事業者に対する指導や②旅客自動車運送事業に関する旅客からの苦情の処理等を行うこととされています（同法43条の2等）。

　また、自家用自動車を利用した有償による旅客運送事業は、原則として、禁止されており、例外として自家用自動車を有償で運送の用に供することができる場合は限定されています（同法78条）。

(a) バス事業
(i) 貸切バス事業

　いわゆる貸切バスの運行に係る事業は、「一般貸切旅客自動車運送事業」に該当します。

　貸切バス事業における運賃については、事前届出制が採用されています（道路運送法9条の2第1項）。これは、運賃設定は事業者にとって事業経営上の根幹的な事項であり、事業者が創意工夫し、事業者の自主的な判断に基づいて設定できることが基本であるという考え方に基づきます。

　また、2016年1月15日に発生した軽井沢スキーバス事故を契機に、大要以下の内容の規制強化がなされています（なお、「図表5-3　軽井沢スキーバス事故を契機とした規制強化」のうち、①および②の規制については、一般旅客自動車運送事業者全般に対して課せられます）。

[図表5-3]　軽井沢スキーバス事故を契機とした規制強化

	内　容
①	【事業許可の更新制の導入】 貸切バス事業者が安全に事業を遂行する能力を有するかを確認する趣旨で、許可について5年ごとの更新制が定められている（道路運送法8条1項）
②	【不適格者の安易な再参入・処分逃れの防止】 ・　欠格期間が5年に延長され、許可の取消しを受けた会社の子会社等、処分逃れを目的として監査後に廃業した者等の参入が制限された（道路運送法7条1号～6号） ・　運行管理者の資格者証の交付について、欠格期間が5年に延長された（道路運送法23条の2第2項）

164　第5章　移動・交通手段をめぐるビジネスと法律

	・　休廃業について事後届出制が廃止され、30日前の事前届出制に改められた（道路運送法38条1項）
③	【監査機能の補完・自主的改善の促進】 貸切バス事業者に対して適正化機関による巡回指導等を行うため、当該機関による貸切バス事業者からの負担金徴収の制度の導入（道路運送法43条の3第1項、43条の15第1項）
④	【罰則の強化】 輸送の安全確保命令を行わない貸切バス事業者に対する法定刑が強化され、かつ、法人重科が創設された（道路運送法97条2号、99条1号）

(ii)　コミュニティバス事業

　いわゆるコミュニティバスの運行に係る事業は、「一般乗合旅客自動車運送事業」に該当します。また、乗合タクシーに係る事業も一般乗合旅客自動車運送事業に該当します。

　まず、一般乗合旅客自動車運送事業は、その運行の態様に応じて以下の3区分に分けられ（道路運送法5条1項3号かっこ書き、同法施行規則3条の3）、各運行の態様に応じて、事業計画に記載するべき事項は異なります。

[図表5-4]　一般乗合旅客自動車運送事業の運行の態様

	運行の態様	内　容
①	路線定期運行	路線を定めて定期に運行する自動車による乗合旅客の運送
②	路線不定期運行	路線を定めて不定期に運行する自動車による乗合旅客の運送
③	区域運行	①および②以外の乗合旅客の運送

　また、運賃および料金については、原則として、旅客の運賃および料金の上限を定め、国土交通大臣の認可を受けることとされています（道路運送法9条1項）。かかる運賃体系が設けられている理由としては、コミュニティバスは、ⓐ地域住民の日常生活との関連が極めて密接な公共性の高い事業であること、また、ⓑ事実上の地域独占状態を背景とした不当に高額な運賃・料金設定をあらかじめ防止する必要があることが挙げられます。

　ただし、次の図表5-5に定める運賃および料金については、上記の例外と

第3節　移動・交通手段をめぐる法律の基本的知識　165

して事前届出制が採用されています。

[図表 5 - 5]　事前届出制とされている運賃および料金の一例

	内　容
①	路線定期運行を行う一般乗合旅客自動車運送事業を行うに際して、定期的に運行する自動車により観光を目的とする乗合旅客をもっぱら運送するもの（定期観光運送）に係る運賃
②	路線不定期運行を行う一般乗合旅客自動車運送事業に係る運賃
③	区域運行を行う一般乗合旅客自動車運送事業に係る運賃

　また、上記のほかにも、地域における需要に応じ当該地域の住民の生活に必要な旅客輸送の確保その他の旅客の利便の増進を図るために乗合旅客の運送を行う場合において、運賃および料金の妥当性について地域公共交通会議または協議会において協議が調っている場合には、事前届出で足りることとされています（道路運送法9条4項、同法施行規則9条の2)。

(3)　タクシー事業

　通常のタクシー事業は、「一般乗用旅客自動車運送事業」に該当します。この場合、各タクシー事業者は、その定める運賃について、原則として、国土交通大臣に申請し、認可を得る必要があります（道路運送法9条の3第1項）。タクシー運賃の定め方としては、大きく、①距離制運賃、②時間制運賃、③定額運賃に分けられます。事業者は、原則として、距離制運賃を定めることとされていますが、一定の要件を満たす場合には、時間制運賃や定額運賃を採用することも可能です。

　この中でも、観光という文脈においては、上記③定額運賃が注目されます。定額運賃制を採用することにより、次の図表5-6のような運賃の定め方が可能となります。

166　第5章　移動・交通手段をめぐるビジネスと法律

[図表 5 - 6]　定額運賃制の例

	種　類	内　容
①	施設および エリアに係 る定額運賃	定額運賃適用施設（特定の空港、鉄道駅、各種集客施設等）と 他の定額運賃適用施設との間または定額運賃適用施設と一定の エリアとの間の運送を行う場合において、事前に定額を定めて 運送の引受けを行う運賃
②	イベント定 額運賃	イベントの開催期間中、駅、空港等特定の場所からイベントの 開催場所との間の運送を行う場合において、事前に定額を定め て運送の引受けを行う運賃
③	観光ルート 別運賃	観光地における主要施設（最寄駅、主要宿泊施設等）を拠点と した名所旧跡等を巡るルートに沿った運送を行う場合におい て、事前に定額を定めて運送の引受けを行う運賃

(4)　自家用自動車の利用（自家用有償旅客運送事業）

　道路運送法上、自家用自動車については、バス事業やタクシー事業を許可制 としている趣旨が没却されないようにするため、以下に掲げる場合を除き、有 償での運送の用に供することが禁止されています（道路運送法78条）。

[図表 5 - 7]　自家用自動車を有償での運送の用に供することができる場合

	内　容
①	災害のため緊急を要するとき
②	自家用有償旅客運送を行うとき
③	公共の福祉を確保するためやむをえない場合において、国土交通大臣の許可 を受けて地域または期間を限定して運送の用に供するとき

　ここで、「有償」の意義が問題となります。ⓐ単に好意に対する謝礼として の意味を有するにとどまるものやⓑ当該運送行為が行われない場合には発生し ないことが明らかな費用であって、客観的・一義的に金銭的な水準を特定でき るもの（ガソリン代や道路通行料等）を収受する場合については、有償ではない と整理されていますが、ⓑについては、具体的な金額を算定せずに単に実費と いう名目で金銭等を収受する場合には有償であると評価されるおそれがある点 については留意が必要です。この点、宿泊施設の事業者による宿泊客の自家用

第3節　移動・交通手段をめぐる法律の基本的知識　167

車による送迎が問題となりますが、「当該宿泊施設における宿泊サービスの提供の一環として行われるものであり、かつ、送迎を利用する者と利用しない者との間に明らかな宿泊料金の差がない場合等、ガソリン代等の実費を含め、送迎に係る運送の対価を収受していない場合」には旅客自動車運送事業の許可を要しないとされています。

　なお、図表5-7の②の自家用有償旅客運送を行う場合は登録制とされていますが、かかる登録を受けることのできる主体は以下の者に限定されています（道路運送法78条1項2号、同法施行規則48条）。

[図表5-8]　自家用有償旅客運送の登録を受けられる者

	主　体
①	一般社団法人または一般財団法人
②	地方自治法260条の2第7項に規定する認可地縁団体
③	農業協同組合
④	消費者生活協同組合
⑤	医療法人
⑥	社会福祉法人
⑦	商工会議所
⑧	商工会
⑨	営利を目的としない法人格を有しない社団であって、代表者の定めがあり、かつ、当該代表者が道路運送法79条の4第1項1号～3号のいずれにも該当しない者であるもの

　また、自家用有償旅客運送の対象となる旅客は、地域住民等の一定の属性の者に限定されています。

　そして、「申請に係る自家用有償旅客運送に関し、国土交通省令で定めるところにより、地方公共団体、一般旅客自動車運送事業者又はその組織する団体、住民その他の国土交通省令で定める関係者が、一般旅客自動車運送事業者によることが困難であり、かつ、地域住民の生活に必要な旅客輸送を確保するため必要であることについて合意していないとき」という点が登録拒否要件の1つとして定められています（道路運送法79条の4第1項5号）。

168　第5章　移動・交通手段をめぐるビジネスと法律

なお、自家用有償旅客運送の登録を得た場合には、一般旅客自動車運送事業を行う場合と同様、ⓐ輸送の安全の確保（同法79条の9）やⓑ対価の掲示（同法79条の8）等が必要とされるとともに、ⓒ車両の両側面に、以下の事項を記載した標章を見やすいように表示する必要があります（道路運送法施行規則51条の23）。

[図表5-9]　車両に記載すべき標章

	内　　容
①	自家用有償旅客運送者の名称
②	「有償運送車両」の文字
③	登録番号

2　鉄道交通関係

(1)　鉄道事業法

　前記第2節2のとおり、鉄道事業法は鉄道事業を運営する上での根幹的な事項を定めた法律であり、鉄道事業等の運営を適正かつ合理的なものとすることを通じて、①輸送の安全の確保、②鉄道等の利用者の利益の保護、③鉄道事業等の発達を図り、公共の福祉を増進することを目的としています（鉄道事業法1条）。

　鉄道事業は、第1種から第3種までの3種類に区別されます。

[図表5-10]　鉄道事業の種別

種別名	事業の内容
第1種鉄道事業	鉄道による旅客または貨物の運送を行う事業で、第2種以外のもの
第2種鉄道事業	自らが所有する線路以外の線路を使用し、鉄道による旅客または貨物の運送を行う事業
第3種鉄道事業	・　線路を第1種事業者に譲渡する目的で敷設する事業 ・　線路を第2種事業者にもっぱら使用させる事業

　鉄道事業法は第1章から第7章までに分かれていますが、とりわけ鉄道事業

第3節　移動・交通手段をめぐる法律の基本的知識　169

に係る許認可等の基本的な事項を定めた第2章が重要です。

　同法上、鉄道事業の開始については許可が必要とされており（鉄道事業法3条1項）、許可は、国土交通大臣により、路線および鉄道事業の種別について事業基本計画に基づいて行われます。また、鉄道施設に関する測量、実地調査または工事のため必要があるときにおける他人の土地への立入り、一時使用（同法22条1項）、および列車の運行の管理その他国交省令で定める鉄道事業に係る業務の管理の委託および受託（同法25条）については、同じく国土交通大臣の許可が必要とされています。

　同法上、認可が必要とされる項目は多岐にわたり、たとえば以下の事項が認可の対象に含まれます。

- ・　事業基本計画等の変更（7条1項）
- ・　工事の施行（8条1項）
- ・　工事計画の変更（9条1項）
- ・　鉄道施設の変更（12条1項）
- ・　線路の使用等（15条）
- ・　旅客運賃等の上限（16条1項）
- ・　事業の譲渡および譲受（26条1項）
- ・　鉄道事業者たる法人の合併および分割（26条2項）

　また、鉄道事業は公共の安全に直接関係する事業であることから、その他にも多くの項目が届出または報告の対象となっています。これらの規律の概要については、国土交通省鉄道局のウェブサイト「鉄道事業法（昭和61年法律第92号の体系）」に整理されています。

(2)　鉄道営業法

　鉄道営業法は、鉄道に関する技術上の基準や、鉄道運送をする上での義務、鉄道係員の職制や職務規範、鉄道利用者が守るべきルール等を定めたものです。詳細な規定は、同法の下位規範である鉄道運輸規程等に定められています。したがって、鉄道事業をする際には、鉄道営業法だけでなく、同法やその下位規範の規定を遵守することも重要となります。

　また、同法や鉄道運輸規程には、鉄道事業者と鉄道利用者との契約（鉄道運送契約）に関する規定があり、鉄道運送契約はこれらの規定に服することになります。

最近の動向としては、旅客運送の場合、個別に契約内容を決めることは現実的ではないことから、これまでその契約内容は事業者が事前に作成した運送約款によって決められていたところ、定型約款に関する規定を新設する民法改正に伴い、旅客運送については運送約款の内容を公表していれば、それが契約の内容となることが明示されることになりました（鉄道営業法18条の2、民法548条の2第1項2号）。もっとも、運賃その他の運送条件については、公表だけでなく、駅での公告が求められており（鉄道営業法3条1項）、運送条件の加重には7日以上の公告が要求されています（同条2項）。

　また、鉄道営業法は、鉄道運送契約に関する商法の特別法という面も有しています。運送品に関する運送人の責任については近年の商法改正において内容が変更されましたが、鉄道営業法においては、旅客から預かった手荷物を紛失したり壊してしまったりした場合等に鉄道事業者が支払うべき損害賠償額の限度額に関する規定が維持されています（同法11条等）。

(3)　鉄道施設内の利用に関連する法令

　鉄道に関する施設、とりわけ駅舎に関しては、一般的な建築物とは異なる法律が適用される面があることから注意が必要です。建築基準法上、駅舎のうちプラットフォーム等の改札内の施設は「建築物」にあたらず、同法の規制対象になりません（建築基準法2条1号）。一方、消防法には建築基準法のような定義規定がないため、消防法上は駅舎全体が「建築物」として、その規制対象となると考えられています。さらに、同法は駅舎を「防火対象物」として取り扱い、その消防用設備等に関し一定の技術基準を満たすこと要求しています（消防法17条1項、同法施行令6条、別表第一（十）項）。また、鉄道営業法の下位規範である鉄道に関する技術上の基準を定める省令にも、駅舎が有すべき性能が規定されています（同省令6条等）。さらに、駅舎はバリアフリー法の「旅客施設」にあたるため、鉄道事業者は、駅舎を新設したり大規模な改良をしたりする際、公共交通移動等円滑化基準に適合するように駅舎のバリアフリー化をしなければなりません（バリアフリー法2条5号イ、8条1項）。

[図表５-11] 駅舎に係る各種規制の概要

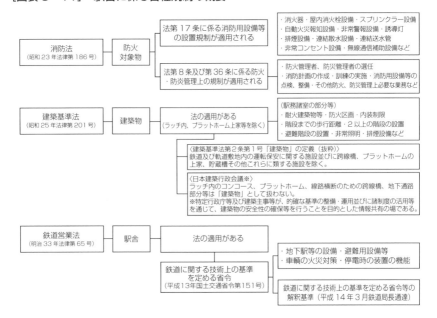

(参考：東京消防庁火災予防審議会「複合化するターミナル施設の防火安全対策のあり方——火災予防審議会答申」(平成23年3月)を元に作成)

[図表５-12] 消防法および建築基準法の駅舎における規制の範囲

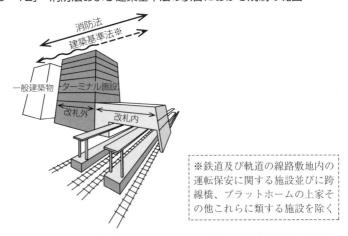

(参考：東京消防庁火災予防審議会「複合化するターミナル施設の防火安全対策のあり方——火災予防審議会答申」(平成23年3月)を元に作成)

3 海上および航空交通関係

(1) 海上運送法・港湾法
(a) 海上運送法

海上運送法は、海上運送事業の運営を適正かつ合理的なものとすることにより輸送の安全を確保し、海上運送の利用者の利益を保護するとともに海上運送の健全な発達を図ることを目的として制定された法律です（海上運送法1条）。海上運送事業は大きく船舶運航事業、船舶貸渡業、海運仲立業、海運代理店業に分かれ、さらに図表5-13のとおり区分されてそれぞれ規制が施されています。

[図表5-13] 海上運送法の規制態様

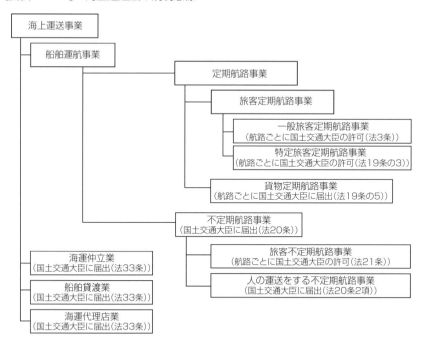

同法の規制態様は主に許可制および届出制に分かれており、遊覧船やクルーズ船事業を行うためには、各区分に応じて許可の取得または届出が必要となり

第3節　移動・交通手段をめぐる法律の基本的知識　173

ます。たとえば、不定期のクルーズ船事業を行おうとする場合、定期航路事業
（一定の航路に船舶を就航させて一定の日程表に従って運送する旨を公示して行う船
舶運航事業）ではない旅客不定期航路事業として国土交通大臣の許可を取得す
る必要があります（事業内容によっては届出制となる場合もあります）。

(b) 港湾法

　港湾は特定の者が独占的に管理すべきものではありません。港湾の水域は自
由利用が原則であり、その港湾を構成する港湾施設も一般公衆の利用に供され
るものについては港湾管理者が公的資金で整備し利用者一般に利用させるのが
原則です。このような一般公衆利用原則の下、港湾の使用については許可使用
の体制がとられています。クルーズ船社等は、その船客の利用に供するために
港湾内に旅客ターミナルビル等を整備する必要がありますが、港湾内に施設を
整備する場合には、港湾法上の規制が及ぶため、自由に施設を建設することは
できません。

　港湾法は港湾の管理主体として「港湾管理者」という概念を定めており、港
湾管理者の多くは地方公共団体が務めています。地方公共団体は港湾管理者と
して港湾施設を管理するために、条例において港湾施設の管理について定めを
おいています。たとえば、広島県においては、港湾施設の利用について知事の
許可が要件とされています。

　港湾区域が定められ公告された場合、港湾区域内においては、特定の行為が
制限されます。たとえば、港湾区域内水域等の占用（港湾法37条1項1号）、
港湾区域内水域等における土砂の採取（同項2号）については、公的管理下に
あるスペースの利用にかかわるため、港湾管理者の許可が必要とされていま
す。また、私的所有部分についても、水域施設等の建設または改良や廃物を投
棄する行為については、港湾の開発・利用・保全に支障を生じないようにする
ために許可制がとられています（同項3号・4号）。

　このように港湾区域内（港湾隣接地域も含みます）においては、港湾管理者の
許可制を中心とした行為規制がかけられ、従来、地方公共団体が港湾の管理を
担ってきました。ところが近年、港湾において地域住民の交流や観光振興によ
る地域活性化に向けた取組み等民間団体の自主的な活動が全国的に広がってい
ます。これらの民間団体等による活動をより活発化していくため、一部の民間
団体を港湾管理者の港湾協力団体として指定し、港湾管理者は、必要に応じて
監督や助言を行う仕組みが平成28年の改正で盛り込まれました（同法41条の

2以下）。

(2) 航空法
　航空法は、航空機の航行の安全等を図るために以下のようなさまざまな規制を定めています。

(a) 適用範囲（航空法上の「航空機」）
　ここでいう「航空機」とは、「人が乗つて航空の用に供することができる飛行機、回転翼航空機、滑空機、飛行船その他政令で定める機器」を意味します（航空法2条）。
　この点、「人が乗つて」航空の用に供することができるものとは、「機体に人が着座し、着陸装置を装備したもの」と解され、飛行機、回転翼航空機、滑空機、飛行船はもちろん、超軽量動力機もこれに含まれます。
　また、「航空の用に供することができる」ものとは、「空中で意思に従って操作することが可能なもの」と解され、飛行機、回転翼航空機、滑空機、飛行船、超軽量動力機に加えて無操縦者航空機も含まれます。
　「政令で定める機器」とは、「人を乗せて飛行する機器」であり、「実際に人を乗せてはいないが、人が乗るものと同等の性能・構造を有する機器」と解されています。

[図表5−14]　航空法上の航空機に関する概念

要　件	該当するもの	該当しないもの
「人が乗つて」	飛行機、回転翼航空機、滑空機、飛行船、超軽量動力機	パラシュート、ハンググライダー、パラグライダー、模型航空機
「航空の用に供することができる」	上記に加えて、無操縦者航空機等	気球等

(b) 規制内容
　航空法に基づく規制の主要な枠組みは次頁の表の通りです。

① 航空運送事業に携わろうとする者は、国土交通大臣の許可を得る必要がある（航空法 100 条 1 項）。また、国際航空運送事業を経営しようとする者は、事業計画に国際航空運送事業に関する事項も併せて記載して申請する必要がある（同条 2 項）

② 国土交通大臣は航空機自体の安全性についても検査を行い、耐空証明を行う（同法 10 条 1 項・3 項）

③ 航空法は、航空機の航行の安全を確保するために、航空機の操縦等や航空機の整備後の確認について一般的に禁止し、国土交通大臣の技能証明や認定を受けた者だけにその禁止を解除している（同法 22 条、19 条 1 項、20 条 1 項 4 号）

④ 航空機の装備についても定めがあり、たとえば、航空機においては航空機登録証明書等の書類を備え付けておく必要がある（同法 59 条）

⑤ 所有する航空機について上記②の耐空証明を取得し航空の用に供するためには、航空機の登録（同法 5 条）を行う必要がある

第4節

移動・交通手段をめぐるビジネスに関する法律問題

1 道路交通関係

(1) 配車アプリ等をめぐる問題

　最近では、タクシーの配車アプリの導入に係る議論が活発になっていますが、それに加えて、一般人が登録の上、ドライバーとして運送を行う配車アプリによるサービス提供の可否が問題になります。

　この点、道路運送法上、「他人に需要に応じ、有償で、自動車を使用して旅客を運送する事業」は「旅客自動車運送事業」に該当し、また、自家用車を用いて広く旅客運送を行う場合には、自家用有償旅客運送の登録を得る必要があります。しかし、前記第3節1(4)に記載のとおり、自家用有償旅客運送は、登録を行うことのできる主体や対象となる旅客の属性が限定されている点、また、登録拒否要件の適用について地域間で統一した運用をなすことも難しい点が課題として挙げられています。

　今後については、交通事業者（タクシー事業者等）が市町村等から運行管理の委託を受ける形の制度の導入、輸送対象となる旅客の拡大、既存の取組み事例を踏まえたガイドラインの策定、広域的な取組みの促進等が議論されています。

(2) 相乗りタクシーに関する問題

　最近では、配車アプリを活用して複数の利用者を1台のタクシーにマッチングするサービス（相乗りタクシー）の導入についても議論がなされています。

　タクシーの相乗りの実施は、利用客が低廉な料金で利用可能であり、同時に、タクシー事業者の生産性向上にもつながる施策であり、実証実験が開始されたばかりですが、今後の動向を注視する必要があります。

(3) 一般乗合旅客自動車運送事業者への独占禁止法の適用

　一般に、競合する事業者同士が事業の内容に関して合意を締結したり、事業を共同化したりする場合、私的独占の禁止及び公正取引の確保に関する法律（以下「独占禁止法」）との関係を考慮する必要があります。一般乗合旅客自動車運送事業に関しては同法を形式的に適用すると適切な政策目的が達成されない可能性があることから、同法の適用関係について特別な考慮がなされています。

　すなわち、一般乗合旅客自動車運送事業者が以下の内容の協定を締結し、国土交通大臣の認可を受けた場合には、かかる協定の締結については、独占禁止法は適用されないこととされています（道路運送法 18 条）。

[図表 5 - 15]　一般乗合旅客運送事業者への独占禁止法の適用除外

	内　容
①	輸送需要の減少により事業の継続が困難と見込まれる路線において地域住民の生活に必要な旅客輸送を確保するため、当該路線において事業を経営している 2 以上の一般乗合旅客自動車運送事業者が行う共同経営に関する協定の締結
②	旅客の利便を増進する適切な運行時刻を設定するため、同一の路線において事業を経営している 2 以上の一般乗合旅客自動車運送事業者が行う共同経営に関する協定の締結

　また、2018 年 11 月 26 日の経済財政諮問会議、未来投資会議、まち・ひと・しごと創生会議・規制改革推進会議の合同会議における経済政策の方向性に関する中間整理において、「地方銀行や乗合バス等は、地域住民に不可欠なサービスを提供しており、サービスの維持は国民的課題である。経営環境が悪化している地方銀行や乗合バス等の経営力の強化を図る必要がある。このため、独占禁止法の適用に当たっては、地域のインフラ維持と競争政策上の弊害防止をバランス良く勘案し、判断を行っていくことが重要である。地方におけるサービスの維持を前提として地方銀行や乗合バス等が経営統合等を進める場合に、それを可能とする制度を作るか、または予測可能性をもって判断できるよう、透明なルールを整備することを来夏に向けて検討する」として、独占禁止法等の競争政策のあり方についてのさらなる検討がなされているところです。

⑷　一般乗合旅客自動車運送事業における「フリー乗降区間」や「デマンド交通」の取扱い

　路線定期運行を行う一般乗合旅客自動車運送事業については、その事業計画に「停留所の名称及び位置並びに停留所間のキロ程」を記載する必要があります（道路運送法施行規則4条1項6号）。

　最近では、運行する路線内でフリー乗降区間（停留所の設置されていない箇所において、旅客が乗降を行うことができる区間）を定め、当該区間内における旅客の自由な乗降を認めているケースがあります。「停留所」との関係でかかる区間の位置付けについて議論がなされていましたが、「フリー乗降区間」については道路運送法施行規則4条1項6号の「停留所」とみなすという取扱いがなされています。

　また、路線定期運行による一般乗合旅客自動車運送事業で、あらかじめ系統の一部に迂回運行を設定し、通信設備を設定し、通信設備を利用して利用者の呼出しに応じて迂回部分への運行を行う形態のものも存在します（いわゆるデマンド交通）。デマンド交通については、デマンド交通に係る運行系統、運行時刻、停留所の位置等については、事業計画または運行計画においてデマンド交通に係るものである旨を明記するとともに、迂回部分に設置されているコールポスト等を同施行規則4条1項6号に規定する「停留所」として取り扱うこととされています。

②　鉄道交通関係

⑴　駅ナカビジネスをめぐる法律問題

　都会に住む鉄道利用者にとって、鉄道交通と最も関わりが深いビジネスの1つにいわゆる駅ナカビジネスがあります。駅ナカビジネスという言葉に関して明確な定義はありませんが、一般に駅施設内部、場合によっては改札内部における商業施設等を指しています。

　駅は鉄道をはじめとするさまざまな交通手段の結節点として多くの人々が行き交うことから、商業的な価値が極めて高く、特に都会のターミナル駅は、鉄道施設としての枠を超え、さまざまなビジネスの集積地としての意味合いを持つに至っています。こうした駅ナカビジネスは、駅施設内部という特殊な環境によって行われていることから、一般のビジネスと異なり法律面での特殊性が多く存在します。

まず、駅ナカビジネスは、鉄道施設である駅施設内に所在することから、鉄道に関する法令が適用される場合があることに注意が必要です。駅は鉄道に関する技術上の基準を定める省令において、「旅客の乗降又は貨物の積卸しを行うために使用される場所をいう」と定義されており（鉄道に関する技術上の基準を定める省令2条7号）、駅に関しては、設備面においても、たとえば以下のような定めが置かれています。

- ・　旅客等の取扱量等に応じた必要かつ相当な設備を設置する義務（鉄道に関する技術上の基準を定める省令35条1項）
- ・　旅客にとって有用な情報を提供する設備を設置する義務（同条2項）
- ・　通路や階段の幅が、旅客の流動に支障を及ぼすおそれがないものであること、転落防止措置を講じること（同省令37条）

　これらは主としてホーム上やホームとプラットフォームを結ぶ通路内等改札内に設置される駅施設に関するものではありますが、駅ナカ施設の整備にあたってはこうした規制があることに留意が必要です。
　また、都市計画という観点でも駅ナカビジネスは特殊な位置付けにあります。一般に、商業施設を設ける際は、都市計画法による用途地域規制、大規模小売店舗立地法上の立地規制をはじめとした各種の都市計画に関する法令の適用を受けることになります。しかし、駅施設内において行われる駅ナカビジネスは原則としてこれらの適用を受けません。このことから、当該駅が所在する自治体による街づくりの計画に関する規制も及ぼしにくい場合があり、問題となっています。さらに、高架化事業や駅施設の橋上化に伴い、小規模な商店が密集していた地域において、駅施設内という最高のロケーションに大規模な店舗が突然出現することとなり、地域の商店主等との間での法的紛争に発展する例も生じています。したがって、駅ナカビジネスに際しては、一般的な商業施設と比較して自由度が高い面がある一方で、当該自由度の高さが地域住民や自治体との軋轢を生むことがある点にも留意が必要です。
　駅ナカビジネスに関しては、以前は固定資産税の取扱いで、その他の商業施設に比べて有利な取扱いをされていました。すなわち、駅ナカビジネスは駅舎を利用した小売・サービス業ですが、駅舎の敷地は固定資産評価基準の中で、「鉄軌道用地」として取り扱われ、「宅地」等として取り扱われる近隣の土地より評価額が低くなるようにされているため、駅舎に生じる固定資産税も低額に抑えられていました。そのため、駅舎を保有する事業者は、駅舎内の敷地を賃

貸するにあたり、近隣の土地の所有者に比べ、賃借人にとって有利な賃貸条件を提示することができました。駅舎に関するこのような取扱いは、大規模なインフラを必要とする鉄道事業の経営を固定資産税の支払いによって圧迫しないようにするという意味で合理性のあるものであった一方、駅ナカビジネスが近隣の商業施設に比べて不当に有利な立場に置かれている等と批判もありました。現在では、駅舎全体が鉄軌道用地として取り扱われるとは限らず、小売店舗に利用させている部分については宅地として取り扱われる等しているため、駅ナカビジネスであるからといって上記のような有利な立場を享受できるとは限りません。

(2) ラッピングトレインをめぐる法律問題

　最近では、コンテンツ産業と鉄道事業者の関係も深まり、「ラッピングトレイン」と呼ばれるようなサービスも人気になっています。これは、列車の車両外部を塗装またはラッピングフィルムを貼り付けることにより、列車の外観にデザインを施すものです。ラッピングトレインは、広告の手法の1つとして用いられるだけでなく、映画やドラマ、アニメーション等のコンテンツをモチーフにしたデザインを車両に施し、列車自体を観光の目的とするために用いられることもあります。

　ラッピングトレインに関しては、通常の広告に関する法律問題（表示規制や知的財産権に関する問題等）だけでなく、屋外広告物法等の規制にも注意をしなければなりません。ラッピングトレインに施されたデザインが同法上の「屋外広告物」にあたる場合、同法の規制にかかり、そのデザインを都道府県等の自治体が定める屋外広告物に関する基準に適合させる必要があります（屋外広告物法5条）。列車は、複数の自治体にまたがって運行されるのが通常ですから、その場合、車両外部に施されるデザインは、通過するすべての自治体の屋外広告物に関する基準に適合させた上、自治体の許可を受けなければなりません。

　特に、多くの自治体では、次の図表5-16に示す通り、列車の車両外部に表示する屋外広告物について、表示できる表面積の割合等の厳しい制限を設けていることから、車両全面にデザインを施そうとする場合、屋外広告物法上の「屋外広告物」に該当しないようデザインを工夫する必要があります。屋外広告物法については、第6章第3節2(2)も併せてご参照ください。

[図表 5 - 16]　主要な屋外広告物条例における電車または路面電車に表示できる屋
　　　　　　　外広告物の表面積の制限

自治体名	表示面積に関する規制の内容（原則）
東京都	車体一面の面積の 10 分の 1 以下
横浜市	1 外面の面積の 10 分の 1 以下
京都市	1 車両当たり 15㎡以下
仙台市	1 車両当たり 10㎡以下
広島市	1 側面 4㎡以下
名古屋市	車体のそれぞれの面の面積の 3 分の 1 以下
千葉市	下部以外の車両総表面積の 10 分の 3 以下
川崎市	1 外面の面積の 10 分の 1 以下
神戸市	車体の表面積（底面を除く）の 3 分の 1 以下
岡山市	1 車体の表示合計面積 3.6㎡以下

■□■ Column ■□■

「F-train」デザイン変更のあらまし

　2011 年に、小田急線電鉄株式会社は、川崎市に藤子・F・不二雄ミュージア
ムが開館した記念として、ドラえもん等の藤子・F・不二雄氏のキャラクターを
車両の外面と内装にデザインした特別電車「小田急 F-train」の運転を開始させ
ました。同社としては、同車両の外面のデザインが「屋外広告物」にあたらず、
屋外広告法の規制にかからないと考えていたようです。しかし、その後、東京
都から、車両外面のデザインが「屋外広告物」にあたるにもかかわらず、東京
都屋外広告物条例上の許可を受けていないことおよび広告物の面積が同条例施
行規則の基準を上回っていることの指摘を受け、外面のデザインを通常車両の
デザインに戻すことを余儀なくされました。この事例からわかるとおり、屋外
広告物に関する規制は、しばしば微妙な判断を迫られるため、注意が必要です。

(3)　鉄道事業再構築事業による地方鉄道の活性化と法律

　人口減少が続く過疎化地域では、地域住民がこれまで日常生活に利用してきた地方鉄道の採算が合わなくなり、路線の廃止が検討されているところも多くあります。このような地方鉄道を維持する手法として、観光客を誘致することで地域外からの利用客を増加させようという動きが見られます。もっとも、地方鉄道は、便数が少なかったり、施設が老朽化していたりと観光には不便なことが多い上、既存の鉄道事業を維持するだけでも大きな負担が事業者にかかっており、観光客誘致のための余裕が事業者に残されていないこともあります。そこで活用されるのが、地域公共交通活性化再生法に基づく鉄道事業再構築事業と制度です。

　同制度は、継続が困難または困難となるおそれのある鉄道事業を対象とし、地方公共団体等と鉄道事業者が共同で計画を作成し、経営の改善・地方公共団体等による支援を実施するとともに、事業構造の変更を行い、当該路線における輸送の維持を図るものです。ここでいう事業構造の変更には、鉄道事業の譲渡だけでなく、いわゆる上下分離方式の利用も含まれます。

　上記のとおり、鉄道事業法上、鉄道事業は、第1種鉄道事業、第2種鉄道事業、第3種鉄道事業に分けられ、鉄道事業は上下分離方式で運営できることとされています。すなわち、1つの路線について、鉄道事業の上部（電車の運行等）と下部（線路の管理等）を異なる事業主体が担当することができることになります。

　多くの鉄道事業者は上下分離方式を取らず、第1種鉄道事業者として、線路等の施設を所有・管理するとともに電車の運行等もしています。しかし、地域公共交通活性化再生法に基づく鉄道事業再構築事業では、鉄道事業者が鉄道施設を保有することによる費用を他の事業者や地方公共団体、第3セクター等に外部化し、継続が難しくなった鉄道事業の維持を図るために、上下分離方式をとることが多くなっています。さらに、同事業として国土交通大臣の認定を受けると、鉄道事業法上不可能であった公有民営方式（上下分離方式のうち、地方公共団体が線路を保有して、電車の運行を担う事業者に無償で線路を使用させる形態のもの）が実施可能になり、民間事業者の負担を大幅に減らすことができます。

　実際に、SLの展示運行や体験運転等で多くの観光客を集めている若桜鉄道（鳥取県八頭郡若桜町）は、公有民営化方式の鉄道事業再構築事業を利用して成功を収めており、地域公共交通活性化再生法を用いることによって鉄道を活用

した観光ビジネスの振興を図ることができる可能性があることを示しています。

3 海上および航空交通関係

(1) 船ホテルをめぐる法律問題
　近年、東京オリンピック・パラリンピック競技大会に向けてクルーズ船をホテルとして活用する「ホテルシップ」がメディアで取り上げられたことから、クルーズ船を宿泊施設として活用する事業が注目を集めています。もっともクルーズ船を宿泊施設として利用する場合には、旅館業についての規制を定めた旅館業法との関係性が問題となります。

(a) 船ホテルについての旅館業法の許可の要否
　第4章第3節において述べたとおり、旅館業法においては、「旅館業」を営もうとする者は、都道府県知事等の許可を受ける必要があるところ（旅館業法3条1項）、「旅館業」とは、「旅館・ホテル営業、簡易宿所営業及び下宿営業」を指し（同法2条1項）、そのうち「旅館・ホテル営業」とは、「施設を設け、宿泊料を受けて、人を宿泊させる営業で、簡易宿所営業及び下宿営業以外のもの」をいうとされています（同条2項）。この点、従来の解釈においては、通常のクルーズ船による運航は、貨客の運送を行うことを目的とし、宿泊はそれに伴う付随的行為にすぎないことから、「宿泊料を受けて、人を宿泊させる営業」にはあたらないものとされ、旅館業法の許可は原則として不要なものと解釈されています。
　もっとも、クルーズ船のホテルとしての活用に関する分科会（ワーキンググループ）がまとめた「クルーズ船をホテルとして活用する際の課題等整理内容の報告」によれば、「クルーズ船を一定期間係留させ、乗客以外の宿泊のみを目的とし、宿泊料を受けて人を宿泊させる営業を行う」場合には、旅館業法上の許可が必要との見解が示されています。

(b) 旅館業法の適用がある場合の問題点
　厚生労働省の発した「旅館業における衛生等管理要領」においては、「窓のない客室は、設けないこと」との記載がなされているところ、クルーズ船には窓のない客室が設けられていることが多いため、旅館業法の適用がある場合に

184　第5章　移動・交通手段をめぐるビジネスと法律

は、同法上の許可を取得できないのではないかが問題となります。

　この点、平成30年に厚生労働省より出された行政通達「旅客室を有する船舶を活用した宿泊施設における無窓の客室の取扱いについて」によれば、東京オリンピック・パラリンピック競技大会における船ホテルの需要を踏まえ、以下の要件を満たす場合には、客室に窓が無い場合であっても、営業許可を与えて差し支えない旨の通達が出されています。

　そのため、船ホテル事業を営もうとする場合には、旅館業法の適用の有無を検討し、旅館業法の適用の可能性が高い場合には、以下の通達の要件を満たし、旅館業の許可を取得する必要があります。

1　通常、貨客の運送に利用されている旅客室を有する船舶であること
2　多数の来訪者が見込まれる大規模なイベントが開催されることに伴って宿泊施設の需要が高まることから、各自治体において当該船舶に許可を与えることが必要であると判断すること
3　以下の各項目を満たすこと
　(1)　設備関係
　　①　全客室のうち、無窓の客室が占める割合は、概ね4割程度以下であること
　　②　窓を代替する以下の設備が無窓の客室に確保されていること
　　　a　照明設備
　　　　宿泊者の安全衛生上、適当な照度を満たすこと
　　　b　換気設備
　　　　外気に面して開放することのできる換気口を設ける等衛生的な空気環境を十分確保すること
　(2)　運用関係
　　営業者は宿泊者に対し、無窓の客室である旨を宿泊契約時に知らせること

---

(2)　クルーズ船をめぐる港湾法の改正

　現在、訪日外国人旅行者の数は増加傾向にありますが、港湾施設の整備は、こうした訪日クルーズ旅客数の変化に対応できておらず、既存の港湾施設による受入れ容量は不足しており、クルーズ船の寄港要望を断らざるを得ない事態が発生していました。

　こうした事態に鑑み、クルーズ船で訪れる訪日外国人旅行者のさらなる増加を通じてインバウンドの経済効果を取り込むことが急務と認識され、2017年以降、クルーズ船の寄港拠点となる港湾の受入れ環境の整備を加速させるた

め、港湾法が改正されることになりました。

　当該改正において重要な改正事項のうち、1つ目は、国土交通大臣が、岸壁の整備状況、クルーズ船社との連携の度合い、クルーズ旅客の見込み数等を総合的に勘案して、受入れ拠点の形成を図る港湾を指定し、当該港湾の港湾管理者が、クルーズ拠点の形成計画を作成するという枠組みです。この際、形成計画には、将来の外交クルーズ旅客の受入れ目標、ターミナルビル等の施設の整備概要、官民の役割分担等が盛り込まれることになります（港湾法2条の3）。

　2つ目は、港湾管理者が民間のクルーズ船社と協定を締結するという制度です（同法50条の18）。協定を締結したクルーズ船社は、形成計画に沿って旅客施設を整備するとともに、自社が岸壁を利用しない日には他社に岸壁の使用を許容することになる一方、優先的な岸壁使用が認められます。本仕組みは、民間のクルーズ船社にインセンティブを与えることで、民間の力を借りて港湾施設を整備しようとする考え方に基づいています。

(3)　航空運送事業等への参入にかかる法律

　航空法は、1952年以降、参入制度については路線ごとの免許制となっていたことから、参入企業は極めて限定されていました。その後徐々に規制は緩和され、1999年の航空法改正によって、需給調整規制が廃止され、路線ごとの免許制から事業ごとの許可制に移行しました。当該規制緩和を受けて新規に航空運送事業等に参入するLCC等が一時期話題となりました。

　航空運送事業とは「他人の需要に応じ、航空機を使用して有償で旅客又は貨物を運送する事業」と定義されており、たとえば、定期航空運送事業、貸切（人員・物資）輸送、遊覧飛行等がこれにあてはまります。このうち、客席数が100または最大離陸重量が5万kgを超える航空機を使用して行う航空運送事業を経営しようとする者（以下「特定本邦航空運送事業者」）は、国土交通大臣の許可を取得する必要があり、また特定本邦航空運送事業者以外の本邦航空運送事業者が行う航空運送事業を経営しようとする者は、申請者の住所を管轄区域とする地方航空局長（東京航空局長または大阪航空局長）の許可を受けなければなりません。許可については、航空法に規定されていますが、当該事業の許可を受け、運航を開始する流れは次の図表5-17のとおりです。

[図表５-17] 航空運送事業参入までの流れ

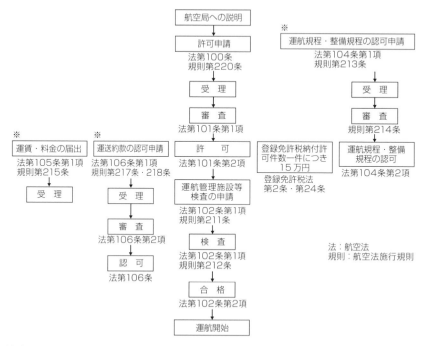

(参考：国土交通省ウェブサイト「航空運送事業の許可について」を元に作成)

(4) ドローンと航空法改正

近年、一部の観光地においては上空からのPR動画の撮影等ドローンを活用して地域の魅力を発信するといった動きが見られます。観光地におけるドローンの活用は、従来では見ることのできない視点から観光スポットをアピールすることによって、観光地の新たな魅力を発信できる点で有用なものといえます。ドローンは、本章のテーマである移動・交通手段にはあたりませんが、航空法が関係する事項であることから、以下ではドローンをめぐる法規制について概説します。

(a) 改正前航空法

従前の航空法は、あくまで「航空機」および「航空機の飛行」を阻害するような行為を規制する法律であり、「航空機」ではないドローンを規制することは想定されていませんでした（なお、ドローンは、従前から「模型航空機」には

該当することから、航空法の規制が一部及んでいましたが、かかる規制は航空機の飛行を阻害したり、航空機の飛行に危険を及ぼしたりする行為を排除するというものにすぎませんでした）。

(b) 航空法の改正

2015年4月22日に首相官邸にドローンが侵入した事件をきっかけに、ドローンについての規制は急速に進められ、航空法においては、「無人航空機」を規制するルールが定められました。

「無人航空機」とは、①航空の用に供することができる飛行機、回転翼航空機、滑空機、飛行船その他政令で定める機器であって、②構造上、人が乗ることができないもののうち、③遠隔操作または自動操縦により飛行させることができるもので、④重量200g以上のものをいいます。

構造上、人が乗ることができるかどうかは、大きさのみではなく、その機器の概括的な大きさや潜在的能力を含めた構造・性能等によって判断されます。

また、「遠隔操作」とは、操縦装置を活用して、上昇、ホバリング、水平飛行等の操作を行うことをいいます。他方、「自動操縦」とは、事前に設定した飛行経路に沿って飛行させることのできるものや、飛行途中に人が操作介入することができず、自律的に飛行するもの等を指します。

最後に重量200g未満の無人航空機は規制対象から除かれています。これは重量200g未満の無人航空機はその性能が限定されることから、狭い範囲の飛行が想定され、事故が発生したとしても被害は小さいと考えられるため、規制の必要性が低いと考えられたためです。

(c) 規制内容

無人航空機については、航空機の航行の安全に影響を及ぼすおそれがある空域や、人または家屋の密集している地域の上空での飛行について次の図表5-18のとおり、規制されています。

[図表5-18] 無人航空機の飛行空域にかかる航空法の定め

（飛行の禁止空域）
第132条 何人も、次に掲げる空域においては、無人航空機を飛行させてはならない。ただし、国土交通大臣がその飛行により航空機の航行の安全並びに地上及び水上の人及び物件の安全が損なわれるおそれがないと認めて許可した場合においては、この限りでない。

一　無人航空機の飛行により航空機の航行の安全に影響を及ぼすおそれがある
　　ものとして国土交通省令で定める空域
　二　前号に掲げる空域以外の空域であつて、国土交通省令で定める人又は家屋
　　の密集している地域の上空

　「航空機の航行の安全に影響を及ぼすおそれ」がある空域は、空港等の周辺
の空域や一定の高度以上の空域を意味しています。また、「人又は家屋の密集
している地域」とは、人口密度が1㎢あたり4,000人以上の基本単位区等が市
区町村の境域内で互いに隣接していること、当該隣接した地域の人口が国勢調
査時に5,000人以上を有することの2つの条件を満たす地域を意味します。
　また、飛行方法についても以下のとおり規制がなされています（航空法132
条の2）。

[図表5-19]　無人航空機の飛行方法にかかる航空法の定め

1号	アルコールまたは薬物の影響により無人飛行機の正常な飛行ができないおそれがある間に飛行させないこと
2号	無人航空機が飛行に支障がないなど飛行に必要な準備が整っていることを確認した後に飛行させること
3号	航空機などの衝突を予防するため、無人航空機を周囲の状況に応じて地上に降下させるなどの方法により飛行させること
4号	飛行上の必要がないのに高調音を発するなど他人に迷惑を及ぼすような方法で飛行させないこと
5号	日中（日出から日没までの間）に飛行させること
6号	目視（直接肉眼による）により無人航空機とその周囲を常時監視して飛行させること
7号	地上または水上の人（第三者）または物件（第三者の建物、自動車等）との間に30m以上の距離を保って飛行させること
8号	祭日、縁日、展示会など多数の者の集合する催し場所の上空で飛行させないこと
9号	爆発物など危険物を輸送しないこと
10号	無人航空機から物件を投下しないこと

第4節　移動・交通手段をめぐるビジネスに関する法律問題　189

■本章の内容の理解に役立つ主要な資料・文献■

- 国土交通省自動車局旅客課監修『旅客自動車運送事業等通達集〔7訂〕』（ぎょうせい、2018）
- 国土交通省自動車交通局旅客課監修、道路運送法令研究会編『Q&A改正道路運送法の解説』（ぎょうせい、2006）
- 国土交通省ウェブサイト「政策・法令・予算　鉄道」
  (http://www.mlit.go.jp/tetudo/)
- 東京消防庁火災予防審議会「複合化するターミナル施設の防火安全対策のあり方——火災予防審議会答申」
  (http://www.tfd.metro.tokyo.jp/hp-yobouka/fukugouterminalanzen/2303_mokuji.pdf)
- 地域公共交通支援センターウェブサイト
  (http://koutsu-shien-center.jp/)
- 多賀谷一郎『詳解　逐条解説　港湾法〔3訂版〕』（第一法規、2018）
- 池内宏『航空法——国際法と航空法例の解説〔改訂版〕』（成山堂書店、2018）
- 森・濱田松本法律事務所ロボット法研究会編、戸嶋浩二＝林浩美＝岡田淳編集代表『ドローンビジネスと法規制』（清文社、2017）
- 国土交通省ウェブサイト「無人航空機（ドローン・ラジコン機等）の飛行ルール」
  (http://www.mlit.go.jp/koku/koku_tk10_000003.html)

■本章の主な法令等■

1 道路に関する法令
● 道路運送法

目　的	①道路運送事業の運営を適正かつ合理的なものとし、②道路運送の分野における利用者の需要の多様化および高度化に適格に対応したサービスの円滑かつ確実な提供を促進することで、輸送の安全を確保し、道路運送の利用者の利益の保護およびその利便の増進を図るとともに、道路運送の総合的な発達を図ること（1条）	
主な用語	自動車運送事業	旅客自動車運送事業および貨物自動車運送事業の総称
	旅客自動車運送事業	他人の需要に応じ、有償で、自動車を使用して旅客を運送する事業
	一般旅客自動車運送事業・一般旅客自動車運送事業者	特定旅客自動車運送事業以外の旅客自動車運送事業・一般旅客自動車運送事業を経営する者
	一般乗合旅客自動車運送事業・一般乗合旅客自動車運送事業者	乗合旅客を運送する一般旅客自動車運送事業・一般乗合旅客自動車運送事業を経営する者
	一般貸切旅客自動車運送事業・一般貸切旅客自動車運送事業者	1個の契約により乗車定員11名以上の自動車を貸し切って旅客を運送する一般旅客自動車運送事業・一般貸切旅客自動車運送事業を経営する者
	一般乗用旅客自動車運送事業・一般乗用旅客自動車運送事業者	1個の契約により乗車定員11名未満の自動車を貸し切って旅客を運送する一般旅客運送事業・一般乗用旅客自動車運送事業を経営する者
	特定旅客自動車運送事業・特定旅客自動車運送事業者	特定の者の需要に応じ、一定の範囲の旅客を運送する旅客自動車運送事業・特定旅客自動車運送事業を経営する者
	自家用有償旅客運送	自家用自動車（事業用自動車以外の自動車）を用いて、NPO等の一定の属性の者が有償で行う旅客運送

概　要	・ 一般旅客自動車運送事業を経営しようとする者は、その行う事業の種別ごとに、国土交通大臣の許可を受ける必要がある（4条）
	・ 一般旅客自動車運送事業のうち、一般貸切旅客自動車運送事業については、5年ごとの更新制が定められている（8条）
	・ 自家用自動車を有償で運送の用に供することは、原則として、禁止されている（78条）
その他	2016年1月15日に発生した軽井沢スキーバス事故を契機に、一部の規定については、事業者の責任が加重されている

2　鉄道に関する法令

(1)　鉄道事業法

目　的		鉄道事業等の運営を適正かつ合理的なものとすることにより、輸送の安全を確保し、鉄道等の利用者の利益を保護するとともに、鉄道事業等の健全な発達を図り、もって公共の福祉を増進すること（1条）
定　義	鉄道事業	第1種鉄道事業、第2種鉄道事業および第3種鉄道事業の総称
	第1種鉄道事業	他人の需要に応じ、鉄道による旅客または貨物の運送を行う事業であって、第2種鉄道事業以外のもの
	第2種鉄道事業	他人の需要に応じ、自らが敷設する鉄道線路以外の鉄道線路を使用して鉄道による旅客または貨物の運送を行う事業
	第3種鉄道事業	鉄道線路を第1種鉄道事業を経営する者に譲渡する目的をもって敷設する事業および鉄道線路を敷設して当該鉄道線路を第2種鉄道事業を経営する者に専ら使用させる事業
	索道事業	他人の需要に応じ、索道による旅客または貨物の運送を行う事業
	専用鉄道	専ら自己の用に供するため設置する鉄道であって、その鉄道線路が鉄道事業の用に供される鉄道線路に接続するもの
概　要		・ 鉄道事業を経営しようとする者は、鉄道事業を経営しようとするときは、その事業基本計画について許可を受ける必要がある（3

192　第5章　移動・交通手段をめぐるビジネスと法律

	条、4条）
	・ 鉄道事業の運賃・料金については、その上限の設定について認可制度（一部は届出制度）がある（16条）
	・ 鉄道事業者は、事故等が生じた場合には、報告を行う義務があり（19条）、監督官庁は鉄道事業者に対して立入検査を行うことができる（56条）
その他	同法施行規則には、鉄道の種類をはじめ、鉄道事業や鉄道施設に関するさまざまな許認可に関する、より具体的な規定がある

(2) 鉄道営業法

目　的	（目的規定なし）
概　要	・ 旅客および貨物に関する鉄道の運送条件およびさまざまな状況における運賃の計算等を定める（第1章） ・ 鉄道事業に関する係員が遵守すべき事項および義務に違反した場合の取扱い（支払うべき罰金額等）を定める（第2章） ・ 鉄道を利用する旅客および旅客以外の公衆が鉄道に関して遵守すべき事項および義務に違反した場合の取扱い（支払うべき罰金額等）を定める（第3章）
その他	・ 明治33年に公布された古い法律であり、本法に定められた罰金額については、罰金等臨時措置法に基づいて読み替える必要がある

3　海上・航空運送に関する法令

(1) 海上運送法

目　的		海上運送事業の運営を適正かつ合理的なものとすることにより、輸送の安全を確保し、海上運送の利用者の利益を保護するとともに、海上運送事業の健全な発達を図り、もって公共の福祉を増進すること（1条）
主な用語	海上運送事業	船舶運航事業、船舶貸渡業、海運仲立業および海運代理店業の総称
	船舶運航事業	海上において船舶により人または物の運送をする事業で港湾運送事業等以外のもの
	船舶貸渡業	船舶の貸渡しまたは運航の委託をする事業
	海運仲立業	海上における船舶による物品の運送または船

本章の主な法令等　193

		舶の貸渡し、売買もしくは運航の委託の媒介をする事業
	海運代理店業	船舶運航事業または船舶貸渡業を営む者のために通常その事業に属する取引の代理をする事業（2条9項）
概　要		・ 海上運送事業を大きく船舶運航事業、船舶貸渡業、海運仲立業、海運代理店業に分け、それぞれについて規制を定める ・ たとえば、船舶運航事業の1つである一般旅客定期航路事業を営もうとする者は、航路ごとに、国土交通大臣の許可を受けなければならないとされる ・ 船舶貸渡業、海運仲立業、海運代理店業を営む者は、国土交通大臣に届出を行う必要がある
その他		46条以下に罰則が定められている

(2) 港湾法

目　的	交通の発達および国土の適正な利用と均衡ある発展に資するため、環境の保全に配慮しつつ、港湾の秩序ある整備と適正な運営を図るとともに、航路を開発し、および保全すること（1条）
概　要	・ 港湾管理に関するさまざまな規制を定める。港湾の管理を担う主体として港湾管理者という概念を定め、港務局または地方公共団体が担うとする ・ 港湾区域内において、土砂の採取や施設の建設・改良等の一定の行為を行うためには、港湾管理者の許可が必要 ・ 港湾管理者に協力して、港湾施設の管理等を行う民間団体等は、港湾協力団体として指定を受けられる
その他	クルーズ船旅客の港湾利用を想定して改正された

(3) 航空法

目　的	航空機の航行の安全および航空機の航行に起因する障害の防止を図るための方法を定め、ならびに航空機を運航して営む事業の適正かつ合理的な運営を確保して輸送の安全を確保するとともにその利用者の利便の増進を図ること等により、航空の発達を図り、もって公共の福祉を増進すること（1条）

主な用語	航空機	人が乗って航空の用に供することができる飛行機、回転翼航空機、滑空機、飛行船その他政令で定める機器
	無人航空機	航空の用に供することができる飛行機、回転翼航空機、滑空機、飛行船その他政令で定める機器であって構造上人が乗ることができないもののうち、遠隔操作または自動操縦（プログラムにより自動的に操縦を行うことをいう）により飛行させることができるもの
	航空運送事業	他人の需要に応じ、航空機を使用して有償で旅客または貨物を運送する事業
概　要	・　航空運送事業に携わろうとする者は、国土交通大臣の許可を得る必要がある ・　航空機を運航するための条件等を定める ・　航空業務を行おうとする者について、資格別に技能証明を定める	
その他	首相官邸におけるドローンの事件を受け、ドローンに関する規制が追加された	

本章の主な法令等　195

第6章

集客イベントをめぐる
法律問題

■本章のポイント■

● 2020年東京オリンピック・パラリンピック競技大会（以下「2020年東京オリパラ」）を翌年に控え、近年では集客イベントを通じたインバウンド需要を狙ったビジネスが盛んになっています。

● 2020年東京オリパラをはじめとしたイベントに、企業は、サプライヤー、ライセンシー、スポンサー、主催者等のさまざまな立場から参加することができます。これらの立場において企業が集客イベントに参加する場合、当該イベント特有の法令やルールを遵守する必要があることはもちろんのこと、一般社会において適用される知的財産法等の法律も遵守する必要があります。それだけでなく、イベントにおいては、当該開催地の個別の条例等により、当該イベントの開催に必要な手続きや規制が定められていることも多くあります。そこで、本章では、これらの立場から企業がイベントに参加する上で想定されうる法的論点や留意点について概説します。

● イベント時のプロモーションに関連して、諸外国においても近年話題となっているアンブッシュ・マーケティングについても、その概要や日本での規制の可能性について、法的な検討を行います。

● その他、①テーマパーク等で利用され、イベントのプログラムとしても最近注目を浴びているプロジェクションマッピングの利用にあたっての法的論点、②2019年6月に施行された、ネットオークション等でのイベントチケットの転売を規制するチケット不正転売禁止法の概説、③イベント主催者として求められる安全管理と事故等が起きた場合の法的責任についても検討します。

第1節

はじめに――集客イベントをめぐるビジネスの最新動向

　我が国では、ここ数年の間に立て続けに大規模な国際イベントを控えています。2019年9月〜11月には、アジア初の開催国としてラグビーワールドカップが開催され、2020年7月〜8月には、2020年東京オリパラが開催されます。2025年には、大阪万博の開催も予定されています。こうした各種イベントは、訪日観光需要の増加のほか、大きな経済効果をもたらします。2020年東京オリパラをきっかけに、訪日外国人観光客数は2020年までに3,600万人を達成することが見込まれ、2020年東京オリパラ開催に伴う経済効果も30兆円規模となることが試算されています。

　このように、日本に誘致されるイベントは、日本の観光産業を発展させることはもちろん、企業にとっても、大きなビジネスチャンスとなりますが、これらのイベントに企業が参加し、活動する上で、押さえておくべき法的論点も存在します。中でも特徴的なのは、各イベントの理念や目的を実現するために設けられる規制（レギュレーション）です。

　本章においては、近年開催されるイベントの中でも最も注目される2020年東京オリパラを取り上げながら、国際的なイベントにまつわる法体系や制度概要の整理を行うとともに、企業がサプライヤー（物品・サービスの提供業者）、ライセンシー（大会エンブレム等を用いた公式グッズを製造する事業者。以下、サプライヤーと併せて「サプライヤー等」と総称）、スポンサーといったさまざまな立場で参加し活動する場合の法的論点等について検討します。

　また、その他のイベントについても、企業が主催者として参加し、活動する場合の法的論点等について検討します。

第2節

集客イベントに関する法体系の全体像

1 オリパラに関する固有の法体系

　すべてのオリパラに共通するルールと、各オリパラ特有の個別ルールが存在します。このことは、2020年東京オリパラについても同様です。これらは民間企業を直接拘束するものではありませんが、オリンピック委員会等関係組織が遵守すべき事項を定めたものであるため、各企業がオリパラに参加し、活動する際には、当然に遵守が求められるものです。その他、各企業はオリパラへの参加・活動内容等に応じて、日本の各種規律に服することになります。

　本章では、公益財団法人東京オリンピック・パラリンピック競技大会組織委員会企画財務局調達部「東京2020組織委員会における調達について」が定める物資等の調達の制度・手続きを概観します（その他のルールの詳細については、章末の「本章の主な法令等」を参照）。

2 その他イベントに関する法体系

　オリパラに限らず、各種イベントにおいては、企業の参加・活動内容等に応じて、諸規制に留意する必要があります。

　本書で取り扱うイベントを開催する場合に留意すべき主な法令や規制は次の図表6-1のとおりです（各法令およびその他イベントに関する法令の詳細については、章末の「本章の主な法令等」を参照）。なお、イベントに関する規制については、法律が条例に委任していることも多いため、イベント開催地域を管轄する市区町村の条例にも留意する必要があります。

[図表６-１]　イベントサプライヤー等が遵守すべき主な法規制等

参加・活動内容等	規　制
道路の使用・占用	道路交通法・道路交通法施行規則、当該地域を管轄する市区町村の条例等
広告の掲載	広告の設置の基準等を定めた屋外広告物法や、当該地域を管轄する市区町村の景観条例等
食品の提供	衛生上の基準を定めた食品衛生法や、食品の表示について定めた食品表示法等
火気の使用	当該地域を管轄する市区町村における火災予防条例等
景品の提供	景品の表示方法の誤認防止等を定めた景品表示法等の広告関係法令等
安全確保	イベントにおける安全の確保のための避難路の確保等の対応

3　集客イベントをめぐる法体系の全体像

集客イベントをめぐる法体系の全体像は図表６-２のとおりです。

[図表６-２]　集客イベントをめぐる法体系の全体像

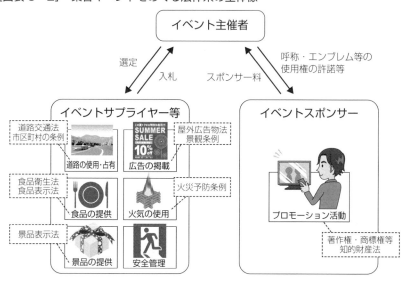

第3節

集客イベントをめぐる制度の基本的知識

1 オリパラに関する制度概要

(1) 企業がサプライヤー等として2020年東京オリパラに参加・活動する場合

　2020年東京オリパラのような、世界規模のイベントにおいては、その運営に必要な施設、設備、機器、備品、サービス等の調達が不可欠であり、同時に、これは企業にとっての大きなビジネスチャンスとなります。以下では、前記（第2節1）「東京2020組織委員会における調達について」が定める物資等の調達の制度・手続きについて解説します。

(a) 基本方針

　2020年東京オリパラでは、各競技会場、各競技、選手村、セレモニー、各オフィス、放送関連施設で使用する設備・機器・備品・サービスのほか、警備やテクノロジーサービス、輸送・物流で使用する機器・備品・サービス等のさまざまな物資等を調達する必要があります。公益財団法人東京オリンピック・パラリンピック競技大会組織委員会（以下「組織委」）は、これらを限られた予算の中で、最大限の効果が発揮できるよう、「必要なもの」を、「必要な分」だけ、「必要なとき」に、「最も安い価格」で、国内外から公平・公正に調達することを基本方針としています。

(b) サプライヤー等の選定基準

　組織委では、上記の基本方針を前提に、サプライヤー等に期待する基準として、安全な職場環境、適切な品質確保、確実・柔軟な納入、世界No.1の価格競争力、より良いモノを廉価に提供できる技術力、持続可能性に関する取組

み、マーケティング権の保護を求めています。したがって、企業がサプライヤー等に選定されるためには、これらの基準に沿うような体制整備が必要となります。

(c) サプライヤー等の選定手続

企業が組織委との取引を希望する場合には、まず、取引先候補者としての事前登録申請を行い、事前登録者情報登録を行います。次に、入札案件があると、組織委がそれを即時にホームページ等により公表し、これに対して企業が案件を確認し、参加申込みを行います。その後、組織委は、参加申込企業の中から、入札参加者を総合的に判断した上で、入札を行い、落札者・発注先を決定します（各案件の入札結果はウェブサイト上で公表されています）。なお、落札者と決定された者について、①東京都暴力団排除条例2条4号に規定する暴力団関係者であることが明らかな者または東京都が東京都契約関係暴力団等対策措置要綱5条1項の規定による排除措置期間中の者として公表した者である場合、②「持続可能性に配慮した調達コード」の重要部分に反し、改善の見込みがない場合、③仕様書等で必要とされた条件等を満たしていないことが判明した場合には、落札決定が取り消されます。

また、組織委では、調達案件ごとに適切な選定方式を採用しています。価格競争力を求める案件においては、競争入札（一般競争入札・指名競争入札（希望制を含みます）・総合評価方式競争入札（価格に加え技術力等を求める案件で活用されます））の方式がとられ、少額案件においては、複数見積もりの方式がとられ、主に企画力・技術力を求める案件においては、プロポーザル方式・企画提案の方式がとられ、大会パートナーから供給される案件では、パートナー供給契約に基づく調達方式がとられています。また、特命随意契約の方式がとられることもあります。

(d) 契約書の締結

サプライヤー等が決定すると、組織委とサプライヤー等の間で、契約書を締結することになります。契約書には、主に①契約の目的（件名）、②契約金額、③履行期限または期間、④契約履行の場所、⑤契約代金の支払いまたは受領の時期および方法、⑥履行遅滞その他債務不履行の場合における遅滞利息、違約金その他の損害金、⑦「持続可能性に配慮した取組」、「反社会的勢力の排除」、「アンブッシュマーケティングの禁止」の遵守に係る事項、⑧その他必要

な事項が規定されます。また、サプライヤー等の履行確保のため、落札者に契約保証金（契約金額の10%以上）を求めることもあります。

(2) 企業がスポンサーとして2020年東京オリパラに参加・活動する場合

2020年東京オリパラにおいて、すでに多くの企業が組織委等との間でスポンサー契約を締結し、公式スポンサーとなっています。

2020年東京オリパラのスポンサーを集めることで、運営側には、大会運営費の調達、オリパラのブランドの向上、オリンピック・ムーブメント、パラリンピック・ムーブメントの促進、日本代表選手団の国際競技力の向上を実現することができるというメリットがあるのに対して、企業側にはオリパラの持つイメージやスポーツのメディアとしての価値を利用して、自社の認知度や企業イメージの向上、他社との差別化を図ること、すなわち自社のアピールを実現することができるというメリットがあります。

2020年東京オリパラのスポンサーシッププログラムでは、日本国内限定のスポンサーとして、Tier 1（東京2020ゴールドパートナー）、Tier 2（東京2020オフィシャルパートナー）、Tier 3（東京2020オフィシャルサポーター）の3つのレベルのパッケージが用意され、レベルによって、権利行使が可能な期間が異なります。そして、スポンサーとなった企業に対しては、「東京2020オリンピック競技大会」等の呼称の使用権や、エンブレム等のマーク類の使用権、商品・サービスのサプライ権、大会関連グッズ等のプレミアム利用権、大会会場におけるプロモーション、関連素材の使用権が許諾されます。

② その他イベントにおける制度概要

以下では、イベントを開催するにあたって必要となる主要な手続きの概要を説明します。それぞれの手続きについては、開催地の条例等に基づいた手続きが必要となる場合もありますので、実際にイベントを開催するときは、当該開催地がある地方自治体の条例等のルールについても注意が必要です。

(1) 道路の使用・占用をする場合

(a) 道路の使用

道路交通法は、何人も、交通の妨害となるような方法で物をみだりに道路に

204　第6章　集客イベントをめぐる法律問題

置いたり、道路上の人や車を損傷させるおそれのある物を投げるなどの行為を行ったりすることを絶対的に禁止している一方で（道路交通法 76 条）、道路の本来の用途に即さない道路の特別の使用行為で、交通の妨害となり、または交通に危険を生じさせるおそれのあるものであっても、その行為に社会的な価値があるものについては、道路の使用許可のもとで許容しています（同法 77 条）。

この点、道路において、場所を移動しないで、露店、屋台店その他これらに類する店を出そうとする場合や、祭礼行事等のイベントを行う場合についても、道路の使用許可が必要とされています（同法 77 条 1 項 3 号・4 号）。そして、道路の使用許可の申請がされると、道路の使用許可が必要な行為を行う場所を管轄する警察署長は、次のいずれかに該当する場合には、道路の使用を許可しなければならないとされています（同法 77 条 2 項）。

---

① 当該申請に係る行為が現に交通の妨害となるおそれがないと認められるとき
② 当該申請に係る行為が許可に付された条件に従って行われることにより交通の妨害となるおそれがなくなると認められるとき
③ 当該申請に係る行為が現に交通の妨害となるおそれはあるが公益上または社会の慣習上やむを得ないものであると認められるとき

(b) 道路の占用

道路の使用とは別に、道路の占用という概念もあります。道路の占用とは、道路上、上空または地下に一定の工作物、物件または施設を設け、継続して道路を使用する場合をいいます（道路法 32 条）。したがって、イベントにおいて、露店、商品置場、看板、旗等を設置して道路の占用をする場合には、道路管理者（国、都道府県、市町村）に道路の占用許可申請を行う必要があります。道路管理者は、道路の占用の許可基準を満たす場合に限り、道路の占用許可を与えることができます。なお、道路の占用をして場所を移動しないで露店等を出そうとする場合などは、道路の占用許可と併せて道路の使用許可を得る必要があります（道路交通法 77 条 1 項）。

(2) 屋外広告物を設置する場合

「屋外広告物」とは、①常時または一定の期間継続して②屋外で③公衆に表示されるものであって、④看板、立看板、はり紙およびはり札ならびに広告塔、広告板、建物その他の工作物等に掲出され、または表示されたものならび

にこれらに類するものをいいます（屋外広告物法 2 条 1 項）。

そして、屋外広告物については、都道府県ごとに、屋外広告物の表示または設置が禁止される地域または場所（同法 3 条）や、都道府県知事の許可を受けなければならない対象（同法 4 条）等が条例で定められています。

したがって、イベントの開催において、屋外広告物を設置する場合には、当該開催地に適用される条例等に従って、手続きを進める必要があります。

また、屋外広告物が一部道路の上空に突き出す場合は、前記⑴(b)の道路の占用許可も必要となることに留意が必要です。

なお、屋外広告物に関連する法令については、いわゆるラッピングトレインとの関係で第 5 章第 4 節 2 ⑵でも触れています。

(3) 食品を提供する場合

イベントにおいて、人の健康に与える影響が著しく、公衆衛生に及ぼす影響の大きい営業、すなわち食品衛生法施行令 35 条の飲食店営業・喫茶店営業等 34 業種については、事前に都道府県知事の許可を受けなければなりません（食品衛生法 52 条）。

具体的には、地方自治体ごとに、インターネット上に保健所への事前手続きの概要が記載されていますので、それに従って手続きを進める必要があります。

(4) 火気を使用する場合

2013 年 8 月に起きた京都府福知山市の花火大会で発生した火災を受けて、多くの地方自治体は火災予防条例等を改正し、祭礼、花火大会、展示会等の不特定多数の者が集合するイベントにおいて、火災が発生しうる特定の器具を使用する場合に、消火器の準備を義務付けたり、露店等を開設する場合には、事前に消防署に対して届出を義務付けたりするようになりました。

したがって、イベントにおいて、火気を使用する場合には、各地方自治体の火災予防条例に従って、手続きを行う必要があります。

(5) 景品を提供する場合

イベント会場でくじやゲームを使って景品類の提供を行う場合には、景品表示法に違反しないように留意する必要があります。

たとえば、景品表示法は、優良誤認表示（事業者が、自己の供給する商品・

サービスの取引において、その品質、規格その他の内容について、一般消費者に対し、①実際のものよりも著しく優良であると示す表示または②事実に相違して競争関係にある事業者に係るものよりも著しく優良であると示す表示であって、不当に顧客を誘引し、一般消費者による自主的かつ合理的な選択を阻害するおそれがあると認められるもの（景品表示法5条1号））や、有利誤認表示（事業者が、自己の供給する商品・サービスの取引において、価格その他の取引条件について、①実際のものよりも取引の相手方に著しく有利であると一般消費者に誤認される表示または②競争関係にある事業者に係るものよりも取引の相手方に著しく有利であると一般消費者に誤認される表示であって、不当に顧客を誘引し、一般消費者による自主的かつ合理的な選択を阻害するおそれがあると認められるもの（同条2号））を禁止しています。また、抽選券等によって景品類を提供する場合にも、「一般懸賞」として景品類限度額が定められているので、注意が必要です。

■□■ Column ■□■

スポーツツーリズムの推進に向けたアクションプログラム 2019

　最近では、スポーツの参加や観戦を目的とした旅行とスポーツを掛け合わせた観光を楽しませるといった動きが活発です。たとえば、北海道のニセコ町には、東アジアやオーストラリアをはじめとして、さまざまな外国人観光客が訪れていますが、これもスキーやスノーボード等のウィンタースポーツを利用したスポーツツーリズムの一環といえます。観光庁においては、スポーツツーリズムによって、国内旅行の需要拡大や、外国人の訪日旅行拡大をねらって、2011 年には「スポーツツーリズム推進基本方針」の策定がされ、2012 年には日本スポーツツーリズム推進機構（JSTA）の発足等の取組みが行われてきました。

　そして、2019 年3月にはスポーツ庁において、スポーツツーリズムの需要をさらに拡大するとともに、ニーズを踏まえた満足度の高い「体験型コンテンツ」を提供することでリピーターの獲得を目指すため、「スポーツツーリズムの推進に向けたアクションプログラム 2019」が策定されました。同プログラムでは、以下のとおり、①「地域の意識啓発及びコンテンツ開発・受入体制強化」に向けた取組み、②「国・企業・地域・団体等の連携強化」に向けた取組み、③「官民連携プロモーション」に向けた取組みの3つの視点から、今後のスポーツツーリズムの拡大を促すための取組みを掲げています。

① 「地域の意識啓発及びコンテンツ開発・受入体制強化」に向けた取組み
　・　スポーツツーリズムセミナー等の開催
　・　スポーツツーリズムモデル事業の検討
　・　地域スポーツコミッション（SC）への支援
　・　その他（武道ツーリズム推進に向けた検討、SC の取組把握と公表、地方
　　　公共団体が取り組む合宿誘致等の補助事業の把握と公表、大規模開催と
　　　の連携）
② 「国・企業・地域・団体等の連携強化」に向けた取組み
　・　スポーツツーリズムセミナー等の開催
　・　スポーツツーリズムモデル事業の検討
　・　SC への支援
　・　その他
③ 「官民連携プロモーション」に向けた取組み
　・　官民連携デジタルプロモーションの実施
　・　関係機関との連携による日本の魅力発信
　・　SNS 等の活用
　・　KPI の設定

第4節

集客イベントをめぐる法律問題

1 オリパラにおいて想定される法律問題

(1) 企業がサプライヤー等として2020年東京オリパラに参加・活動する場合

(a) サプライヤー等として選定されるために遵守すべき事項

サプライヤー等の選定にあたっては、組織委の定めた基本方針を前提に、選定基準に沿って選定が行われています。かかる選定基準をより具体化したものとして、組織委は「持続可能性に配慮した調達コード」（以下「調達コード」）を定めています。調達コードは、オリンピック・アジェンダ2020を受けて、サプライヤー等の選定においても、持続可能性の観点を反映させたものといえます。組織委との取引を希望する企業にとっては、選定基準を充足する必要があるだけでなく、落札の取消事由としても、調達コードの重要部分に反し、改善の見込みがないことが定められているため、2020年東京オリパラにおけるサプライヤー等として継続的に取引を行うためには調達コードは重要な指針となっています。

調達コードでは、基本原則として、①どのように供給されているのかを重視する、②どこから採り、何を使って作られているのかを重視する、③サプライチェーンへの働きかけを重視する、④資源の有効活用を重視するとの4つの原則を定めた上で、組織委は、調達総量の抑制に努めるとともに、調達物品等が、選手、大会スタッフ、観客等すべての関係者にとって、安全かつ衛生的であり、また、関係者の宗教的・文化的多様性に十分配慮され、差別・ハラスメントのないものとなるよう留意するとされています。

そして、これを受けて、組織委は、次の図表6-3のように、サプライヤー等として企業に求める持続可能性に関する基準を定めています。

[図表 6 - 3]　持続性に配慮した調達コードにおける持続可能性に関する基準

1　全　般	4　労　働
①　法令遵守 ②　報復行為の禁止	①　国際的な労働基準の遵守・尊重 ②　結社の自由、団体交渉権 ③　強制労働の禁止 ④　児童労働の禁止 ⑤　雇用および職業における差別の禁止 ⑥　賃金 ⑦　長時間労働の禁止 ⑧　職場の安全・衛生 ⑨　外国人・移住労働者
2　環　境	
①　省エネルギー ②　低炭素・脱炭素エネルギーの利用 ③　その他の方法による温室効果ガスの削減 ④　3R（リデュース、リユース、リサイクル）の推進 ⑤　容器包装等の低減 ⑥　汚染防止・化学物質管理・廃棄物処理 ⑦　資源保全に配慮した原材料の採取 ⑧　生物多様性の保全	
	5　経　済
	①　腐敗の防止 ②　公正な取引慣行 ③　紛争や犯罪への関与のない原材料の使用 ④　知的財産権の保護 ⑤　責任あるマーケティング ⑥　情報の適切な管理 ⑦　地域経済の活性化
3　人　権	
①　国際的人権基準の遵守・尊重 ②　差別・ハラスメントの禁止 ③　地域住民等の権利侵害の禁止 ④　女性の権利尊重 ⑤　子どもの権利尊重 ⑥　社会的少数者（マイノリティ）の権利尊重	

　2020年東京オリパラに企業がサプライヤー等として参加し、活動するためには、これらの項目に定められた観点を充足していく必要があります。なお、持続可能性に関する基準の中には、基本的に達成されることが前提となっているものと、必須ではないが積極的な検討や行動を促すものが存在します。前者については、法令の遵守、差別・ハラスメントや児童労働・強制労働の撤廃、環境汚染の防止等について、関連する法令等の遵守を基本として、「〜しなければならない（〜してはならない）」という表現で求めており、これに適合していることが必要となります。他方で、後者については、法令上の義務を超えた、より望ましい社会の構築に貢献しうる取組みを「〜すべき」という表現で推奨しています。

　調達コードを遵守できなかった場合でも、契約を継続し難い特段の事情がない限り、直ちに契約を解除することはせず、不遵守のあった点についてサプライヤー等に改善を求めることとされています。しかし、調達コードの重大な不遵守（自社において深刻な法令違反があった場合等のほか、サプライチェーンに対する改善要求の働きかけに全く協力しない場合等は、重大な不遵守となる可能性があります）があるにもかかわらず適切に改善に取り組んでいないと認められる場合には契約を解除される場合があります。

(b) サプライヤー等に求められる管理体制

調達コードにおいては、サプライヤー等が、前記基準を充足するだけでなく、基準の遵守に向けて取り組むことを促し、また、その遵守状況等を確認できるようにする観点から、ISO 20400 等も参考に、次の図表6-4の項目についても、サプライヤー等に対応を求めています。

[図表6-4] サプライヤー等に求められる管理体制

① 調達コードの理解	⑥ 取組状況の記録化
② 事前のコミットメント	⑦ 取組状況の開示・説明
③ 調達コードの遵守体制整備	⑧ 遵守状況の確認・モニタリング
④ 伝達	⑨ 改善措置
⑤ サプライチェーンへの働きかけ	

以上のとおり、企業が2020年東京オリパラのサプライヤー等として参加・活動をしていくためには、法令遵守体制、労務管理、環境配慮、人権尊重、知的財産保護、調達コードの遵守体制整備等のさまざまな諸要素を備えていく必要があります。

(2) 企業がスポンサーとして2020年東京オリパラに参加・活動する場合

(a) アンブッシュ・マーケティング

2020年東京オリパラをはじめとする世界的なイベントにおいては、アンブッシュ・マーケティングをいかに回避するかという問題が常に存在します。アンブッシュ・マーケティングとは、一般的に、スポンサー契約を締結していない企業等が、当該イベントに便乗して、自社商品等の宣伝広告活動を行うことをいいます。

2020年東京オリパラにおいても、大会ブランド保護基準において、故意であるか否かを問わず、団体や個人が、権利者であるIOCやIPC、組織委の許諾無しに、オリパラに関する知的財産を使用したり、オリパラのイメージを流用したりすることをアンブッシュ・マーケティングとして禁止しています。

イベントにおけるアンブッシュ・マーケティングには、次のような類型があるとされています。

①	イベントのスポンサーである旨の虚偽の表示をする
②	イベント関連の標章（イベントおよびその関連事業で使用される標章）と同一・類似のマークを使用する
③	イベント関連の標章と同一・類似のマークを使用しないが、以下のような、イベントと関連があるかのような表示をする
㋐	イベントで行われる競技種目をテーマとして広告等にて、イベントと関連があるかのような表示をする
㋑	イベントへの出場チームと契約することにより、当該チームのことを記述しているように装い、イベントと関連があるかのような表示をする
㋒	有力な選手と契約することにより、当該選手のことを記述しているように装い、イベントと関連があるかのような表示をする
④	イベント関連の標章と同一・類似のマークを使用しないが、イベント開催会場・競技場やその付近で、広告物の掲出や販売活動を行う

(b) アンブッシュ・マーケティング規制の可能性

　オリパラに関するマーケティングの重要な要素として、オリパラに関する知的財産権を企業に対して独占的に販売することがある以上、アンブッシュ・マーケティングは、このような企業に対するメリットの価値を外部から毀損させるものとして、規制をする必要があり、スポンサーである企業にとっても、対応を求められる問題です。

　しかし、前記(a)の①〜④の類型をもつアンブッシュ・マーケティングに対しては、日本の国内法（商標法、不正競争防止法、著作権法）による規制が十分になしえないという問題があることが指摘されており、不法行為や施設管理権に基づく排除についても、実効性があるとはいえないことから、規制の穴として問題視されています。

　現在はアンブッシュ・マーケティングについて、必ずしも全面的に規制ができている状態ではないものの、2020年東京オリパラの大会ブランド保護基準においてもアンブッシュ・マーケティングの禁止が明記され、組織委とサプライヤー等の間の契約書においても、アンブッシュ・マーケティングの禁止に関する事項が明記されていることから、今後、多くのイベントにおいて、アンブッシュ・マーケティングが禁止される動きが高まっていくと考えられます。また、スポンサーの立場から2020年東京オリパラに参加・活動する企業にとっては、自社が受けた独占的な知的財産権の使用に係るメリットを活かすためにも、アンブッシュ・マーケティングを規制する動きを促進させていく活動

212　第6章　集客イベントをめぐる法律問題

が必要であるように思われます。

　他方で、これまでアンブッシュ・マーケティングの手法により、マーケティングを検討していた企業にとっては、かかる手法によるマーケティングが規制されることを意味するため、今後は、各イベントにおける知的財産権の侵害にならないように、アンブッシュ・マーケティング規制の動きを注視するとともに、より慎重な対応を行うことが求められます。

② その他イベントにおいて想定される法律問題

　最後に、その他イベントにおいて留意すべき論点に関し、トピック的なものとして、①イベントのプログラムとして最近注目を浴びているプロジェクションマッピングの利用にあたっての法的論点と、②チケット不正転売禁止法を取り上げ、より一般的な論点として、③イベント主催者として求められる安全管理と法的責任を取り上げます。

(1) プロジェクションマッピングの利用にあたっての法的論点

　近年、プロジェクションマッピング（以下「PM」）を使用したイベントがテーマパークや商業施設等で多数開催されています。PM は、建造物等に映像を投影することで、その建造物等の外観を利用して立体感を含んだ映像の作成ができるものであり、イベントにおいて観光客の目を引くための有効な手段です。

　しかし、この PM を行うにあたっては、次のようなさまざまな法令の規制が存在し、これらの対応が必須となります。

(a) 屋外広告物法

　屋外広告物法では、「良好な景観の形成・風致の維持」、「公衆に対する危害の防止」を目的として（屋外広告物法1条）、①常時または一定の期間継続して②屋外で③公衆に表示されるものであって、④看板、立看板、はり紙およびはり札ならびに広告塔、広告板、建物その他の工作物等に掲出され、または表示されたものならびにこれらに類するものを「屋外広告物」（同法2条1項）とし、さまざまな規制を定めています。

　そして、PM はこの4要件のいずれをも満たすものと考えられており、国土交通省は「プロジェクションマッピング実施マニュアル」において、PM を行

第4節　集客イベントをめぐる法律問題　213

う事業者に必要な手続きの概要を公表しています。さらに、同省が策定した
「投影広告物条例ガイドライン」には、PM を投影してはならない物件（投影広
告物条例ガイドライン 6 条 1 項）や、プロジェクターの設置が禁止されている物
件（同条 3 項）、都道府県知事の許可を得ることで、PM を投影し、またはプロ
ジェクターを設置することができる物件（同ガイドライン 7 条 1 項）が詳細に規
定されています。たとえば、愛知県名古屋市において、事業者が名古屋港ポー
トビルの壁面に、協賛企業の企業名や画像を表示する PM を、23 日間にわ
たって実施した際には、名古屋市屋外広告物条例に基づき許可申請を行い、許
可を受けた上で PM を行っています。

しかし、詳細な手続きや屋外広告物該当性については、各地方自治体および
条例によって扱いが異なる場合もあり、イベントにおいて、PM を行う際に
は、開催地の条例を確認の上、当該地方自治体の窓口に問い合わせを行う必要
があります。

(b) 道路法・道路交通法

道路交通法は、信号機または道路標識等の効用を妨げるような工作物または
物件の設置を禁止しています（道路交通法 76 条 2 項）。また、多くの都道府県
の道路交通規則では、車両等の運転者の目をげん惑するような光をみだりに道
路に投射することも禁止されています。

そのため、道路を挟んで PM を行う際には、PM を投射するプロジェクター
の設置や PM を投射するにあたって、これらの禁止行為に該当しないように
注意をする必要があります。

また、道路にプロジェクターを設置する際には、前記第 3 節 2(1)(b)のとお
り、道路の使用許可や道路の占用許可が必要になる点にも注意が必要です。

(c) 建築基準法

PM を投影する設備を新たに設置し、その設備の高さが 4m を超える場合に
は、建築基準法の適用を受けることになり（建築基準法施行令 138 条 1 項 3
号）、さまざまな規制を受けることになりますので、注意が必要です。

(2) チケット不正転売禁止法

チケット不正転売禁止法は、興行主の事前の同意を得ずに、業として、一定
の要件を満たす興行入場券（「特定興行入場券」）を、定価（興行主等が設定した

販売価格）を超える価格で有償譲渡することを禁止しています（チケット不正転売禁止法3条、2条4項）。

(a) 転売が禁止されるチケットの種類

最近では、従来型の紙製のチケットだけでなく、QRコード等の電子チケットも普及しています。このことを踏まえ、チケット不正転売禁止法では、「興行入場券」を「提示することにより興行を行う場所に入場することができる証票」（チケット不正転売禁止法2条2項）と定義し、特にチケットの種類に限定をかけていないことから、電子チケットも転売禁止の対象となります。なお、電子チケットが表示されるIDやパスワードをスマートフォンと紐づけした上で、購入時に登録したクレジットカードや顔写真付きの身分証明書、スマートフォンの提示を入場時に購入者や同行者に求めることで、不正転売の防止が図られているところです。

他方で、転売等の禁止の対象は「証票」ですので、「チケットを取得する権利」といった期待権は対象になりません。そのため、チケットを譲渡するのではなく、入金と引き換えにチケットを付与する等の方法でチケットを取得する権利を売却し、その権利を行使することでチケットを入手させる場合には、チケット不正転売禁止法の規制外となります。この点については、チケットの適正な流通の促進の観点からは、さらなる法整備が待たれるところです。

また、転売禁止の対象となるチケットは、「興行主の同意のない有償譲渡を禁止する」という旨の記載がされた、興行の日時および場所ならびに入場資格者または座席が指定されているものに限られるので（同法2条3項1号）、主催者としては、チケット発行時にそのような記載を漏らさないように留意する必要があります。

(b) 「業として」

「業として」とは、一般に、反復継続的に行為を行うことを意味します。チケット不正転売禁止法でも、単に余ったチケットを知人に有償で売却したような場合は規制の対象外となり、チケット転売や転売用のチケットの仕入れを反復継続して行う場合に処罰の対象となります。ただし、1回だけの転売であっても、それが反復継続する意図をもって行われる場合には、「業として」に該当しえます。

なお、近年、このようなチケットがオークションサイト等で販売されている

第4節　集客イベントをめぐる法律問題　215

ケースがありますが、転売目的で得たとみなされるチケットや使用が利用者本人に限られているもの等を違反商品として明示するオークションサイトもあります。

また、2019年のラグビーワールドカップおよび2020年東京オリパラのチケット等について、出品の目的を問わず、出品禁止としているオークションサイトもあります。

(3) イベント主催者として求められる安全管理と法的責任

イベントを主催するにあたっては、当日の警備・安全確保はもちろんのこと、事故等を想定した危機管理マニュアルの策定等の事前準備も非常に重要となります。不幸にも、イベントにおいて、こうした事前準備の不備によって事故が起きた例もあります。ここでは、その代表的な事例として、明石花火大会歩道橋事故を取り上げて、安全管理の不備によって起きた事故によってイベント主催者がどのような法的責任を負うことになるのかを概観します。

(a) 事案の概要

本件は、2001年7月21日に兵庫県明石市大蔵海岸で開催された第32回明石市民夏まつり花火大会において、会場に向かう観客と帰路についた観客が歩道橋で押し合いになり、転倒し、死者が発生した事故です。

(b) 民事責任

2002年10月に、本件の死者の遺族らが、夏まつりの主催者である明石市、雑踏警備計画の策定、実施に当たった警備会社および兵庫県に対して、損害賠償金の支払いを求めて神戸地方裁判所に提訴しました。

本件の争点は、①被告らの事前準備段階における過失の有無およびその内容、②被告らの花火大会当日における過失の有無およびその内容、③原告らの損害額でしたが、神戸地方裁判所は、まず、本件の雑踏警備に関する責任は、すべての被告が第一次的かつ全面的に責任を負い、それぞれの責任に軽重はない旨判示しました。そして、本件のような雑踏事故を防止するためには、事前準備段階における適正な雑踏警備計画の策定こそが重要であり、「事前準備段階における雑踏警備計画策定等の不備こそが、雑踏事故発生の最も大きな原因であるととらえるべきであり、この点を過失として評価するのが相当である」と判断し、被告らに対して約5億6,800万円の賠償を認めました（神戸地判平

216　第6章　集客イベントをめぐる法律問題

成 17 年 6 月 28 日判タ 1206 号 97 頁）。

(c) 刑事責任

また、本件は刑事事件としても起訴され、警備業務に関わった警察の地域官、警備会社支社長、および主催者の明石市の職員らが業務上過失致傷罪に問われました。2010 年 5 月 31 日、最高裁判所は、主催者の明石市の職員らに禁錮 2 年 6 ヶ月（執行猶予 5 年）、警備業務に関わった警察の地域官、警備会社支社長に禁錮 2 年 6 ヶ月をいい渡した神戸地方裁判所の判断（神戸地判平成 16 年 12 月 17 日ウエストロー 2004 WLJPCA 12179001）を維持し、有罪が確定しています（最決平成 22 年 5 月 31 日刑集 64 巻 4 号 447 頁）。

(d) 小　括

このように、イベントを主催するにあたっては、当日の安全確保が重要であることはもちろんのこと（上記の判決では、この点に不備があったことも認められています）、事前の警備計画の策定が重要であり、万全の態勢でイベントを開催することが求められます。

③　小　括

本章では、2020 年東京オリパラを中心に、企業がこれに参加し、活動する上で、留意しておくべき法的論点を概観しました。2020 年東京オリパラに限らず、イベントに企業がサプライヤー等として関わる場合や、スポンサーとして関わる場合に問題となる法体系、制度、法的論点は、概ね共通します。

イベントに企業が参加する場合には、当該イベントの理念や目的に沿うような企業の体制整備が必要不可欠であるとともに、スポンサーメリットを最大限活かすことのできるような契約の締結および権利の保護を行う必要があります。上記の体制整備として求められる事項は、法令遵守、労務管理、環境配慮、人権尊重、権利保護、規則の遵守体制整備等、当該イベントに特有なものではなく、企業が成長・発展していく上で、当然に求められる事項となります。したがって、各企業において、より適切な体制整備を進めることは、国際的なイベントへの参加の機会を高めることにも寄与すると考えられます。

また、その他のイベントを主催する上では、手続き面として、道路の使用・占用や屋外広告物の掲示等について、本章で紹介した法律だけでなく、各地方

自治体の条例に従った手続きを経ること、さらには、観光客が安心してイベントを楽しむことができる安全管理体制や、不正なチケットの転売等が行われないような仕組みを構築していく必要があります。

■本章の内容の理解に役立つ主要な資料・文献■

● 足立勝『アンブッシュ・マーケティング規制法──著名商標の顧客誘引力を利用する行為の規制』（創耕舎、2016）

● エンターテイメント・ロイヤーズ・ネットワーク編『スポーツ法務の最前線──ビジネスと法の統合』（民事法研究会、2015）

● 公益財団法人東京オリンピック・パラリンピック競技大会組織委員会企画財務局調達部「東京2020組織委員会における調達について」
（https://tokyo2020.org/jp/organising-committee/procurement/guide/data/guide.pdf）

● 公益財団法人東京オリンピック・パラリンピック競技大会組織委員会「東京2020オリンピック・パラリンピック競技大会　持続可能性に配慮した調達コード　基本原則」
（https://tokyo2020.org/jp/games/sustainability/data/sus-principles-JP.pdf）

● 公益財団法人東京オリンピック・パラリンピック競技大会組織委員会「東京2020オリンピック・パラリンピック競技大会　持続可能性に配慮した調達コード〔第3版〕」
（https://tokyo2020.org/jp/games/sustainability/sus-code/wcode-timber/data/sus-procurement-code3.pdf）

● 公益財団法人東京オリンピック・パラリンピック競技大会組織委員会「東京2020オリンピック・パラリンピック競技大会　持続可能性に配慮した調達コード〔第3版〕［解説］」（調達コードの解説として）
（https://tokyo2020.org/jp/games/sustainability/sus-code/wcode-timber/data/explanation-1.pdf）

● 公益財団法人東京オリンピック・パラリンピック競技大会組織委員会「調達コードに関してよくあるご質問」
（https://tokyo2020.org/jp/games/sustainability/sus-code/qa/）

● 公益財団法人東京オリンピック・パラリンピック競技大会組織委員会「スポンサーシップについて」
（https://tokyo2020.org/jp/organising-committee/marketing/sponsorship/）

■本章の主な法令等■

1 すべてのオリパラに共通するルール
(1) オリンピック憲章

根本原則	1 オリンピズムは肉体と意志と精神のすべての資質を高め、バランスよく結合させる生き方の哲学である。オリンピズムはスポーツを文化、教育と融合させ、生き方の創造を探求するものである。その生き方は努力する喜び、良い模範であることの教育的価値、社会的な責任、さらに普遍的で根本的な倫理規範の尊重を基盤とする 2 オリンピズムの目的は、人間の尊厳の保持に重きを置く平和な社会の推進を目指すために、人類の調和のとれた発展にスポーツを役立てることである 3 オリンピック・ムーブメントは、オリンピズムの価値に鼓舞された個人と団体による、協調の取れた組織的、普遍的、恒久的活動である。その活動を推し進めるのは最高機関のIOCである。活動は5大陸にまたがり、偉大なスポーツの祭典、オリンピック競技大会に世界中の選手を集めるとき、頂点に達する。そのシンボルは5つの結び合う輪である 4 スポーツをすることは人権の1つである。すべての個人はいかなる種類の差別も受けることなく、オリンピック精神に基づき、スポーツをする機会を与えられなければならない。オリンピック精神においては友情、連帯、フェアプレーの精神とともに相互理解が求められる 5 オリンピック・ムーブメントにおけるスポーツ団体は、スポーツが社会の枠組みの中で営まれることを理解し、政治的に中立でなければならない。スポーツ団体は自律の権利と義務を持つ。自律には競技規則を自由に定め管理すること、自身の組織の構成とガバナンスについて決定すること、外部からのいかなる影響も受けずに選挙を実施する権利、および良好なガバナンスの原則を確実に適用する責任が含まれる
概　要	いわゆるオリンピックの憲法であり、国際オリンピック委員会(以下「IOC」)により採択されたオリンピズムの根本原則、規則および付属細則を成文化したもの。同憲章はオリンピック・ムーブメントの組織、活動、運用の基準であり、オリンピック競技大会の開催の条件を定めている

220　第6章　集客イベントをめぐる法律問題

(2) IOC 倫理規程 2018

根本原則	普遍的な倫理の根本原則を尊重することは、オリンピズムの基盤である
	それは以下のことを含む
	1.1 友情、連帯およびフェアプレーのそれぞれの精神とともに相互理解を求めるオリンピック精神の尊重
	1.2 オリンピック・ムーブメントの普遍性の原則およびその政治的中立性の尊重
	1.3 オリンピック憲章の定めるとおり自律性の原則を尊重しつつ、国の機関と調和の取れた関係を維持すること
	1.4 人権保護の国際条約がオリンピック競技大会での活動に適用される限り、それを尊重すること。特に以下のことを保証すること
	  ・ 人間の尊厳を尊重すること
	  ・ 人種、肌の色、性別、性的指向、言語、宗教、政治的またはその他の意見、国あるいは社会のルーツ、財産、出自、その他の身分などの理由による、いかなる種類の差別も拒否すること
	  ・ あらゆる形態のハラスメントを拒否すること。それには身体への、職業上の、あるいは性的なハラスメントが含まれる。さらに肉体的、精神的な傷害を拒否すること
	1.5 参加者の肉体的、精神的均衡を保つ上で好ましい安全上の条件、快適な環境、医療ケアの条件を整えること

概　要	IOC 倫理規程は、オリンピック憲章とその根本原則にしたがい行動する IOC およびその委員、オリンピック競技大会の開催希望都市、オリンピック競技大会組織委員会、国内オリンピック委員会、ならびにオリンピック競技大会の枠組みにおける参加者が常に遵守すべき規則を定めている

(3) オリンピック・アジェンダ 2020

概　要	オリンピック・アジェンダ 2020 は、2014 年 12 月にモナコで行われた第 127 次 IOC 総会において採択された 40 の提言であり、今後のオリンピックの動きを形づくるものとして重要な意義を有している。前記第 4 節 1 (1)(a)の調達コードも、この提言に沿うように策定されており、開催国における企業の参加、活動のための大きな指針にもなる

本章の主な法令等　221

2 2020年東京オリパラに特有の個別ルール

(1) 開催都市契約2020

概　要	東京が2020年のオリパラの開催都市に決定した際に、東京都、公益財団法人日本オリンピック委員会（JOC）、IOCの3者で締結した契約であり、各当事者が大会開催に向けて遵守すべき合意書である オリンピック・シンボル、エンブレム、マスコットの知的財産権の帰属等の法的保護に関する規定、入場チケット等の整備に関する規定、アンブッシュ・マーケティングの回避等、大会における宣伝、広告、その他の商業的活動に関する規定等が定められている

(2) 平成三十二年東京オリンピック競技大会・東京パラリンピック競技大会特別措置法

目　的	2020年東京オリパラが大規模かつ国家的に特に重要なスポーツの競技会であることに鑑み、大会の円滑な準備および運営に資するため、東京オリンピック競技大会・東京パラリンピック競技大会推進本部の設置および基本方針の策定等について定めるとともに、国有財産の無償使用等の特別の措置を講ずるものとするもの（1条）
概　要	組織委員会または大会に使用する施設の設置者に対する国有財産の無償使用（14条）、寄附金付郵便葉書等の発行の特例（15条）、電波法の特例（15条の2）のほか、組織委員会への国の職員の派遣（16条〜28条）等について定められている

3 国内法による規律

(1) 知的財産法

留意点	2020年東京オリパラの開催を控え、多くの企業が、オリパラ関連商標等を利用した商業戦略を実施しているが、その際には、商標法、不正競争防止法、著作権法をはじめとする日本国の知的財産法を遵守する必要がある

(2) 道路交通法

目　的	道路における危険を防止し、その他交通の安全と円滑を図り、および道路の交通に起因する障害の防止に資すること（1条）

概　要	道路の使用の許可（77条）、許可の手続（78条）、危険防止等の措置（81条～83条）等について定められている

(3) 道路法

目　的	道路網の整備を図るため、道路に関して、路線の指定および認定、管理、構造、保全、費用の負担区分等に関する事項を定め、もって交通の発達に寄与し、公共の福祉を増進すること（1条）
概　要	道路の占用の許可（32条）、占用料の支払い（39条）、道路の占用期間が満了した場合の原状回復（40条）等の道路の占用に関する事項のほか、道路の管理について定められている

(4) 屋外広告物法

目　的	良好な景観を形成し、もしくは風致を維持し、または公衆に対する危害を防止するために、屋外広告物の表示および屋外広告物を掲出する物件の設置ならびにこれらの維持ならびに屋外広告業について、必要な規制の基準を定めること（1条）
概　要	広告物の表示等の禁止（3条）、屋外広告業の登録（9条）等について定められている

(5) 食品衛生法

目　的	食品の安全性の確保のために公衆衛生の見地から必要な規制その他の措置を講ずることにより、飲食に起因する衛生上の危害の発生を防止し、もって国民の健康の保護を図ること（1条）
概　要	違反食品の回収（54条）、営業の許可（52条）、営業の禁止または停止（54条）等について定められている
その他	食品衛生法等の一部を改正する法律（2018年6月13日公布）により、営業許可制度の見直しおよび営業届出制度の創設等がされる予定である

(6) 食品表示法

目　的	食品に関する表示が食品を摂取する際の安全性の確保および自主的かつ合理的な食品の選択の機会の確保に関し重要な役割を果たしていることに鑑み、販売（不特定または多数の者に対する販売以外の譲渡を

	含む）の用に供する食品に関する表示について、基準の策定その他の必要な事項を定めることにより、その適正を確保し、もって一般消費者の利益の増進を図るとともに、食品衛生法、健康増進法および日本農林規格等に関する法律による措置と相まって、国民の健康の保護および増進ならびに食品の生産および流通の円滑化ならびに消費者の需要に即した食品の生産の振興に寄与すること（1条）
概　要	食品表示基準（4条）、食品表示基準の遵守（5条）、立入検査等（8条〜10条）等について定められている
その他	食品表示法の一部を改正する法律（2018年12月14日公布）により、食品関連事業者等が食品の安全性に関する食品表示基準に従った表示がされていない食品の自主回収を行う場合の行政機関への届出の義務付け等が新設される

(7) 景品表示法（不当景品類及び不当表示防止法）

目　的	商品および役務の取引に関連する不当な景品類および表示による顧客の誘引を防止するため、一般消費者による自主的かつ合理的な選択を阻害するおそれのある行為の制限および禁止について定めることにより、一般消費者の利益を保護すること（1条）
概　要	事業者が、自己の供給する商品または役務の品質、規格、その他の内容について、一般消費者に対し、優良誤認表示をすること（5条1号）、有利誤認表示をすること（5条2号）を禁止している

(8) 都市公園法

目　的	都市公園の設置および管理に関する基準等を定めて、都市公園の健全な発達を図り、もって公共の福祉の増進に資すること（1条）
概　要	国の設置に係る都市公園において、①物品の販売・頒布、②競技会、集会、展示会等のために都市公園の全部または一部を独占して利用する行為、③その他都市公園の管理上支障を及ぼすおそれのある行為をする場合、公園管理者の許可が必要（12条1項）
その他	2017年の改正によって、飲食店、売店その他の国土交通省令で定める公園施設の設置または管理の許可の申請者の公募が可能となり（5条の2第1項）、都市公園内に保育園を設置することも可能となった

(9) チケット不正転売禁止法（特定興行入場券の不正転売の禁止等による興業入場券の適正な流通の確保に関する法律）

目　的	チケットの不正転売を禁止するとともに、その防止等に関する措置等を定めることにより、チケットの適正な流通を確保し、興行の振興を通じた文化およびスポーツの振興ならびに国民の消費生活の安定に寄与するとともに、心豊かな国民生活の実現に資すること（1条）	
主な用語	興　行	映画、演劇、演芸、音楽、舞踊その他の芸術および芸能またはスポーツを不特定または多数の者に見せ、または聴かせること（2条1項）
	興行入場券	提示することで興行を行う場所に入場することができる証票のこと（2条2項）
	特定興行入場券	不特定または多数の者に販売される興行入場券であり、①興行主等が販売時に同意のない有償譲渡を禁止する旨を明示しその旨を入場券の券面等に表示し、②興行が行われる特定の日時および場所ならびに入場資格者または座席が指定され、③興行主等が販売時に、購入者等の氏名や連絡先を確認する措置を講じてその旨を券面等に表示しているもの（2条3項）
	特定興行入場券の不正転売	興行主の事前の同意を得ずに、業として特定興行入場券を有償譲渡するもので、興行主等の販売価格を超える価格を、その販売価格とするもの（2条4項）
概　要	映画やライブ、イベント等のチケットの不正転売を罰則付きで禁止する法律である	

本章の主な法令等　225

第7章

集客施設をめぐる
法律問題

■本章のポイント■

- 前章では、来る東京オリンピック・パラリンピック、ラグビーワールドカップ等、集客イベントについて、概説しました。本章では、これらのイベントの実施には欠かせない、スタジアム・アリーナ等の集客施設（ハード面）について、関連する法令を整理の上、想定されうる法的論点や留意点について概説します。
- その他、アミューズメント施設やテーマパーク、映画館・劇場等といった従来から存在する典型的な観光施設のみならず、近年注目を浴びている夜間という新たな時間市場を開拓することで既存の施設も含め、最大限収益性をあげようとするナイトタイムエコノミーについて、それをとりまく法令の規制や留意点等についても、検討を行います。
- また、自然の水辺空間を活用した取組み（ミズベリング）についても、関連しうる法令を概説し、法的な検討を行っています。
- さらに、昨今、日本政府は、地域経済の継続的な発展およびインバウンド客の増加の起爆剤として、統合型リゾート施設（Integrated Resort、以下「IR」）の設置に必要な関連法令の公布・施行を進めており、関係する行政庁や事業者から大きな注目を集めているところです。
  本章では、かかる IR についても、関連法令の公布・施行状況を含め概説の上、法的論点や留意点について検討します。

228　第 7 章　集客施設をめぐる法律問題

第1節

はじめに──日本における
集客施設をめぐる最新動向

　オリンピック・パラリンピック、ラグビーワールドカップといった数年に一度のスポーツの祭典の開催を受け、日本各地でもこのようなイベントの実施に必要なスタジアム・アリーナ等の建設や改装等が進められています。そして、多様な世代が集う交流拠点として地域活性化の起爆剤となりうるスタジアム・アリーナの潜在力を最大限に発揮することが、スポーツの成長産業化等には不可欠となっています。政府の「未来投資戦略 2017」（2017 年 6 月 9 日閣議決定）においても、2025 年までに 20 ヶ所のスタジアム・アリーナの整備を目指すことが具体的な目標として掲げられています。

　また、アミューズメント施設やテーマパーク、映画館・劇場等といった施設は、従来から存在する集客施設の代表例ですが、近年では、雨の日でも楽しめる屋内型のプレイパーク等のニーズや人気が高まっています。

　この他、ナイトタイムエコノミーとして、夜間という新たな時間市場を開拓することで、既存の施設も含め最大限収益性を向上させよう等との試みも、昨今では注目を浴びており、2017 年 10 月に観光庁に設置された「『楽しい国日本』の実現に向けた観光資源活性化に関する検討会議」において定期的な検討が行われています。ナイトタイムエコノミーの推進に取り組んでいるロンドンおよびニューヨークの経済規模はそれぞれ約 3.7 兆円と約 2.1 兆円とされており、その経済規模、さらには雇用創出の面からも注目を浴びています（「THE ECONOMIC VALUE OF LONDON'S 24 HOUR ECONOMY」（London First）、「NYC's Nightlife Economy」（The Mayor's Office of Media and Entertainment））。また、海外の取組みを参考に、河川を有効活用するミズベリング（MIZBERING）の取組みが、国土交通省を中心に開始されています。

　さらに、現在特に注目を浴びているものとして、カジノを含む IR があります。日本政府は IR を、地域経済の活性化や観光客の大幅な増加をもたらす

「2020年東京オリンピック・パラリンピック前後の切れ目ない国際観光政策」として「これまでにないスケールとクオリティーを有する総合的なリゾート施設」と位置づけ導入への準備を進めており、2016年12月26日にIRの基本法である「特定複合観光施設区域の整備の推進に関する法律」を、2018年7月27日にはIRの実施法である「特定複合観光施設区域整備法」を、また、2019年3月29日には「特定複合観光施設区域整備法施行令」を公布しました。

　日本においてIRを実施することによる経済波及効果は、合計で約5兆500億円に上るとも試算されており（大和総研）、建設需要の増大、雇用の創出、観光客の増加やカジノ収益による経済効果の他、国際観光の振興、国際会議機能の強化、文化の振興、地域活性化等、波及効果等への大きな期待が寄せられています。

　本章では、スタジアム・アリーナ、アミューズメントパーク、映画館・劇場等の他、近年特に注目を浴びているナイトタイムエコノミー関連の集客施設やIRといった各集客施設の概要、その法規制および想定されうる法律上の問題点について概説します。

第2節

集客施設をめぐる法体系の全体像

1 大規模集客施設に関する主な法令

　日本各地で建設が進められているスタジアム・アリーナを含む大規模集客施設に関する主な関連法令としては、建築基準法や都市計画法、大規模小売店舗立地法等が挙げられますが、本書では比較的新しいガイドラインとして、以下を取り上げます。

スタジアム・アリーナ改革指針

2 アミューズメント施設に関する主な法令

　昨今、さまざまなアミューズメント施設が誕生し、各地で賑わっています。本書では、数多くあるアミューズメント施設の中から、遊園地・ショッピングセンター等の商業施設と、映画館・劇場等に絞って、関係する法令を見ていきます。

　本章で取り扱うアミューズメント施設に関する法令は以下のとおりです。

①遊園地・ショッピングセンター等の商業施設
・　建築基準法
②映画館・劇場
・　興行場法 ・　映画の盗撮の防止に関する法律

第2節　集客施設をめぐる法体系の全体像　231

③ 水辺空間を利用した施設（ミズベリング）に関する主な法令

　河川の新しい活用の可能性を創造していくプロジェクトとして、日本全国でミズベリングが進められており、近年、国土交通省のバックアップもあり注目されている活動の1つといえます。ミズベリングとの関係では、本章では主に以下の法令について概説します。

- ・　河川法
- ・　河川法施行規則
- ・　河川敷地占用許可準則

④ ナイトタイムエコノミーに関する主な法令

　ナイトタイムエコノミーとは、夜間帯における諸活動を指す幅広い用語であり、主に、花火大会やナイトプール等多岐にわたり、活動ごとに必要な法規制は異なります。もっとも、夜間という観点から一定程度共通して留意すべき規制は存在しており、本章では主に以下の法令について概説します。

- ・　風営法（風俗営業等の規制及び業務の適正化等に関する法律）
- ・　労基法（労働基準法）
- ・　出入国管理法（出入国管理及び難民認定法）
- ・　雇用対策法

⑤ IR に関する主な法令

　IR については、主に以下の法令において、その設置および運営のためのさまざまな規律がなされています。

- ・　IR 推進法（特定複合観光施設区域の整備の推進に関する法律）
- ・　IR 整備法（特定複合観光施設区域整備法）
- ・　IR 整備法施行令（特定複合観光施設区域整備法施行令）

232　第7章　集客施設をめぐる法律問題

6 集客施設をめぐる法体系の全体像

集客施設をめぐる法体系の全体像は図表7-1のとおりです。

[図表7-1] 集客施設をめぐる法体系の全体像

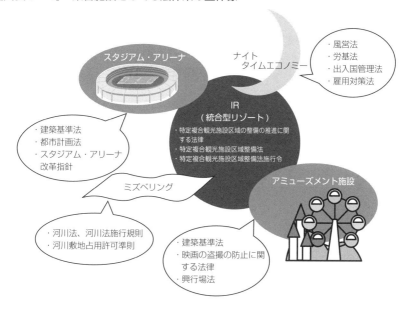

第3節

集客施設に関する法令の基本的知識

1 スタジアム・アリーナに関する事項

(1) 沿革

　スタジアム・アリーナは、「観るスポーツ」のための施設として、定期的に数万人の人々を集める集客施設として、注目されています。スポーツ庁と経済産業省は、我が国において、スポーツ観戦を主目的に多くの集客が見込める「スタジアム・アリーナ」を最大限に活用し、スタジアムを、スポーツの枠を超えた市民の憩いの場にすることを目標として、2016年7月、「スタジアム・アリーナ推進　官民連携協議会」を立ち上げました。同協議会の中で、スポーツを通じた地域振興や地域経済の活性化を実現するために策定されたのが「スタジアム・アリーナ改革指針」(以下「改革指針」) です。成長戦略 (未来投資戦略2017) では、多様な世代が集う交流拠点となるようなスタジアム・アリーナを2025年までに20ヶ所を整備することが、具体的な目標として掲げられています。また、スポーツ庁と経済産業省は、改革指針の他に、民間資金活用のポイントを整理した「スタジアム・アリーナ整備に係る資金調達手法・民間資金活用プロセスガイド」(2017年5月)、民間目線での収益性向上のポイントを整理した「スタジアム・アリーナ運営・管理計画検討ガイドライン」(2018年7月)、国内外のスタジアム・アリーナ事例や、スタジアム・アリーナ改革の実現に不可欠となる技術事例をまとめた「スタジアム・アリーナ改革ガイドブック〔第2版〕」(2018年12月) を公表しています。

(2) 改革指針の内容

　改革指針は、スポーツの成長産業化を妨げている可能性のある、スポーツ施設に対する固定観念や前例主義等に関するマインドチェンジを促すとともに、

スタジアム・アリーナを核とした官民連携による新たな公益のあり方を提示することを目的として、制定されました。従来の郊外立地で単機能のスポーツ機能を、街なかに立地し公共施設や商業施設等の複合的な機能を組み合わせるという「スマート・ベニュー」の考え方をもとに、地域交流拠点として、スタジアム・アリーナの建設を促進する内容になっています。また、スタジアム・アリーナは、地域の実情に応じて必要な機能や地域のシンボルとなる建築に対する適切な投資を行うことで、賑わいの創出や持続可能なまちづくり等の実現や税収等を含めて投資以上の効果を地域にもたらす「プロフィットセンター」としての役割も期待されています。

改革指針では、スタジアム・アリーナ振興のために、特に重点的に考慮すべきものとして、4つの要件と14の項目を挙げています。

[図表7-2] スタジアム・アリーナ改革指針におけるスタジアム・アリーナ振興のために特に重点的に考慮すべき事項

要 件	項 目
① 集客力を高めまちづくりを支える持続可能な経営資源としての要件	・ 顧客経験価値の向上 ・ 多様な利用シーンの実現 ・ 収益モデルの確立とプロフィットセンターへの変革 ・ まちづくりの中核となるスタジアム・アリーナ
② プロジェクト上流段階において検討されるべき事項に関する要件	・ ステークホルダーの確認と検討体制の整備 ・ 顧客の把握と情報提供 ・ 収益性の検証と設計等への反映 ・ 管理（運営、維持、修繕等）の検討 ・ スタジアム・アリーナ整備等に関するコンプライアンスとリスク管理
③ 収益・財務に関する要件	・ 民間活力を活用した事業方式 ・ 多様な資金調達方式
④ 事業推進・運営に関する要件	・ 目標設定、評価、フィードバック ・ スタジアム・アリーナ運営におけるIT・データ活用 ・ スタジアム・アリーナ経営人材

2 アミューズメント施設に関する事項

(1) 遊園地・ショッピングセンター等の商業施設

(a) 建築基準法による安全性の確保

　ジェットコースター等の遊園地における遊戯施設は、建築基準法上「建築物」（建築基準法2条1号）であると考えられており、遊戯施設の設置時には、安全性に関する基準に適合することについて建築主事等による審査・確認を受けなければなりません（同法6条）。また、遊戯施設には安全性等の観点から特別な技術的基準が定められており（同法施行令144条1項）、当該基準に適合するよう遊戯施設を設置する必要があります。遊戯施設の工事完了後は、法律が定める基準に適合しているかどうかを建築主事等が検査し（同法7条）、遊戯施設の所有者または管理者も、定期的に遊戯施設の検査を実施し、その結果を特定行政庁に報告することが義務付けられています（同法12条3項）。

　さらに、国内で遊戯施設に関する重大事故が生じた場合等には、特定行政庁が、遊戯施設の所有者等に対し、遊戯施設の緊急点検の実施および点検結果の報告等を求める場合もあります（同条5項）。

(b) ガイドラインによる安全性の確保

　ショッピングセンターやテーマパーク、あるいは遊園地の中の複合アスレチックやジャンピング遊具等の、子どもが体を動かして遊ぶことを目的とした施設および遊具については、経済産業省により「商業施設内の遊戯施設の安全に関するガイドライン」が定められています。

　同ガイドラインは、商業施設事業者が自ら設置・提供している遊戯施設に関して、遊戯施設の設計・設置、点検・保守、事故対応、マニュアル等の整備につき、取り組むべき事項を記載しています。また、事業者が自ら遊戯施設を提供する場合だけでなく、テナントと契約を締結し商業施設をサービスとして提供する場合や、リース契約等により遊戯施設の設置・運営を委託する場合についても、テナントの選定や委託事業者の選定、事故対応、再発防止、マニュアル等の整備に関して取り組むべき事項が記載されています。

⑵ 映画館・劇場等

⒜ 映画館・劇場に関する法令

　映画館や劇場等に関しては、まず、興行場法の適用を受けるとされており、映画館や劇場、音楽堂、野球場を業として行う場合には、都道府県知事（保健所設置市または特別区にあっては、市長または区長）の許可を得る必要があるとされています。また、興行場営業の営業者は、厚生労働省の「興行場営業の振興指針」の適用も受け、今後5年間に絞った営業の振興の目標を達成するために必要な事項として、衛生水準の向上に関する事項や、施設および設備の改善に関する事項、消費者・地域社会への貢献に関する事項等が定められています。

　映画館や劇場等の施設や建物自体については、建築基準法の適用があり、当該法令に基づき定期報告や調査・検査が義務付けられています。これらの他に、映画館・劇場に特有というわけではありませんが、関連法令として、誘導灯や消火設備等の設置基準や、客席の数や出入口数、避難経路等に関する地方自治体による技術基準も存在します。

⒝ 映画の盗撮の防止に関する法律

　映画の盗撮によって作成された複製物が多数流通し産業に多大な被害が発生していることに鑑み、映画の盗撮を防止するために必要な事項を定める映画の盗撮の防止に関する法律が制定されています。この法律では、映画の上映主催者等に対して、映画の盗撮を防止するための措置を講じる努力規定が定められており（映画の盗撮の防止に関する法律3条）、日本映画製作者連盟や全国興行生活衛生同業組合連合会等から構成される「映画館に行こう！」実行委員会が作成した「映画盗撮防止法Q&A」によると、盗撮を防止する措置として、盗撮行為が処罰対象となることの周知活動（「No More 映画泥棒」）や映画館への録音録画機器の持ち込み禁止、映画館内の監視強化や防犯システムの導入等が例として挙げられています。

③　水辺空間を利用した施設（ミズベリング）に関する事項

⑴　ミズベリング（MIZBERING）とは

　ミズベリング（MIZBERING）とは、「水辺＋RING（輪）」、「水辺＋ING（進行形）」および「水辺＋R（リノベーション）」の造語であり、河川の新しい活用の

可能性を創造していくプロジェクトとされています。現在国土交通省では、
「資源としての河川利用の高度化」に取り組み、「魅力ある水辺空間の創出」方
法として、水辺を活用したこれらミズベリング等の活動を積極的に支援するこ
とを方策としています。

　世界の主要観光地であるプリンセン運河（オランダ）、ヤラ川（オーストラリ
ア）、セーヌ川（フランス）、ライン川（ドイツ）等も河川のオープンスペース
を利用した有名な観光地となっています。日本においても道頓堀川（大阪府）
沿いの利用を始め、河川を有効利用している例は多いものの、まだ未活用の河
川は多く存在し発展途上にあるところ、近年、国土交通省のバックアップもあ
りミズベリングは注目されている観光に関係のある活動の１つといえます。

(2)　ミズベリングに関する法令

(a)　河川法・河川法施行規則

　河川の使用については、主に河川法が規制しており、河川区域内の土地の占
用を行う場合（河川法 24 条：特許使用）、河川区域内の土地において工作物を
新築・改築しようとする場合（同法 26 条 1 項前段：許可使用）には、それぞれ
河川管理者の許可を受ける必要があるとされています（具体的な申請手続につ
いては同法施行規則 15 条が規定しています）。河川管理者は、河川の種類によ
り、国土交通大臣や都道府県知事、市町村長等が担います。

　なお、実際の許可にあたっては(b)の「河川敷地占用許可準則」（事務次官通
達）による審査が行われます。

(b)　河川敷地占用許可準則

　河川敷地占用許可準則は、河川利用にあたっての許可基準を定めています。
河川は公共空間であるため、その占用が認められる施設は、他者の河川利用を
妨げず、治水上や利水上の支障が無い、公共性や公益性のあるものに限られて
おり、占有主体は地方自治体等の公的主体に限定されていました。もっとも、
同準則は社会ニーズに対応するため順次改訂が行われており、2005 年の改正
では、実験的に、民間事業者等による河川敷地でのオープンカフェやイベント
の実施等の営業活動が可能となり、2011 年の改正により、河川空間での事業
の実施がより容易になりました。

　最近では、「資源としての河川利用の高度化に関する検討会」において、魅
力ある水辺空間の創出を推進する観点から、2016 年 5 月 30 日付国水政第 33

号国土交通事務次官通知により、都市・地域再生等占用主体が営業活動を行う事業者等である場合について占用許可期間を公的主体と同程度まで延長する旨の改正が行われ、これにより水辺のオープンスペースを民間がより有効に活用できる途を開きました。

現行の河川敷地占用許可準則第22では、河川管理者は、都市・地域再生等利用区域（都市および地域の再生等のために利用する施設が占用できる河川敷地の区域）を指定し、併せて都市・地域再生等占有方針および都市・地域再生等占用主体を市区町村ごとに定めるものとされています。これにより地域のニーズに対応した河川敷地の多様な利用が可能となっています（なお、詳細は各市区町村のウェブサイト参照）。

[図表7-3] 河川空間オープン化をめぐる手続きの流れ

（参照：国土交通省「資料2．河川空間のオープン化について　2．河川空間のオープン化について⑤」を元に作成）

4　ナイトタイムエコノミーに関する事項

(1)　ナイトタイムエコノミーとは

観光庁では、訪日外国人旅行者の地方誘客、消費機会の拡大を図るための取組みの1つとして、ナイトタイムエコノミーを推進しています。ナイトタイムエコノミーとは、広く夜間帯の活動を指す用語として使用されていますが、国土交通省観光庁観光地域振興部観光資源課「ナイトタイムエコノミー推進に向けたナレッジ集」（2019年3月）では「18時から翌日朝6時までの活動」と定義されています。近年観光資源として夜間の時間帯を有効活用することの重要性が認識されてきており、観光立国推進閣僚会議において策定された「観光ビジョン実現プログラム2018」においても夜間のコンテンツの重要性が取り上げられています。

第3節　集客施設に関する法令の基本的知識　239

日本におけるナイトタイムエコノミーとしては、ロボットレストラン（東京都新宿区）、地域ごとの花火大会（いわゆる三大花火大会として秋田県・茨城県・新潟県）、さっぽろ雪まつり（北海道札幌市）といった各地域の祭り等、従前より人気のあった夜間コンテンツに加え、近年では、ナイトプールや東京バーホッピングツアー等の各種夜間ツアー、展望台や美術館等の営業時間の延長による夜間利用の拡充等が挙げられます。

日本においても徐々にナイトタイムエコノミーが浸透してきているとはいえ、ロンドンやニューヨークといった世界規模で著名なナイトタイムエコノミー都市と比較するとまだコンテンツのラインナップは十分ではなく、発展途上にあるといえます。他方で、ナイトタイムエコノミーは日中の営業と比較し、法律等の制約が多い上に、交通機関等のインフラの整備が必要であり、民間だけではハードルが高い側面があります。もっとも、新たな市場として見込まれる経済効果は大きく、上述のとおり現在政府の関心も高い分野であることから、今後の重要な観光資源となるといえます。

(2)　ナイトタイムエコノミーに係る法規制等

ナイトタイムエコノミーとは、夜間帯における諸活動を指す幅広い用語であり、活動ごとに必要な法規制は異なります。もっとも、夜間という観点から一定程度共通して留意すべき規制は存在しています。また、ナイトタイムエコノミーは近隣住民からすると騒音・光害や犯罪率の増加の懸念等が否定できず、日中の営業行為よりもデリケートな問題が存在しており、法規制の遵守には細心の注意を払う必要があります。

以下では、ナイトタイムエコノミーに関して留意すべきいくつかの規制として、風俗営業等の規制及び業務の適正化等に関する法律および労働関連法について概観します。なお、これらはナイトタイムエコノミーに関連する法令の一部にすぎず、実際に事業を行う際には事業ごとの特徴に合わせ個別の検討が必要である点には留意する必要があります。

(a)　風営法（風俗営業等の規制及び業務の適正化等に関する法律）

(i)　概　要

風俗営業等の規制及び業務の適正化等に関する法律（以下「風営法」）では「風俗営業」、「性風俗関連特殊営業」、「特定遊興飲食店営業」、「深夜酒類提供飲食店営業」、「接待業務受託営業」等その他の業務を規制対象事業としてお

り、これらに該当する場合には風営法上原則として営業の許可等が必要とされ、事業遂行上規制を受けることになります。また、風営法に関しては各都道府県で関連条例が定められ、警察庁生活安全局から「風俗営業等の規制及び業務の適正化に関する法律等の解釈運用基準（通達）」（以下「風営法運用基準」）が出されている等、その規制にあたって留意すべき法令等がいくつか存在していることから、風営法上の規制業種を営む場合には関連する法令等の確認も必要となります。

風営法における具体的な事業区分の概要は次の図表7-4のとおりです。

[図表7-4] 風営法における事業区分の概要

事業区分		具体例	許認可
風俗営業	1号営業：接待	特定少数の客に対する談笑・お酌、ショー、歌唱、ダンス、遊戯等（キャバレー、料亭、待合茶屋、バー等）	許可制
	2号営業：低照度飲食店	喫茶店、バー等（客席における照度を10ルクス以下として営むもの）	
	3号営業：区画席飲食店	喫茶店、バー等（他から見通すことが困難であり、かつ、その広さが5㎡以下である客席を設けて営んでいるもの）	
	4号営業：麻雀、パチンコ等	雀荘、パチンコ店等	
	5号営業：ゲームセンター等	ゲームセンター等	
性風俗関連特殊営業	店舗型性風俗特殊営業	ソープランド、ラブホテル・レンタルルーム、個室ビデオ、アダルトショップ、出会い系喫茶等	届出制
	無店舗型性風俗特殊営業	デリバリーヘルス等	
	映像送信型性風俗特殊営業	アダルトサイト等	
	店舗型電話異性紹介営業および無店舗型電話異性紹介営業	テレホンクラブ（入店型・無店舗型）等	
特定遊興飲食店営業		クラブ、ライブハウス、スポーツバー等（10ルクス超え）	許可制
深夜酒類提供飲食店営業		バー、ガールズバー等	届出制

	興行場営業	映画、演劇等	興行場法による許可制
その他	特定性風俗物品販売等営業	アダルトショップ（風営法2条6項5号）に該当しない販売営業	
	接客業務受託営業	コンパニオン派遣等	

(ii)　特定遊興飲食店営業

　図表7-4のうち、「特定遊興飲食店営業」は、2015年6月24日、風営法の一部を改正する法律が公布されたことに伴い、新たに設けられた許可営業であり、その営業には公安委員会の許可（風営法31条の22）が必要となります。同改正は従前より現代の実態と乖離するとの批判を受けてきた風営法の一部の規制を改正するものであり、ナイトタイムエコノミーの観点からも重要な改正となります。

　ここで特定遊興飲食店営業とは、ナイトクラブその他設備を設けて客に遊興させ、0時以降にお酒を提供し、明るさが10ルクス（上映前の映画館の明るさに相当するとされています）を超える店を指します。なお、「遊興」とは、不特定の客にショー、ダンス、演芸その他の興行等を見せる行為や、特定の客に歌手がその場で歌う歌、バンドの生演奏等を実施する行為を指すとされています。また法令上、営業可能な地域が限定され、または特定の地域における営業時間が制限されており、さらに、18歳未満の者の午後10時以降の立入が制限されている点に留意が必要です。

　かかる営業許可形態の導入により、0時以降であっても、お酒の提供があり、クラブミュージックを店内で流しダンス等を取り入れた形態の営業業態が、一定の要件の下に法令上認められるに至りました。他方で、本改正後に特定遊興飲食店営業の無許可営業容疑で摘発された事例が発生しており、法令等の遵守には細心の注意を払う必要があります。

　特定遊興飲食店営業に関する具体的な該当性は警視庁ウェブサイト（「特定遊興飲食店営業について」）において、確認が可能となっており、当該ウェブサイトにおけるチェックテストや、最終的には警察署への相談等により判断することが多いと思われます。

　なお、従来、ダンスに係る営業については風営法の規制の対象となり、厳格な制限が定められていました。しかし、前述の2015年の改正により、次のと

おり整理され、客にダンスをさせるだけの行為については、風営法の規制対象から外れています。

[図表 7-5] 風営法におけるダンスに係る営業の考え方

営業内容	具体例	適用対象
客にダンスをさせる営業	ダンス教室、ダンスホール等	風営法の規制対象外
客にダンスをさせ、かつ客に飲食をさせる営業	クラブ、踊れるレストラン等	通常の飲食店の営業許可
客にダンスをさせ、かつ深夜0時以降の酒類の提供をする営業	クラブ	特定遊興飲食店営業の許可

(b) 労働関連法

働き方改革の中で労働法制に対する注目度が高まっており、より厳格な規制と運用がなされるに至っています。ナイトタイムエコノミーに関しても例外ではなく、特に夜間労働の観点からいかなる規制に留意が必要か、という点を中心に以下概観します。また、日本における労働人口の減少とその対応策としての外国人人材の受入についても、従前より議論されてきた問題であり、外国人労働者の雇用に関する留意点についても概説します。なお、これらの規制には罰則規定等も設けられていることから、規制適用審査を適切に行うために、確認のフローを各社・各店舗において整備し、適切な遵守体制を構築することが重要であるといえます。

(i) 労基法

まず、労働基準法(以下「労基法」)の下では、使用者は、原則として、健康や福祉の確保の観点から、満18歳未満の年少者を深夜労働(午後10時から午前5時まで)に使用してはならないとされています(労基法61条1項本文)。しかし、交替制による労働の場合は、満16歳以上の男性に限り、深夜労働に従事させることが認められています。また、女性については、基本的には、男性との取扱いの相違はありませんが、妊産婦からの請求がある場合は、深夜労働に従事させることはできないとされています(同法66条3項)。さらに、小学校就学前の子を養育する労働者または要介護状態にある対象家族を介護する労働者が申し出た場合は、事業主はその従業員を深夜労働させてはならないとさ

第3節 集客施設に関する法令の基本的知識 243

れています（育児・介護休業法 19 条）。

　また、労基法上、深夜労働（午後 10 時から午前 5 時までの労働）については、原則として、0.25 倍以上の率で計算した割増賃金の支払義務が生じることになります（労基法 37 条 4 項）。

　なお、いわゆる管理監督者についても、労働時間、休憩、休日に関する規定が適用除外とされているにすぎず、深夜労働手当の支払義務は依然として生じていることに留意が必要です（同法 41 条 2 号）。

(ii)　外国人労働者について

　a　出入国管理法

　出入国管理及び難民認定法（以下「出入国管理法」）上、外国人留学生については 1 週間の労働時間を原則として 28 時間以内とすることでその就労が認められていますが、その際風俗営業等が就労場所で営まれていないことを条件としていることから、外国人労働者の採用時には留意する必要があります（出入国管理法 19 条 2 項、同法施行規則 19 条 5 項 1 号参照）。

　就労が制限されていることを十分認識せずにアルバイト等に申込みを行った外国人留学生が上記規定に反する場合には当該従業員に加えて採用する側にも両罰規定により 3 年以下の懲役もしくは 300 万円以下の罰金またはその併科を科す旨の規定が設けられています（同法 76 条の 2、73 条の 2 第 1 項 1 号・第 2 項 2 号参照）。なお、2018 年 12 月に改正出入国管理法が可決成立し、2019 年 4 月から外国人の就労が認められる分野が拡大しています。特に、滞在期間が通算で 5 年に限定され、家族の帯同が認められていない「特定技能 1 号」ビザ（宿泊業、外食業等）と期間に上限がなく家族の帯同が認められる「特定技能 2 号」ビザ（建設業、造船・舶用工業）が新設されています。

　b　雇用対策法

　雇用対策法上、外国人労働者を雇い入れた際には、当該外国人労働者の氏名、在留資格、在留期間等について確認し、厚生労働大臣（ハローワーク所長）に対する届出をしなければならないとされています（雇用対策法 28 条 1 項）。厚生労働省「外国人労働者の雇用管理の改善等に関して事業主が適切に対処するための指針」5 の 3 によれば、上記の届出は、①雇用保険被保険者資格を有する外国人労働者については、雇い入れに係る届出にあっては雇い入れた日の属する月の翌月 10 日までに、離職に係る届出にあっては離職した日の翌日から起算して 10 日以内に、②雇用保険被保険者資格を有さない外国人労働者については、雇い入れまたは離職した日の属する月の翌月の末日までに行わなけ

244　第 7 章　集客施設をめぐる法律問題

ればならないとされています。仮に雇用対策法28条1項に違反している場合には、30万円以下の罰金の規定が設けられていることから（雇用対策法40条1項2号）、留意が必要です。

c 条 例

深夜営業、騒音、光害等については各地方自治体においてそれぞれ法律による規制に加えて条例等を定めているケースがほとんどとなります。そのため、実際の営業を検討する際には、法律の規制とは別に、営業地に適用される条例の確認も必要となります。

たとえば、都民の健康と安全を確保する環境に関する条例によれば深夜帯の音響機器の使用制限（同条例131条）、深夜帯の営業の制限（同条例132条）の規制がされており、東京都で営業を行う際は風営法等の法律による規制のみならず、これら条例に基づく規制についても確認する必要があります。

d ガイドライン

また、近時、各省庁においてガイドラインや行動指針といった事業遂行上参考にすべき指標等が策定されており、円滑な営業活動のためには、これらの内容にも留意する必要があります。一例として環境庁が出している「光害対策ガイドライン」があります。同ガイドラインでは、屋外照明の増加、照明の過剰な使用等により生じる天体観測等への障害、まぶしさ等からくる不快感、交通信号等の重要情報の認知力の低下、自然への悪影響への対応を目的として、照明が与える影響を分析し、屋外照明設備の推奨基準を設定しています。ナイトタイムエコノミーでは深夜帯の照明利用は不可欠であり、ガイドラインとはいえ、設定されている基準は無視できないといえます。

5 IRに関する事項

(1) 沿 革

日本政府は、カジノを含むIRを、地域経済の活性化や観光客の大幅な増加をもたらす「2020年東京オリンピック・パラリンピック前後の切れ目ない国際観光政策」として、「これまでにないスケールとクオリティーを有する総合的なリゾート施設」と位置づけ、導入への準備を進めてきました。具体的には、「世界最高水準のカジノ規制」として、2016年12月26日にIRの基本法である「特定複合観光施設区域の整備の推進に関する法律」（以下、「IR推進法」）を、2018年7月27日にIRの実施法である「特定複合観光施設区域整備

第3節 集客施設に関する法令の基本的知識 245

法」（以下、「IR整備法」）を公布し、また、2019年4月1日には「特定複合観光施設区域整備法施行令」（以下、「IR整備法施行令」）が施行されました。本項目では、IRについて関連法令を概説します。

(2) IR整備法の内容

(a) カジノ事業に対する規制

(i) 参入規制

日本国内でカジノ事業を行うには、区域整備計画の認定に加え、カジノ管理委員会による免許を受ける必要があります。免許は、有効期間が3年で更新可能です。カジノ事業者には、業務方法書、カジノ施設利用約款、依存防止規程（本人・家族等申告による利用制限を含みます）および犯罪収益移転防止規程の作成を義務付けられ、免許申請時にカジノ管理委員会が審査（変更は承認が必要）を行うこととされています（IR整備法40条2項）。

また、カジノ事業者の議決権または持分を5％以上保有する主要株主等や、カジノ施設供用事業者、施設土地権利者、カジノ関連機器メーカー等のカジノ事業関係者は、カジノ管理委員会による免許・認可・許可を受けなければなりません（同法58条、124条、136条3項、143条1項）。

(ii) 事業活動規制

カジノ事業の一環として、もっぱらチップの交換のための顧客の金銭移動に係る為替取引、預かり業務、貸付業務、両替業務（特定金融業務）を行うことも、厳格な規制の下、認められています（IR整備法76条以下）。

カジノ事業者は、カジノ事業を含めたIR事業全体を所有・経営・運営する一体性が確保された事業形態が原則とされており、他の業者にカジノ業務を業務委託することは原則として認められていません。他方で、カジノ管理委員会の免許等を条件に、土地・施設の所有権等が分離する事業形態および「カジノ事業以外」のIR事業の運営委託を行うことは可能とされています。ただし、業務委託をする場合には、カジノ管理委員会の定める当該委託業務の適切な遂行を確保するために必要な措置を講ずる必要もあります（同法93条2項）。何が必要な措置であるかについては現状解釈が示されておらず今後の検討に委ねられている部分かと思われますが、適切な報告体制、管理・監督体制といった委託先の業務状況等を管理する体制が考えられます。

(iii) その他の規制

カジノ事業を行う施設の面積や、カジノ事業者が雇用する従業員について

も、規制が設けられています。

　各 IR 施設におけるカジノ施設は 1 つに限定され、もっぱらカジノ行為の用に供される部分（ゲーミング区域）の床面積の上限は、IR 施設の床面積の合計の 3% に制限されています（IR 整備法 41 条 1 項 7 号、同法施行令 6 条）。

(b)　弊害防止対策
(i)　ギャンブル依存防止対策・青少年の健全育成

　ギャンブル依存症対策・青少年の健全育成として IR 整備法では現在、概要次の図表 7 - 6 の規制を設けています。制度導入時からこの点は議論がされてきているところであり、免許付与時やその後の更新を受けるにあたっても、この点への対策は重要になってくるものと思われます。今後も、IR 関連の法令等は徐々に整備されていくものと思われ、その過程で最低限どのような規制を遵守する必要があるのかという点については留意する必要があるといえます。

[図表 7 - 6]　ギャンブル依存症対策の概要

規制内容	具体的内容	根拠条文
広告規制	虚偽または誇大な表示または説明等の禁止 IR 区域以外の地域（主として公共交通機関を利用する外国人旅客の乗降、待合いその他の用に供する施設として政令で定めるもの（国際線が就航する空港や外航クルーズ船等が就航する港湾の旅客ターミナルのうち、外国人旅客が入国手続を完了するまでの間に滞在することができる部分）を除く）での、広告物の表示の禁止	IR 整備法 106 条 政令 15 条
	20 歳未満の者への、カジノ事業に関する勧誘の禁止	IR 整備法 106 条 3 項
入場回数制限	日本人入場者および日本に住居を有する外国人入場者は、入場等基準日から遡って(i)連続する 7 日間で 3 回カジノ施設に入場した場合、(ii)連続する 28 日間で 10 回カジノ施設に入場した場合には、カジノ施設への入場禁止 なお、本人・入場回数の確認手段として、マイナンバーカード等に記録された公的個人認証が義務付けられ、カジノ管理委員会が入場回数を把握し、事業者の照会に応じて回答するという管理がなされる	IR 整備法 69 条 4 号・5 号、70 条 1 項・2 項

第 3 節　集客施設に関する法令の基本的知識　247

入場料	日本人入場者および日本に住居を有する外国人入場者は、入場料・認定都道府県等入場料として、それぞれ 3,000 円が賦課され、以降は 24 時間を経過するごとに、再度同額の入場料・認定都道府県等入場料が賦課される	IR整備法176条、177条
依存防止措置	カジノ事業者は、免許の申請時に、依存防止規程を添付しなければならず、当該依存防止規程にしたがって、入場者やその家族等の申出によるカジノ施設の利用を制限する措置や、入場者からの相談に応じ、カジノ施設利用に関する入場者の適切な判断を助けるための措置等を講じなければならない	IR整備法40条2項7号、68条1項

(ii) マネーロンダリング対策

　マネーロンダリング対策も IR 事業においては重要な遵守項目とされており、先般の IR 整備法施行令においても規定が追加されており、今後の動向には十分留意が必要です。

[図表 7 - 7]　マネーロンダリング対策の概要

規制内容	具体的内容	根拠条文
暴力団員等の入場禁止	暴力団員等のカジノ施設の利用の禁止（入場時のマイナンバーカード等に記録された公的個人認証による本人確認等）	IR 整備法 69 条 2 号、70 条 1 項
取引時確認	FATF 勧告に規定されたマネーロンダリング対策（顧客の本人確認（取引時確認）、取引記録の作成・保存、疑わしい取引の届出等）の実施	IR 整 備 法 103 条 〜105 条、109 条 1 項
現金取引報告	顧客との間で、カジノ事業に係る一定の取引にあたり、かつ 100 万円を超える現金の受払いを行った際の、取引内容、金額等のカジノ管理委員会への届出義務	IR 整備法 109 条 1 項　同法 施 行 令 16 条 2 項
チップ等の規制・監視	カジノ行為区画等における顧客間でのチップの譲渡や、カジノ施設外へのチップの持ち出し防止に必要な措置の実施	IR 整備法 104 条
	顧客間でのチップの譲渡やカジノ施設外へのチップの持ち出しが禁止されている旨の表示	IR 整備法 105 条

248　第 7 章　集客施設をめぐる法律問題

第4節

集客施設に関する法律問題

１ スタジアム・アリーナに関する法的論点

⑴ ファイナンス

　スタジアム・アリーナ事業を行うにあたっては、スタジアムの建設費や修繕費だけでなく、高密度の Wi-Fi、スマートフォンアプリ等のコンテンツの作成等に巨額のお金が必要であり、ファイナンスの検討が必要です。従来、大規模なスポーツ施設の整備は、政府が主導して行ってきましたが、現在ではスタジアム・アリーナが建設される地方自治体と民間企業が協力した官民連携型のスキームを用いる例が多くなっています。

　民間企業が地方自治体からの借入金を用いてアリーナ施設を建設後、地方自治体に当該施設を譲渡し、地方自治体から業務委託を受けてアリーナ事業を行う場合もあれば（横浜アリーナ）、金融機関・地元企業からの寄付・融資を行政に集め入札方式でアリーナ建設会社を選定し、アリーナを建設した後、イベント施設運営ノウハウを有する企業やスポーツ協会やプロモーター等により構成される SPC（特別目的会社）がイベント施設運営会社に業務委託をして、アリーナ事業を行わせる場合（豊橋新アリーナ）もあり、スタジアム・アリーナ事業の資金調達の手法は多岐にわたります。また、ファンドを通じて初期投資額を取得することも考えられます。

　事業者としては、地方自治体と連携しながら、必要な資金の額に応じて、どのような資金調達方法を用いるのかを決定する必要があります。

⑵ スタジアム・アリーナの所有と運営のあり方

　従来の大規模なスポーツ施設は、政府が建設・整備したものを、民間企業が指定管理者の指定を受ける等して、運営する方法が主でした。この方法の場

第4節　集客施設に関する法律問題　249

合、地方自治体が施設を所有しているため、利用料金や利用条件の変更については、条例による規定が必要であり（地方自治法238条、244条の2第1項等）、施設に対する運営者の意向が反映されにくく、十分な運営管理が行えません。

　そのため、従来の方式ではなく、施設の運営権を民間企業に設定し、民間企業は対価を支払うコンセッション方式による施設運営が注目されています。この方式によると、地方自治体と民間企業とのコンセッション契約の中で、運営期間や料金を事前に決め、段階的かつ詳細な運営管理の方法を定めることができ、指定管理者制度よりも柔軟な施設の運営管理が可能です。ただ、コンセッション事業者が施設運営をどこまで自由にやることができるかという点については、計画している事業形態やコンセッション料金とのバランスを考えてコンセッション契約の内容を考えなければならず、留意する必要があります。

　また、施設の設計者・施行者と運営者が別に選定される場合も多く、施設の内容については運営者の意向が十分に反映されない場合も少なくなく、このような事態を避けるために、施設の計画段階から、施設の設計・建築・運営まで一体的に事業化して実施する方法も考えられます。

(3)　チケットの高額転売規制

　昨今、スタジアムは、スポーツ観戦のためだけではなく、スポーツ等のイベント会場や、アーティストやアイドルのライブ会場としても用いられています。しかし、人気のコンサートや舞台、スポーツイベント等のチケットを、業者や個人が買い占め、オークションやチケット転売サイト等で定価を大幅に上回る価格で転売することにより、チケットを本当に求めている人にとって入手しづらい状況が続いてきました。

　このような状況を受け、チケットの高額転売等を禁止するため、2019年6月からチケット不正転売禁止法が施行されました。チケット不正転売禁止法の概要は、第6章第3節2(2)をご参照ください。

2　アミューズメント施設に関する法的留意点および関連判例

　近年では、映画館でも座席が前後左右や上下に動き、水や香り、フラッシュ等の特別なエフェクトを映画に合わせて楽しめるシアター（4DX）等、アトラクションと呼べるような装置が全国で多く導入される等、技術の進化に伴い、多様な仕掛けを有する設備が増加しつつあります。他方で、アミューズメント

施設においては、4DXや遊園地の遊具等の利用者が怪我をする、あるいは具合が悪くなる等は常に想定されるケースであり、民法上の工作物責任（民法717条）や安全配慮義務違反（同法415条）が生じる可能性があることに留意する必要があります。事業者には、遊具等の点検を定期的に行う等、遊具等による事故を未然に防ぐための安全管理体制を構築することが求められます。また、アミューズメント施設を管理・運営する際には、設置している遊具等に起因して発生した事故について、刑事責任が問われる場合もあります。遊園地を営む会社の取締役総括施設営業部長等が、コースターの車両の車輪装置と車台枠をつなぐ軸の検査指示を怠り、亀裂が入った状態で乗客の利用に供したために、コースターが脱輪し、乗客1名を死亡させ、12名を負傷させた事案では、当該総括施設営業部長等に業務上過失致死罪が成立するという判決が下されています（大阪地判平成21年9月28日裁判所ウェブサイト）。

　さらには、アミューズメント施設において、利用者から不正な利益を得る目的で、設置している機器等を正常に稼働させない等の場合には民事上または刑事上の責任が問われるケースがありえます。最近の事案において、景品が取れないように設定したクレーンゲームを稼働させ、利用者から収益を得ていたゲームセンター運営会社の役員らに対し、当該一連の行為が詐欺罪（刑法246条1項）に該当するとして、経営者に懲役3年執行猶予4年、元従業員3人にそれぞれ懲役1年6ヶ月執行猶予3年の判決が出されています（大阪地判平成30年6月12日裁判所ウェブサイト）。

3 ナイトタイムエコノミーに関する法的論点

(1) 風営法の規制に係る法的論点

(a) 特定遊興飲食店営業

　特定遊興飲食店営業を営む者には深夜以外の時間帯は、たとえば、通常の飲食店営業や、風営法上の風俗営業を営み効率的な事業運営を行いたいというニーズは一定程度あると思われます。このような同一店舗において異なる法規制を受ける業態の営業が認められるかという点については、一般には営業の継続性が完全に断たれている場合には、このような業態も認められると解されています。一例として風俗営業および特定遊興飲食店営業について、深夜以外の時間帯に風俗営業を行い、その後深夜に特定遊興飲食店営業を営もうとする場合、①接待飲食等営業については、すべての客を帰らせるとともに、接客従業

者も帰らせ（客としても残らせないものに限ります）、別会計として営業する、②ゲームセンター等については、ゲームセンター等の区画を閉鎖し立入りを禁止すること、または当該遊戯設備を撤去（当該設備の電源を切り、かつ、遊戯設備に覆いをかける等撤去に準じる措置も認められています）等することで営業の継続性が完全に遮断されている場合には、それぞれの許可を受け、各規制を遵守することを前提にかかる態様での営業が認められています（風営法運用基準 42 頁参照）。実際にどのような場合に遮断されているといえるかは個別具体的な事情に基づく判断が必要となることから、警察署等への相談を行いながら、対応していくことになると思われます。

(b) デジタルダーツおよびシミュレーションゴルフの取扱いに関する通達

　2018 年 9 月 21 日付で警察庁から「デジタルダーツ及びシミュレーションゴルフを設置して客に遊戯を指せる営業の取扱いについて（通達）」が発布されており、①従業員が目視または防犯カメラの設置により、当該営業所に設置されているすべてのデジタルダーツおよびシミュレーションゴルフの遊技状況を確認することができ、②当該営業所に風営法 2 条 1 項 5 号に規定する営業の許可を要する遊戯設備が他に設置されていない場合には、規制の対象としないこととされています。

　なお、②はいわゆる 10% ルールに関するものであり、②における遊技設備が他に設置されていない場合とは、デジタルダーツおよびシミュレーションゴルフ以外の対象遊技設備が、当該対象遊技設備設置部分を含む店舗の 1 フロアの客の用に供される部分の床面積に対して当該対象遊技設備が客の遊技の用に供される部分が占める割合が 10% を超えない場合を含むとされています。本通達を受けて、デジタルダーツおよびシミュレーションゴルフを除いた遊技設備の設置面積が、所定の床面積の 10% 以下となるのであれば、風営法 2 条 1 項 5 号の許可は不要となります（従前デジタルダーツおよびシミュレーションゴルフを含み、許可を受けていた場合には許可証の返納が必要となります）。

　なお、上記 10% ルールに該当する場合であっても、遊技設備を設置して客に遊技を行わせる営業自体は風俗営業に該当しますので、風営法の適用自体はあり、客引き行為の禁止や 18 歳未満の立入り禁止等の風営法上の規制はなお遵守する必要があることには留意が必要となります。

(2) 労働関連法に係る法的論点

前述のとおり、管理監督者は通常の労働者と規制の内容が若干異なることから、管理監督者性の判断が問題となります。この点、労働省労働基準局長より発せられた1947年9月13日基発17号、1988年3月14日基発150号によれば、管理監督者とは一般的には、部長、工場長等労働条件の決定その他労務管理について経営者と一体的な立場にある者の意であり、名称にとらわれず、実態に即して判断すべきとされているため、役職名等にかかわらず勤務実態に応じた実質的な検討が必要となるとされています。なお、指揮監督系統に直属する者の管理監督者性に関する裁判例の傾向として、①職務内容、権限および責任の重要性、②勤務態様につき労働時間の裁量・労働時間管理の有無・程度、③賃金等の待遇の3点に留意しつつ、具体的事実を総合的に考慮して判断されるものとされています。

また、管理監督者であっても所定労働時間は定める必要があり、深夜業に対する割増賃金の計算基礎時間も「当該職種の労働者について定められた所定労働時間を基礎とする」（1947年12月15日基発502号）こととされており、上記の判断と併せて再度の見直しが必要となるかと思われます。

④ IRに関する法的論点

(1) IR導入までに想定されうるビジネスをめぐる法的論点および留意点

(a) 企業間の協業

IR事業の規模や事業内容の多様性から1つの企業が事業のすべてをカバーすることは非常に困難です。前述のとおり、カジノ事業者は、原則として、カジノ業務を委託してはならないとされていますが、逆に、カジノ業務以外は、第三者への業務委託が可能です。したがって、1つのIR事業の運営に際し、海外事業者も含む多くの企業の参加が想定されています。

IR事業の検討段階では、まずは通常の業務提携におけるのと同様に、IR事業基本合意書（Letter of Intent（LOI）、Memorandum of Understanding（MOU）と呼ばれるもの）を作成することが考えられます。ここでの基本合意書の作成の意味合いは通常の業務提携における場合と大きく異なるものではなく、①重要な問題の認識・共有、②独占交渉権の獲得、③（重要事実についての開示を同時に行っている場合）インサイダー取引規制上の問題を解消できること等があり

ます。特に入札案件であることに鑑み提携が想定される建設業者、ホテル事業者や外資系カジノ運営事業者との間で、独占交渉権を獲得し、NDA（守秘義務契約）を締結しておくことが重要と思われます。なお、カジノ事業者が締結する契約に関しては、業務受託者が十分な社会的信用を有する者である等の一定の要件を満たさなければならず（IR整備法94条）、カジノ事業者は委託契約の締結に際してカジノ管理委員会の認可を受けなければならないとされている点に留意が必要です（同法95条）。

　さらに、交渉を進める中で欧米との法制度の違いへの留意も必要となります。たとえば、取締役等の株式会社における機関の位置づけが日本と欧米では異なることから、欧米のパートナーが納得する機関選択とそれに合わせた適切な事前の説明は非常に重要となってくるといえます。

(b)　ファイナンス

　IR事業は数兆円規模の事業であり、ファイナンスの検討が不可欠です。IR事業では区域整備計画の有効期間は10年間で、その後5年ごとの更新制とされ、カジノ免許の期間は3年間であり、その後3年ごとに更新されます。別の事業者に切り替わることは想定されないものの、IR施設設置後の状況の変化（周辺地域の風紀の乱れ、犯罪率の増加等）によっては、設置自治体からの反対を受ける可能性があります。仮に設置自治体により強固な反対を受けた場合には、免許の更新につき疑義が生じることとなり、設置自治体の政治に影響を受ける等、事業継続の存立基盤は実は不安定な側面もあります。そのため、そもそも多額の投資の回収が可能なのかという問題もあり、融資を受ける際に上記のようなリスクをどのようにカバーするかが問題となりえ、ファイナンスの検討にあたってはこの点をどのようにカバーするかの留意が必要です。

(2)　IR事業の運営に係る法的論点および留意点
(a)　労働問題（カジノディーラーの免許制等）
(i)　免許制度

　現時点で、日本のカジノ施設においてディーラーが稼働する際に、免許が必須とはされていないものの、ゲーミングの公正さを担保する観点から、今後議論の進展とともに海外同様にディーラーの免許が要求される可能性は十分考えられます。カジノの規模にもよりますが相当数のディーラーの確保が必要となるところ、新規の職業であることから、人材の確保に困難が生じる可能性があ

254　第7章　集客施設をめぐる法律問題

ります。また、カジノではディーラーの技術が非常に重要となり、採用後もスキルアップのための教育制度の充実化が必須といえます。必要に応じて海外からの人材の確保やノウハウの補給が必要となるように思われます。かかるカジノディーラーの重要性を踏まえ、カジノ事業者は、カジノディーラーとの契約関係および内容を慎重に検討する必要があります。

また、カジノ事業に従事する従業者については、反社会的勢力との関わりを排除する観点から、カジノ管理委員会による確認が予定されていますが、IR事業全体の公正性は同事業の大前提であり、反社会的勢力への対策は事業全体の存続に関わる重要な取組みとして求められています。

(ii) 勤務形態

カジノ施設は、年中無休、24時間営業で運営されることが想定されており、カジノを主導するカジノディーラーもカジノ施設の運営に合わせた勤務形態をとることになります。基本的にはシフト制での勤務が想定されますが、カジノ事業者としては、ディーラーに連続して勤務をさせる場合に一定の時間の休憩を取らせること、夜間のシフトの場合は年少者や妊産婦等に勤務させないこと等、労働基準法違反にならないよう配慮する必要があります。また、労働基準法上あるいは労使協定上の労働時間の上限を超えることがないよう、各ディーラーの総労働時間を正確に管理する仕組みも必要になるといえます。

(b) IR 利用者に関する入場規制および個人情報保護（入場時の個人情報管理、マイナンバーの利用）

カジノ事業者は、カジノ施設の入場者からマイナンバーカード等の提示を受け、本人特定事項や入場禁止対象者に該当しないかどうかの確認をしなければならず、確認をした日や本人特定事項（写真に関する情報を除きます）、入場禁止対象者に該当するかどうかの確認の結果、入場日時や退場日時等を記録した上、保存しておく必要があるとされます（IR 整備法 70 条 1 項）。20 歳未満の者や暴力団員等、入場料等未払者、入場回数制限超過者については、カジノ施設への入場等を禁止することとし（同法 69 条）、カジノ事業者に対しても、これらの者を入場させてはならないことを義務付けています（同条）。

本人特定事項は氏名、住所、生年月日等の情報が含まれるものであり、個人情報に該当することから、これらの情報を取り扱うカジノ事業者は、漏えい・滅失等がないように、その取扱いに十分に注意する必要があります。従業員への研修制度（個人情報の重要性、違反結果の重大性等）、個人情報取扱いに関する

第 4 節　集客施設に関する法律問題　255

マニュアルの策定といった適切な個人情報の管理体制を構築する必要があります。適切な管理体制を構築しないことは、問題が発生した場合の使用者責任の根拠になるだけでなく、免許の更新の判断に影響を及ぼす可能性があるなど、事業遂行に重大な影響を与える可能性があることから、慎重な対策が必要になります。

(c) 広告規制
(i) 規制が及ぶ範囲

前述のとおり、カジノ事業およびカジノ施設に関する広告については、内容・場所・対象について規制があります（IR整備法106条）。ただし、これはあくまで「カジノ事業およびカジノ施設」に関するものであり、「IR」全般に関する広告に関する規制ではなく、カジノを除いた他のIRサービスについてはIR整備法上は広告・勧誘に制約はありません。

しかし、カジノを含めIRサービス全体については、現行の法制度の下での規制の対象となることには変わりなく、景観法、各自治体の下での景観規制（景観条例）等の適用は留意が必要です。特に自治体が独自に実施している景観や広告に関する規制については、免許更新の観点から自治体との良好な関係を維持する意味でも事業者にとっては適切に遵守する必要があります。

(ii) 広告の内容

今後、カジノ管理委員会によって、カジノの広告に関するガイドラインが策定されることが予定されています。

現在、日本の賭博事業の中で、広告に関する規制があるのはパチンコ業界だけです。パチンコの広告については、風営法では清浄な風俗環境を害するおそれのある方法での広告または宣伝を規制していますが（風営法16条）、これに加えて警察庁による通達（「ぱちんこ営業における広告、宣伝等に係る指導取締りの徹底について」）によれば、大当たりを象徴する数字を使用した表示や、パチンコ玉やメダルなどの獲得が容易であることをうかがわせる表示、大当たり確率が高い設定のパチンコ台やタイムサービスを想像させる表示を行うことは規制の対象とされており、今後規制が行われる可能性は十分あるとはいえ、広告方法については留意する必要があると思われます。

(d) 内部統制について

現時点において、法令上、日本のカジノ事業者に特別な内部統制制度の構築

が求められているわけではないものの、ギャンブル依存防止やマネーロンダリングの防止、ゲーミングの公正性等の観点に加え、事業者選定、事業遂行維持の観点から適切なガバナンス体制の下に事業が実施されることは重要な要素になると思われ、適切な内部統制制度の構築は不可欠かと思われます。現時点で日本では十分な議論はされていませんが、この点については海外ゲーミング業者が最低限遵守することが求められる内部統制（MICS）が参考になります。たとえば、海外においては、カードゲームをカジノで営む事業者は、カードを安全な場所に保管し、権限のない者が不正にアクセスできないようにする、使用しないカードは無効処理し廃棄する、カードゲームのメインバンクに保管されたすべての現金およびチップ等を少なくとも8時間ごとに集計・記帳・残高確認を行い、監督者が確認の上、チェックフォームにサインする等の内部統制制度の構築が要求されています。また、ラスベガスがあるネバダ州では、ゲーミング運営事業者の納付金の課税逃れを防ぐ観点や、事業者の資金回りの効果的な管理を行うという観点から、ビンゴ・カードゲーム・スロット・テーブルゲーム等さまざまな項目について、独立した内部監査部門を設置し、監査がなされています。日本においてカジノ事業を営む事業者においても、想定されうるリスクをあらかじめ具体的かつ正確に分析し、適切な内部統制を構築する必要性が高いものと思われます。

■本章の内容の理解に役立つ主要な資料・文献■

● スポーツ庁「スタジアム・アリーナ改革指針について」
（http://www.mext.go.jp/prev_sports/comp/b_menu/shingi/toushin/__icsFiles/afieldfile/2016/11/16/1379559_1_1_1.pdf）

● スポーツ庁、経済産業省「スタジアム・アリーナ改革ガイドブック〔第２版〕Ⅱ．国内外のスタジアム・アリーナ事例」
（http://www.mext.go.jp/prev_sports/comp/a_menu/sports/micro_detail/__icsFiles/afieldfile/2018/12/19/1411864_2_1.pdf）

● スポーツ庁、経済産業省「スタジアム・アリーナ改革ガイドブック〔第２版〕Ⅴ．スタジアム・アリーナに関する計画策定の例」
（http://www.mext.go.jp/prev_sports/comp/a_menu/sports/micro_detail/__icsFiles/afieldfile/2018/12/19/1411864_5_1.pdf）

● 経済産業省「商業施設内の遊戯施設の安全に関するガイドライン（Ver.１.０）」
（https://www.meti.go.jp/press/2016/06/20160603003/20160603003-1.pdf）

● 「映画館に行こう！」実行委員会「映画盗撮防止法Q&A」
（https://www.eiren.org/tousatouboushi.html）

● 特定複合観光施設区域整備推進会議「特定複合観光施設区域整備推進会議取りまとめ（案）──『観光先進国』の実現に向けて」
（https://www.kantei.go.jp/jp/singi/ir_promotion/kokumintekigiron/honbun.pdf）

● 特定複合観光施設区域整備推進本部事務局「特定複合観光施設区域整備法に係る説明会説明資料」
（https://www.kantei.go.jp/jp/singi/ir_promotion/horitsusetsumeikai/setumei_siryou.pdf）

● 特定複合観光施設区域整備推進会議第４回会議・資料２「ゲーミングに係る内部統制（丸田健太郎委員説明資料）」
（https://www.kantei.go.jp/jp/singi/ir_promotion/ir_kaigi/dai4/siryou2.pdf）

● MIZBERING ウェブサイト
（https://mizbering.jp/）

● 国土交通省ウェブサイト「関東のミズベリング・プロジェクト」
（http://www.ktr.mlit.go.jp/river/chiiki/index00000007.html）

● 警視庁ウェブサイト「風俗営業」
（https://www.keishicho.metro.tokyo.jp/smph/tetsuzuki/fuzoku/index.html）

258　第７章　集客施設をめぐる法律問題

■本章の主な法令等■

1　大規模集客施設に関する主な法令

(1)　都市計画法・建築基準法

改　正	大規模集客施設に関連して、2006年に大きく改正された
改正の目的	人口減少、超高齢社会が到来する中で、市街地の郊外への拡散を抑制し、街の機能を市街地に集中させるコンパクトな街づくりを進めること
概　要	改正により、大規模集客施設（床面積1万㎡超の店舗、映画館、アミューズメント施設、展示場等）の立地可能な用途地域は、従来の6地域（第二種住居、準住居、工業、近隣商業、商業、準工業）から、3地域（近隣商業、商業、準工業）に変更された（建築基準法48条）。用途地域の指定がない区域についても原則立地が不可とされた 新しく開発行為をする際に必要となる開発許可についても、予定建築物等の用途が、用途地域内における用途の制限に適合するという条件が新たに加えられた（都市計画法33条1項）

(2)　大規模小売店舗立地法

目　的		周辺地域の生活環境を保持するために、大規模小売店舗を設置する者によりその施設の配置および運営方法について適正な配慮がなされることを確保することにより、小売業の健全な発達を図り、もって国民経済および地域社会の健全な発展ならびに国民生活の向上に寄与すること（1条）
主な用語	大規模小売店舗	店舗面積が1,000㎡超の店舗（2条2項、3条1項、同法施行令2条）
	店舗面積	小売業を行うための店舗の用に供される床面積をいい、本法の適用を受ける基準となる面積。ショーウィンドーやショールーム、手荷物預かり所等のサービス施設は含まれるが、階段やエスカレーター、休憩室等は含まれない等の統一的な解釈がなされている
概　要		大規模小売店舗が多数の顧客を集め、大量の商品等の流通の要とな

本章の主な法令等　259

る施設であるとともに、生活利便施設として生活空間から一定の範囲内に立地するという特性を有することに着目し、その立地が、周辺の地域の生活環境を保持しつつ適正に行われることを確保するための手続を定めたもの

第8章

観光資源の保護と活用を
めぐるビジネスと法律

■本章のポイント■

● 第３章から第７章においては、宿泊事業、旅行業などといったインバウンド・観光ビジネスに関連する個々の事業の観点から、関連する法規制や法的問題について検討を行いましたが、本章では、そうした特定の「事業」ではなく、地域に存在する「観光資源」に注目し、その保護、活用に関して、どのような法的論点が存在するのかという切り口から整理します。

● 第２章で見たような観光まちづくりを支えているのは、それぞれの地域に存在する観光資源であり、こうした観光資源を、観光客にとってより魅力のあるコンテンツへと開拓・育成していくことは、日本の目指す「観光立国」の実現に向けて必要不可欠です。その一方、過度の観光化は観光資源の摩耗や地域住民とのトラブル等の原因となるため、観光資源の保護と活用のバランスについて検討することが重要です。

● そこで、本章では、観光資源を自然観光資源、文化観光資源、複合型観光資源の３つに分類し、まず、それぞれの保護・活用に関する最新の動向について概観します。

● その上で、観光資源の保護・活用に関する法令について、自然・文化・複合の分類に沿って解説を行います。

● 最後に、観光資源の保護と活用をめぐって紛争となった事例を紹介し、両者のあるべきバランスについて検討します。

第1節

観光資源の保護・活用をめぐる最新動向

1 観光資源の分類

　第2章で見たとおり、政府や地域の取組みと、観光客のニーズの多様化とが相まって、地方創生・地域経済活性化の切り札として大きく注目を集めている地域観光ビジネスですが、その成功のために欠かすことができないのが、地域における観光資源です。「観光資源」という言葉に明確な定義は存在しませんが、概ね、「観光の目的となり、潜在的な集客効果を持つ資源」という意味で使用されるのが一般的です。

　観光資源は、大別して自然観光資源、文化観光資源、および複合型観光資源の3種類に分類可能であり、それぞれの具体例として、以下（図表8-1）のような観光資源が挙げられます。

[図表8-1]　観光資源の分類

観光資源	具体例
自然観光資源	山岳、高原、湖沼、河川・渓谷、滝、海岸・岬、洞窟、温泉、動植物、自然現象（火山、潮流、気象等）等
文化観光資源	史跡、古墳、寺社仏閣、城跡・城郭、集落、郷土景観、旧宅・庭園・公園、歴史的建造物、文化財（絵画、彫刻、工芸等）、祭り・伝統行事等
複合型観光資源	歴史的風土、歴史的景観（旧街道・武家屋敷、土蔵の景観等）、都市景観（高層ビル景観、夜景等）、農村漁村景観（田園景観、朝市、街並み、棚田等）

　これらの観光資源の持つ機能や長所を活かし、観光客および観光事業者に

とってより大きな価値を生み出すためには、観光資源の保護と利用、保存と活用のバランスを適正に講じることが重要です。

　本章では、全体像を分かりやすく整理し、把握するという観点から、前記類型・分類に基づき、以下、その保護・利用に関する最新動向や法令等について検討していきます。

　なお、和食やアニメ・漫画といった特定の場所にとどまらない文化的事象も観光資源としての性質を持っていますが、本書では、特に保護と活用のバランスが問題となる自然・文化・複合型観光資源について検討します。また、テーマパークや動物園、美術館といった人工の観光施設については第7章を参照してください。

② 観光資源の保護・活用に関する最新動向

(1) 観光資源から「観光コンテンツ」へ

　観光資源は観光対象としての魅力を有するものですが、そのような観光資源が直ちに観光事業として活用できるわけではありません。観光事業の対象たる「観光コンテンツ」とするためには、観光資源の魅力を高めて事業環境を整備するだけでなく、情報発信や、運営のためのルール形成といった種々の取組みが不可欠です。

　今日では、とりわけ訪日外国人旅行者のニーズに対応すべく、地域の観光資源を活用した新たな観光コンテンツの開拓、育成が目指されており、大別して①伝統的な観光資源をコンテンツ化する動きと、②新たな観光コンテンツを開拓・育成する動きの2つの方向性に分けられます。

　具体的には、①伝統的な観光資源のコンテンツ化の方向として、自然観光資源に関しては、地域固有の自然のさらなる観光活用、地域の自然体験型観光コンテンツの充実がテーマとなっています。また、文化観光資源に関しては、文化財を利用した日本の生活・文化体験や、お祭りの訪日外国人への開放などがテーマとなっています。そして複合型観光資源としては、まち全体を対象とした景観の整備・保存が注目されています。

　また、②新たな体験型コンテンツの掘り起こしとして、付加価値の高い美容サービスの提供やナイトタイムエコノミーの推進などが進められています。観光庁では、これらの新たな観光コンテンツの拡充と支援を目的とした「最先端観光コンテンツ　インキュベーター事業」を実施しています（観光庁ウェブサ

264　第8章　観光資源の保護と活用をめぐるビジネスと法律

[図表8-2] 観光資源と観光コンテンツ

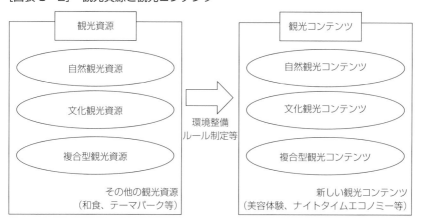

イト「最先端観光コンテンツ　インキュベーター事業」参照)。

　本章では、前記観光コンテンツ化のうち、既存の規制法との関係が問題となる①に注目して、最新の動向について言及します（図表8-2）。

(2) 自然観光資源の観光コンテンツ化の動き

　自然観光資源を観光コンテンツとして活用するために、関係各省庁を中心としてさまざまな取組みが進められています。

(a) 地域の自然体験型観光コンテンツの充実に向けた動き（観光庁）

　自然体験型観光コンテンツとは、「自然×アクティビティ」「自然×異文化体験」に当てはまるようなコンテンツを指しています。体験場所として、あらゆる自然環境（海、川・湖、山・森、雪、空、陸）が対象となるため、その対象は相当に広いものといえます。近時では、富裕層をターゲットとして、キャンプ場に類似しつつもテント設営等の手間を省いたアウトドア施設を運営する「グランピング」に注目が集まっており、自然体験型観光コンテンツの幅広さ、根強さが窺われます。

　このような自然体験型観光コンテンツの充実に向けた課題として、事業環境整備、コンテンツ提供、ルール形成が挙げられています。このうち法的な観点から重要となるのは、ルール形成の視点です。このルール形成の目的は、安全性の確保、品質の確保、環境・観光資源の保全にあります。しかし、このよう

なルールはまだ十分には整備されていないのが現状です。自然体験型コンテンツの種類ごとに、行政やDMO、コンテンツの提供事業者等によるガイドライン等の策定が急がれるところですが、今後、ガイドラインの策定にあたっては、現行の法規制を踏まえ、また自然体験型観光コンテンツの提供事業者（ツアー会社、DMO）の立場からのリーガルリスクを学ぶことが大切です。

　現在、観光庁では、訪日外国人旅行者のニーズに合った自然体験型アクティビティ造成のためのガイドライン策定等の取組みが進められています（最先端観光コンテンツ　インキュベーター事業「地域活性化に向けた観光コンテンツ拡充推進会議」【観光庁説明資料】参照）。

(b)　国立公園満喫プロジェクト（環境省）

　我が国の自然を観光資源としてとらえ、これを保護するとともに観光に活用する動きは、主として自然公園法などの法令に基づいて長年取り組まれてきました。

　近時の政府の観光施策の中で、このような自然観光資源の活用に関する動きとしては、環境省が主導する「国立公園満喫プロジェクト」があります。これは、政府の「明日の日本を支える観光ビジョン」（2016年3月）で掲げた2020年に訪日外国人4,000万人を目標とする取組みの1つとして、国立公園への外国人来訪者1,000万人を目標として取り組むものです。その基本的な考え方は、「最大の魅力は自然そのもの」をコンセプトに、非日常な体験を世界の人々に提供すること、また最高の自然環境をツーリズムに開放し、高品質・高付加価値のインバウンド市場を創造することにあります。これまでに、先行的に取組みを進める8公園が選定されており、また、今後の新たな展開施策として、質の高いホテルの誘致、公共施設の民間開放、受益者負担の仕組みの導入、景観の磨き上げなどが検討されています。

(3)　文化観光資源の観光コンテンツ化の動き

(a)　文化財保護法の改正

　文化観光資源の中心となるのは、歴史的建造物をはじめとした有形文化財や、お祭り・伝統行事等の無形・民俗文化財です。これらの文化財の一部は、文化財保護法によって個別に保護・活用されることになりますが（詳細については第3節を参照）、文化庁は、同法による「個々」の文化財の保護に加えて、複数の文化財をその周辺環境まで含めて「総合」的に保存・活用していくこと

（文化財の総合的な把握）により、文化財を中心に地域全体を歴史・文化の空間とする魅力的な地域づくりを行うことを重要視しており、従前は、各地方自治体が、文化財を総合的に保存・活用するための構想である、「歴史文化基本構想」を策定することを推進していました。そして、2019年4月1日に施行された文化財保護法の改正により、その趣旨が法定化されています。

　2019年の文化財保護法の改正は、文化財をまちづくりに活かしつつ、地域全体でその継承に取り組んでいく仕組みを作るため、①市町村による「文化財保存活用地域計画」の制度化、②国指定文化財の所有者等による保存・管理・活用に関する「保存活用計画」の法定化、③文化財行政の教育委員会から首長部局への移管の3点をポイントとしています（③は「地方教育行政の組織及び運営に関する法律」の改正として行われます）。①は、上記のとおりこれまで「国」が「個別」に文化財を指定・選定して保護措置を実施していたことに加えて、「市町村」が地域における未指定文化財も含めた文化財の保存・活用に関する「総合」的な計画を策定できるようにするもので、「歴史文化基本構想」を法定化し、「構想」にとどまらず、文化財を観光コンテンツとして成長させるために関係者が協力して具体的なアクションにつなげるための「マスタープラン」として発展させるものといえます。また、③は、文化財の活用のため、行政における一体性の確保、景観・まちづくり行政や観光行政など他の行政分野も視野に入れた総合的・一体的な取組みの推進を目的として、条例により文化財行政を首長が担当できることとするものです（なお、②は、個々の文化財の所有者等における管理を可視化するとともに、現状変更等の手続の弾力化、税制上の特例措置等により所有者等の管理を支援することにより、文化財を確実に承継することを目指すものです）。

　他にも、文化財の総合的な把握を推進する取組みの1つとして、歴史まちづくり法に基づく「歴史的風致維持向上計画」の認定制度があります。これは、歴史上価値の高い建造物と、地域の歴史や伝統に根ざした人々の活動が一体となった良好な市街地の環境を維持・向上させるために市町村が作成した計画を国が認定するもので、計画が認定された市町村は、その実施につき国や都道府県による重点的な支援を受けることができます（歴史まちづくり法5条〜11条）。こうした計画の作成・認定も、文化財と周辺地域全体を観光コンテンツとして成長させるための取組みといえます。

(b) お祭りの訪日外国人への開放

第2章で検討したとおり、観光資源として高いポテンシャルを持ちながらも、担い手の高齢化等の課題に直面している地域のお祭りを活用して、特にその土地ならではの歴史や文化を体験することを好む外国人観光客をターゲットに集客を行い、無形・民俗文化財としてのお祭りを保護・継承するとともに、飲食・宿泊等を通じた地域全体の活性化を目指す取組みが行われています。

お祭りの活用で地域の活性化を狙う場合、お祭りの現場だけではなく、その前後を含めて、お祭りに参加する観光客の行動（時系列）に沿った一連の取組みを実施することが重要です。具体的には、観光客による情報収集、開催地への移動、お祭りへの参加、開催地での宿泊・滞在、開催地でのさらなる周遊というステップに分けた上で、一貫したバランスの良い対応を検討することになります（観光庁「お祭りの訪日外国人への開放に向けたナレッジ集」(2019年3月)参照）。

(4) 複合型観光資源の観光コンテンツ化の動き

自然と文化の複合である複合型観光資源の役割が高まっていることは、現代における観光対象の大きな特徴といわれています。複合型観光資源の中心となるのは景観（いわゆる街並み）であり、景観を構成する個々の要素はそれほど価値があるとはいえないものでも、全体として1つのまとまりと見た場合に、観光対象として強力な誘引力を持つといわれます。

このような複合型観光資源を維持するためには、構成要素を個々に保存するよりも、地域全体を全面的に保存対象とする考え方が有効です。その意味で、前述した歴史文化基本構想や文化財保存活用地域計画に基づく文化観光資源の保護・活用と共通する部分が大きいということができます（理論上は、観光資源となる特定の文化財が存在し、それを中心に街並みを形成・保存する方向性と、特定の文化財ではなく、街並みそのものを観光資源と捉えて形成・保存する方向性とで区別することは可能ですが、その違いは相対的なものと考えられます）。

このように、複合型観光資源を対象とする事業は、地域やその文化が大きく関係するため、地域のまちづくりそのものといえます。

複合型観光資源（まちの景観全体）を観光コンテンツ化する取組みとしては、前述（第2章第1節1(3)）のとおり、47都道府県における景観を利用した観光まちづくりの事例を国土交通省が公表しており（「世界に誇れる日本の美しい景観・まちづくり——全国47都道府県の景観を活かしたまちづくりと効果」）、温

泉街や城下町・宿場町といった伝統的な街並みだけでなく、夜景、商店街、坂道、雪国などさまざまなアイデアを活かしてまち全体の景観の整備・保護が進められています。その意味で、景観法をはじめとする景観に関する法令の理解は、地方自治体のみならず、美しい景観を観光資源とする地域でビジネスを行おうとする事業者や地域住民にとっても重要な課題となっています。

　また、まちを流れる河川や水辺空間を住民・企業を巻き込んでデザインし、有効活用する「ミズベリング」にも注目が集まっています。具体的には、水辺でカフェやレストランを運営したり、河川沿いの道の散策ツアーや川岸の広場でのイベントを開催したりするなどの取組みが行われています。これらの取組みは、法律上は河川法および河川敷地占用許可準則に基づく河川区域内の土地の占用の許可に基づく営業活動として整理されるため、自然観光資源の保護・活用とも関連するものではありますが、水辺空間全体をデザインして観光推進のために利用するという点では、景観を利用したまちづくりと共通するトピックと考えられます（詳細については第7章第3節3を参照）。

第2節

観光資源の保護に関する
法体系の全体像

　第1節では、伝統的な観光資源を出発点とした、観光客（特に訪日外国人旅行者）のニーズに対応した観光コンテンツの開拓・育成の動きを紹介しました。もっとも、地域の観光資源のコンテンツ化にあたっては、これらの観光資源が既存の法令の規制の上に保護されていることを理解し、その上で活用の可能性を探ることが必要となります。

　そこで、本節では、第1節で記載した自然観光資源、文化観光資源、複合型観光資源の分類に沿って、それぞれの保護に関する法令の全体像・概要について俯瞰します。これらの法令は、観光資源の「保護」を第一義的な目的として制定されたものであり、第2章で検討した観光立国推進基本法や国際観光振興法、観光圏整備法のように「観光の促進」を主たる目的とするものではありません。したがって、地域の観光資源を利用してビジネスを行おうとする場合、本節で検討する法令は「規制」として適用されることとなり、これを遵守し、その範囲で、観光資源を利用する必要があります。

　なお、前述（第1章第2節1参照）のとおり、制定当初はインバウンド・観光ビジネスとの関連性は特段意識されていなかったものの、ビジネスモデルの変化等に伴ってインバウンド・観光ビジネスに関連するようになった法令が存在することや、これらの法令の所管官庁が複数存在する場合もあることから、観光資源に関連する法令を網羅することや、法令相互の関連性を完全に整理することまでは想定していませんが、個々の場面で活用を目指す観光資源に応じて、関連しうる法令の概要を理解し、さらなる調査の足掛かりとなることを目的としています。

① 自然観光資源の保護に関する法令

　自然観光資源としては、国立公園のような自然公園を中心として、多くの自然環境（海、川・湖、山・森）が保護の対象とされています。また、いわゆるエコツーリズムの推進を目的とした法令も存在しており、関連する法令は多岐にわたります。

　本章で取り扱う自然観光資源の保護に関する法令は①自然公園法、②自然環境保全法、③鳥獣保護法、④地域自然資産法、⑤自然再生推進法、⑥森林法、⑦海岸法、⑧河川法、⑨エコツーリズム推進法の９法です（各法令の詳細については、章末の「本章の主な法令等」を参照）。

② 文化観光資源の保護に関する法令

　文化観光資源としては、歴史的建造物をはじめとした有形文化財や、お祭り・伝統行事等の無形・民俗文化財がその中心となり、文化財保護法による保護が実施されています。また、京都・奈良といった我が国の歴史上重要な地位を有する地域について、その歴史的風土を乱開発から守ることを目的とした法令も存在します。

　本章で取り扱う文化観光資源の保護に関する法令は①文化財保護法、②古都保存法、③明日香法、④地域伝統芸能等活用法の４法です（各法令の詳細については、章末の「本章の主な法令等」を参照）。

③ 複合型観光資源の保護に関する法令

　複合型観光資源の中心となる景観の保護・形成は、主に景観法によってルールが策定されています。また、屋外広告物に関しては、景観の形成に加えて、公衆の安全を保護するために屋外広告物法による規制がなされています。

　本章で取り扱う複合型観光資源の保護に関する法令は①景観法、②屋外広告物法、③歴史まちづくり法の３法です（各法令の詳細については、章末の「本章主な法令等」を参照）。

　なお、上記のほかにも、景観の形成・保護を主目的とはしていないものの、これに関連するものとして、①風致地区（都市計画法58条）、地区計画（同法

12条の5)、②伝統的建造物群保存地区（文化財保護法）、③歴史的風土特別保存地区（古都保存法）、④明日香村歴史的風土保存地区（明日香法）といった、都市計画法や文化財保護法に基づく各種制度が挙げられます。

[図表8-3] 観光資源の保護に関する法体系の全体像

第3節

観光資源の利用・保護に関する
法律の基本的知識

　本節では、第2節で紹介した法令のうち、特に観光資源の利用・保護に関連性が強い自然公園法（自然観光資源の保護に関する法規制）、文化財保護法（文化観光資源の保護に関する法規制）、および景観法（複合型観光資源の保護に関する法規制）の3つの法令について解説を行い、その理解を深めます。

⬛ 自然公園法（自然観光資源の保護に関する法規制）

(1) 自然公園法の概要

　自然公園法は、優れた自然の風景地を保護するとともに、その利用の増進を図り、もって国民の保健、休養および教化に資するとともに、生物の多様性の確保に寄与することを目的とする法律です。

　自然公園法では、自然公園の保護と利用を適正に行うために、自然公園ごとの公園計画（自然公園法7条）に基づき、公園内の施設の種類や配置、規制の程度が定められることとなっています（同法概要につき次頁図表8-4参照）。

(2) 自然公園法による規制システム

　自然公園とは、国立公園、国定公園、都道府県立自然公園をいいます。

　国立公園とは、我が国の風景を代表するに足りる傑出した自然の風景地であって、環境大臣が指定するもの、国定公園とは、国立公園に準ずる優れた自然の風景地であって、環境大臣が指定するもの、都道府県立自然公園とは、優れた自然の風景地であって、都道府県が指定するものをいいます。

　指定地域は、国有地、公有地、民有地を問いません。このような日本の方式は、「地域指定制公園」と呼ばれます（米国の国立公園は国有地が基本である「営造物制公園」と呼ばれます）。

第3節　観光資源の利用・保護に関する法律の基本的知識　273

[図表 8 - 4] 自然公園法の概要

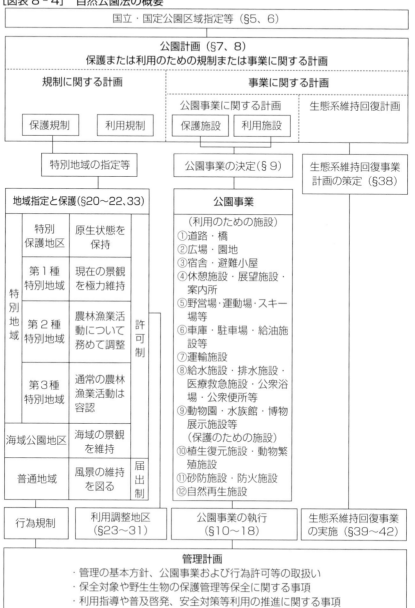

(参考：国立公園における協働型運営体制のあり方検討会（第1回） 参考資料1「自然公園法の概要」を元に作成)

[図表8-5] 国立公園等の指定状況

2019年3月31日現在

種　別	公園数	面積（陸域）	国土面積に対する割合（%）
国立公園 （国指定、国管轄）	34	219万ha	5.8
国定公園 （国指定、県管轄）	56	141万ha	3.7
都道府県立自然公園 （県指定、県管轄）	311	197万ha	5.2
合　計	401	558万ha	14.8

（参考：環境省ウェブサイト「自然公園面積総括表」を元に作成）

[図表8-6] 自然公園の分類——地域指定制自然公園と営造物制自然公園

	地域指定制自然公園	営造物制自然公園
採用国	日本、イギリス、イタリア、韓国等	アメリカ、カナダ、オーストラリア、スイス等
特　徴	土地所有の有無にかかわらず、公園管理者が区域を定めて指定し、公用制限を実施	土地の権原を公園管理者が所有し、公園専用地として利用
メリット	公園指定に当たって、土地を取得する必要がなく、広大な地域の保全が可能	土地は公園専有地であり厳正な自然保護が可能 利用規制もしやすい
デメリット	土地所有者の私権や地域社会への配慮が必要 厳正な自然保護は困難	古くより稠密な土地利用、土地所有がなされてきた地域では、公園の設定は困難
管理体制	複層的な地域管理 管理体制は国によってさまざま	1つの機関（政府機関等）が財産として直営管理

（参考：環境省国立・国定公園の指定及び管理運営に関する検討会　第1回全体検討会　資料5「国立公園・国定公園制度の概要」を元に作成）

(3)　自然公園の地域区分

　国立公園、国定公園は、大きく「特別地域」、「普通地域」、「海域公園地区」から構成されています（都道府県立自然公園には「海域公園地区」はありません）。

第3節　観光資源の利用・保護に関する法律の基本的知識　275

国立公園、国定公園の「特別地域」は、さらに、特別保護地区、第1種特別地域、第2種特別地域、第3種特別地域に分けられます。

　これらの特別地域とは別に、当該公園の風致・景観の維持とその適正な利用を図るため、特に必要がある場合には、公園計画に基づいて、特別地域内に「利用調整地区」を指定できることとされています。この制度は、国立公園の利用上核心的な自然景観を有し、原生的な風景が保たれている地区において、将来にわたる持続的な利用を実現するため、利用人数の調整等を行うことによって、自然景観や生物の多様性の維持を推進することを目的とした制度で、その目的はオーバーユース対策です。すなわち、同地区へ立ち入るには、環境大臣（国立公園の場合）、都道府県知事（国定公園の場合）の認定を受けなければなりません。その認定を求めるにあたっては一定の手数料の支払いが求められます。利用調整地区の例として、知床国立公園内の知床五湖地区の一部の指定の例があります。同地区では、事前講習の受講の義務付けがあり、管理費用として手数料も徴収されます。

　また、特別地域には、立入り規制地区、乗入れ規制地区、植栽規制地区、動物放出規制地区などが指定されることもあります。

(4)　公園計画と公園事業

　公園計画とは、国立公園または国定公園の保護または利用のための規制または事業に関する計画です。公園計画は、大きく規制計画と事業計画に分けられます。事業計画は施設計画と生態系維持回復計画によって構成されます。また、施設計画では必要な施設の配置と整備方針などが定められます。

　公園事業とは、公園ごとに作成される公園計画に基づいて決められている国立公園の利用や保護のための施設のことを指します。公園事業には、登山道やホテル、レストラン、キャンプ場など様々な種類があります。公園事業は、国や地方公共団体のほか、民間事業者も、環境大臣等の認可を受けて執行することができます。

　公園事業として実施される場合は、国立公園の厳しい開発規制を一律には適用せず、それぞれの地域や公園事業施設の特性を踏まえて個別の基準を定めることになっています。

　公園事業の実施主体は国や地方自治体が原則ですが、ホテル（宿舎）のような事業の場合は、例外的に民間企業が環境大臣や都道府県知事の認可を受けて事業主体となることもできます。具体的には、公園計画のなかで必要な公園事

[図表 8 - 7]　公園計画の体系

```
                        公園計画
            ┌───────────────┴───────────────┐
      規制に関する計画                    事業に関する計画

  ┌─────────────────────┐      ┌─────────────────────────────┐
  │ 保護規制計画          │      │ 保護施設計画                 │
  │   各種行為規制に関するゾー │      │   国立公園の自然を保全、再生するため │
  │   ニングの計画        │      │   に必要な施設               │
  │   ・特別保護地区      │      │   ・自然再生施設             │
  │   ・特別地域         │      │   ・植生復元施設　等         │
  │   ・普通地域　等      │      └─────────────────────────────┘
  └─────────────────────┘
                                ┌─────────────────────────────┐
  ┌─────────────────────┐      │ 利用施設計画                 │
  │ 利用規制計画          │      │   国立公園にふさわしい利用を推進する │
  │   マイカー規制等の利用の規 │      │   ための施設整備の計画       │
  │   制に関する計画      │      │   ・集団施設地区             │
  │                     │      │   ・歩道、車道、園地、駐車場、宿舎、ス │
  └─────────────────────┘      │    キー場、野営場、博物展示施設　等 │
                                └─────────────────────────────┘
```

業が規定され、それを国・都道府県や認可を受けた民間企業が執行することと
なります。

(5)　行為規制

(a)　特別地域

　自然公園の特別地域（特別保護地区、第 1 種～第 3 種特別地域）と海域公園地
区においては一定の行為について許可制、それ以外の普通地域においては届出
制がとられています。

　特別保護地区以外の特別地域における要許可行為は現在 18 カテゴリーあり
ます。より規制が厳格になる特別保護地区においては、一般的特別地域におけ
る許可対象行為のカテゴリーが多くなっています。

　不許可処分がされた場合、法律上は、不許可補償が行われます。損失のう
ち、通常生ずべき部分が補償対象となりますが、この通常生ずべき損失の解釈
をめぐってはいくつかの裁判例があります。

第 3 節　観光資源の利用・保護に関する法律の基本的知識　277

(b) 普通地域

普通地域においては禁止事項はなく、一定の行為について、国立公園の場合は環境大臣、国定公園の場合は都道府県知事に対して、行為の種類、場所、施行方法、着手予定日などを届け出れば足ります。

(c) 海域公園地区

海域公園地区では一定の行為が許可制となっています。無秩序なウオッチングクルーズによる野生動物の生息への影響により、優れた海域の風景地の保護上の支障が生じているとして、海域公園地区内で環境大臣の指定する区域内について、当該区域ごとに指定する期間内において、動力船の使用を許可制としています。

② 文化財保護法（文化観光資源の保護に関する法規制）

(1) 規制の枠組み

文化財保護法は、文化財の保存・活用により、国民の文化的向上・世界文化の進歩に貢献することを目的として（文化財保護法１条）、文化財の保存に関するルールと活用に関するルールの両方を定めています。具体的には、文化財のうち重要なものを国が指定・選定し、現状変更、修理等に一定の制限を課す一方、有形の文化財（建造物、美術工芸品、有形の民俗文化財等）については保存修理等、また、無形の文化財（芸能、工芸技術、風俗慣習、民俗芸能等）については伝承者養成等の助成等を規定しています。

文化財を観光コンテンツとして活用する上で関係する法的論点として、以下、①有形文化財（建造物）、②文化的景観、③伝統的建造物群を中心に検討します。

(2) 有形文化財（建造物）

有形文化財のうち、重要なものは「重要文化財」として指定され、重要文化財以外の有形文化財のうち保存と活用が特に必要なものについては「登録有形文化財」として登録されます。

「重要文化財」に指定された有形文化財（建造物）の現状変更（位置や形状・材質・色合い等を変える行為）、または保存に影響を及ぼす行為については、原則として文化庁長官の許可が必要です（文化財保護法43条１項）。また、重要

[図表 8 - 8] 文化財をめぐる制度の概要

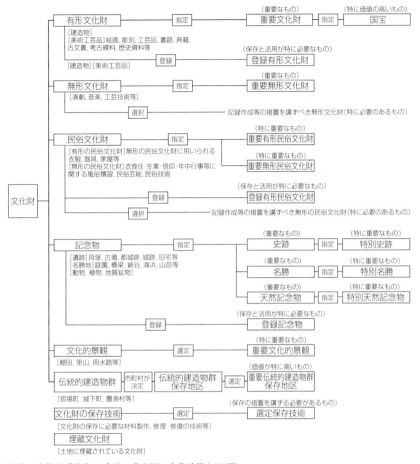

(出典:文化庁「平成30年度 我が国の文化政策」47頁)

文化財の修理についても原則として事前に届出が必要です(同法43条の2第1項)。なお、重要文化財の管理・修理に際しては、その所有者等が費用負担に堪えない場合など特別の事情がある場合、政府により補助金が交付されることがあります(同法35条)。

また、「登録有形文化財」に指定された有形文化財(建造物)については、現状変更につき原則として事前の届出が必要とされています(同法64条1項)。

[図表8-9] 文化財保護法の全体像

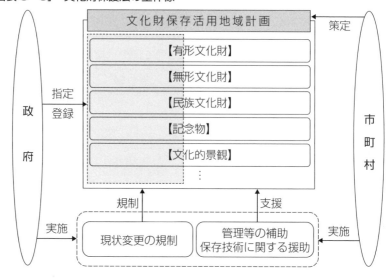

(3) 文化的景観

　国(文部科学大臣)は、都道府県または市町村の申出に基づき、景観法に規定する景観計画区域または景観地区(詳細については後記3参照)内にある「文化的景観」(地域における人々の生活・地域風土等により形成された景観地で国民の生活等の理解のため欠くことのできないもの)で、その保存のため必要な措置を講じているもののうち、特に重要なものを「重要文化的景観」として選定することができます(文化財保護法134条1項)。棚田、里山、用水路等が文化的景観の代表例であり、2019年6月30日現在、全国で64件の重要文化的景観が選定されています(文化庁ウェブサイト「文化的景観」参照)。

　「重要文化的景観」については、現状変更につき原則として事前の届出が必要とされている一方で(同法139条1項)、文化的景観の保存活用のために行われる調査事業や保存計画策定事業、復旧修理・整備事業、普及・啓発事業等に対して国による経費の一部補助が認められていますので(同法141条3項)、地域の観光資源となりうる文化的景観を有する地域においては、その状況に応じて、重要文化的景観への選定の申出を行うことが考えられます。

⑷ 伝統的建造物群保存地区（都市計画法との関連）

　市町村は、都市計画法に基づく「都市計画区域」または「準都市計画区域」内における都市計画に、伝統的建造物群（周囲の環境と一体をなして歴史的風致を形成している伝統的な建造物群で価値の高いもの）およびこれと一体をなしてその価値を形成している環境を保存するための地区として「伝統的建造物群保存地区」を定めることができます（都市計画法5条および5条の2、文化財保護法143条1項）。そして、市町村から申出を受けて、国（文部科学大臣）は、我が国にとって価値が特に高いと判断されるものを「重要伝統的建造物群保存地区」に選定することができます（同法144条1項）。城下町、宿場町、門前町等の歴史的な集落・町並みが伝統的建造物群保存地区として保存されており、2018年8月17日現在、98市町村で118地区の重要伝統的建造物群保存地区が選定されています（文化庁ウェブサイト「重要伝統的建造物群保存地区一覧」参照）。

　文化財保護法上、重要伝統的建造物群保存地区に関して現状変更等に関する規制は存在しませんが、市町村が伝統的建造物群地区の保存のため定める条例において、現状変更の規制や保存のために必要な措置が置かれるものとされています（同法143条1項）。そのため、重要伝統的建造物群保存地区への選定の有無にかかわらず、伝統的建造物群保存地区において建築物や工作物（伝統的建造物）や、これと景観上密接な関係にある樹木、庭園、池、水路、石垣等（環境物件）について現状変更する場合は、同法ではなく条例に基づく手続が必要となり得る点に留意が必要です。

　なお、文化庁は、市町村による伝統的建造物群保存地区の保存の取組みに対して都道府県教育委員会とともに必要な指導・助言を行い、また、重要伝統的建造物群保存地区の保存のために市町村が行う修理・修景・防災事業等に対し、経費の補助を行うことができるとされています（同法143条5項、146条）。また、伝統的建造物群保存地区内において、市町村が伝統的建造物群地区の保存のため定める条例における現状変更の規制および保存のための措置を確保するため必要である場合、市町村は、国土交通大臣の承認を得て、条例で、建築物の敷地・構造等に関する建築基準法上の規制の適用除外・緩和を行うことができます（建築基準法85条の3）。

❸ 景観法（複合型観光資源の保護に関する法規制）

(1) 規制の枠組み

　景観法は、都市、農山漁村等における良好な景観形成を促進し、美しく風格のある国土の形成、個性的で活力ある地域社会の実現等を図ることで、国民生活の向上、地域社会の健全な発展等に寄与することを目的としており（景観法1条）、景観形成のマスタープランである景観計画と、景観計画区域内における良好な景観の形成と関連する行為規制についてのルールを定めるものです。

　ここでは、景観法上重要な役割を果たす6つの主体（①景観行政団体、②景観行政団体の長、③市町村、④景観協議会、⑤地域住民、⑥景観整備機構）について、それぞれの活動内容を解説します。

(2) 景観行政団体：景観計画の策定

　景観行政団体は、景観法に基づく景観行政の実施主体であり、①政令指定都市（法定人口が50万人以上の市で地方自治法・政令により指定を受けた市）、②中核市（法定人口が20万人以上の市で地方自治法・政令により指定を受けた市）、③

[図表8-10]　景観法の全体像

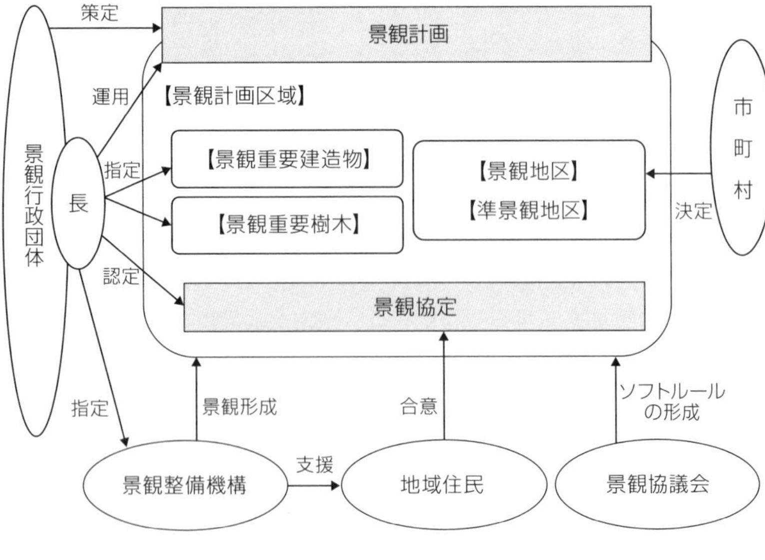

282　第8章　観光資源の保護と活用をめぐるビジネスと法律

都道府県、または④都道府県知事との協議を行い、同意を得た市町村のいずれかがこれに該当します（景観法7条1項）。

景観行政団体は、都市、農山漁村等その他市街地または集落形成地域と、これと一体となって景観を形成している地域で、良好な景観の保全・形成等が必要な区域について、良好な景観の形成に関する景観計画を定めることができます（同法8条1項）。景観計画においては、以下（図表8-11）の事項を定めることとされています（同条2項）。

[図表8-11]　景観計画に定める事項

必須事項	・　景観計画区域（都市計画区域外でも設定可能） ・　良好な景観の形成のための行為の制限に関する事項 ・　景観重要建造物または景観重要樹木の指定の方針
努力義務事項	景観計画区域における良好な景観の形成に関する方針
選択事項	・　屋外広告物の表示および屋外広告物を掲出する物件の設置に関する行為の制限に関する事項 ・　景観重要公共施設の整備に関する事項 ・　景観重要公共施設の占用等の基準 ・　景観農業振興地域整備計画の策定に関する基本的な事項 ・　自然公園法の許可の基準

景観計画が策定されると、景観計画区域内において①建築物・工作物の新築・新設、増築、改築、移転、外観変更を伴う修繕・模様替え・色彩変更等を行う場合および②開発行為（主として建築物の建築または特定工作物の建設の用に供する目的で行う土地の区画形質の変更）を行う場合には、原則として景観行政団体の長に対して事前の届出が必要となります。また、上記①および②に加えて、③景観行政団体が良好な景観の形成に支障を及ぼすおそれのある行為として景観計画に従い条例で定める行為についても、同様に届出義務の対象となります（同法16条1項）。したがって、景観計画が定められている地域において景観に影響を与えうる行為（建造物の増改築や看板の設置、夜間照明の設置等）を行う場合、どのような行為につき届出義務が生じるのかを景観行政団体と事前に確認しておくことが有用です。

上記の事前届出事項については、景観計画において行為の制限の基準（景観形成基準）を定める必要があり、形態意匠の制限、高さの制限、壁面の位置の

第3節　観光資源の利用・保護に関する法律の基本的知識　283

制限、敷地面積の最低限度等がこれに含まれます（同法 8 条 4 項）。景観行政団体の長は、届出のあった行為が景観形成基準に適合しない場合、設計の変更等について勧告を行うことができるとされており（同法 16 条 3 項）、また、条例を定めることにより、景観形成基準のうち形態意匠の制限に適合しない場合は変更命令を行うことができるとされていますので（同法 17 条）、届出さえ行えば無制限に届出対象行為を行うことができるというわけではない点に留意が必要です。

(3) 景観行政団体の長：景観計画の実務運用、景観重要建造物・樹木の指定

前記のとおり、景観行政団体の長は、景観計画に定める届出対象行為についての届出を受理し、必要な場合は勧告や変更命令を行います（前記(2)）。また、景観協定の認定や景観整備機構の指定（後記(5)）等、景観計画で規定した内容の実務的な運用を担当します。

上記に加えて、景観行政団体の長は、景観計画に定められた景観重要建造物の指定の方針に即し、景観計画区域内の良好な景観の形成に重要な建造物（これと一体となって良好な景観を形成している土地その他の物件を含みます）を、「景観重要建造物」として指定することができます（景観法 19 条 1 項）。景観重要建造物については、その増築、改築、移転もしくは除却、外観を変更することとなる修繕もしくは模様替または色彩の変更について、原則として景観行政団体の長の許可が必要となります（同法 22 条 1 項）。さらに、景観行政団体の長は、景観計画に定められた景観重要樹木の指定の方針に即し、景観計画区域内の良好な景観の形成に重要な樹木を、「景観重要樹木」として指定することができます（同法 28 条 1 項）。景観重要樹木についても、その伐採または移植について、原則として景観行政団体の長の許可が必要となります（同法 31 条 1 項）。なお、景観重要建造物として指定された建築物のうち、良好な景観の保全のためその位置・構造を保存すべきものについては、市町村は、必要である場合、国土交通大臣の承認を得て、条例で、建築物の敷地・構造等に関する建築基準法上の規制の適用除外・緩和を行うことができます（建築基準法 85 条の 2）。

(4) 市町村：景観地区の決定等

市町村は、市街地の良好な景観の形成を図るため、都市計画区域または準都市計画区域内のエリアに関して、都市計画において「景観地区」を定めること

ができます（景観法61条1項）。「都市計画」とは、都市の健全な発展と秩序ある整備を図るための土地利用、都市施設の整備および市街地開発事業に関する計画をいいます（都市計画法4条1項）。景観計画が届出による緩やかな規制誘導を行うのに対し、景観地区はより積極的に良好な景観形成を誘導する場合に利用されるという違いがあります。

　景観地区においては、都市計画・条例で建築物の形態意匠（デザイン・色彩）の制限等を定めることができます（景観法61条2項、72条1項、73条1項）。これらの規制・制限の遵守は、①建築確認（建築基準法12条）、②認定（景観法63条、72条2項）、③適合義務、④許可という4つの仕組みで担保されています（図表8-12）。

[図表8-12]　景観地区における規制・制限とその担保手法

対象	規制・制限内容	根拠	担保手法
建築物	形態意匠の制限	都市計画（必須事項）	認定
	高さの最高限度または最低限度	都市計画（選択事項）	建築確認
	壁面の位置		
	敷地面積の最低限度		
工作物	形態意匠の制限	条例（選択事項）	認定
	高さの最高限度または最低限度		適合義務
	壁面後退区域における設置の制限		
開発行為等	開発行為等（土地の形質変更、木竹の伐採など）の規制		許可

　市町村は、都市計画区域および準都市計画区域外であっても、相当数の建築物により現に良好な景観が形成されている一定の区域について、その景観の保全を図るため、「準景観地区」を指定することができます（同法74条1項）。準景観地区では、景観地区に準じて建築物・工作物等の規制ができますが、規制の項目、担保措置、違反の是正措置等は条例で定める必要があります（同法75条1項）。

　なお、「農業を将来的に継続させることで地域を守り、景観を守る」ことを基本的なコンセプトとする制度として、「景観農業振興地域整備計画」があり

第3節　観光資源の利用・保護に関する法律の基本的知識　285

ます（農林水産省ウェブサイト「景観法・景観農業振興地域整備計画について」参照）。市町村は、景観計画区域のうち農業振興地域（農業振興地域の整備に関する法律6条1項）内にあるものについて、景観と調和のとれた良好な営農条件を確保し、その地域の特性にふさわしい農用地（同法3条1号）および農業用施設等の整備を一体的に推進する必要がある場合、景観と調和のとれた土地の農業上の利用に関する事項等を含む景観農業振興地域整備計画を定めることができます（景観法55条1項・2項）。そして、市町村の長は、景観農業振興地域整備計画の区域内にある土地が同計画に従って利用されていない場合、①その土地の所有者等に対し、当該土地を景観農業振興地域整備計画に従って利用すべき旨を、また、②勧告に従わない場合、権利移転に関する協議を勧告することができます（同法56条）。

(5) その他

これまで見たもののほか、景観法上、以下の主体も景観の形成・保護における役割を担っています（図表8-13）。

[図表8-13] 景観の形成・保護における役割を担うその他の主体

景観協議会 （景観に関する ソフト面での ルール作り）	・ 景観計画区域について良好な景観形成に必要な協議を行うため、景観行政団体、景観重要公共施設（景観計画区域内の道路・河川・都市公園・海岸・漁港等で良好な景観の形成に重要なもの）の管理者および景観整備機構が組織する ・ 景観協議会には、観光関係団体や住民等、良好な景観の形成の促進のための活動を行う者を加えることができる（景観法15条1項） ・ 景観協議会で協議が整った事項については、協議会の構成員はその協議の結果を尊重しなければならないため（同条3項）、景観づくりに携わる主体による景観に関するソフト面でのルール作りとして機能（具体的には、商店街の修景や屋外広告物の集合化、地域活性化イベント等について検討するために、行政や商店主、事業者、地域住民等が協議を行う場として利用することなどを想定）
地域住民 （景観協定）	・ 景観計画区域内の土地所有者等（土地所有者および借地権を有する者）の全員の合意により、建築物・緑・工作物・看板・青空駐車場など景観に関するさまざまな事柄を一体的に「景観協定」として定めることが可能（同法81条1項）

	・ 景観協定に規定する内容は以下のとおり（同条2項）
必須事項	・ 景観協定区域（景観計画区域内で設定） ・ 景観協定の有効期間 ・ 景観協定に違反した場合の措置
選択事項	良好な景観の形成のための次に掲げる事項のうち、必要なもの ・ 建築物の形態意匠に関する基準 ・ 建築物の敷地、位置、規模、構造、用途または建築設備に関する基準 ・ 工作物の位置、規模、構造、用途または形態意匠に関する基準 ・ 樹林地、草地等の保全または緑化に関する事項 ・ 屋外広告物の表示または屋外広告物を掲出する物件の設置に関する基準 ・ 農用地の保全または利用に関する事項 ・ その他良好な景観の形成に関する事項
	・ 景観協定は、景観行政団体の長の認可を受ける必要があるが（同条4項）、認可を受けた景観協定は、新たに土地所有者等となった者に対しても承継され、効力を有する（同法86条）
景観整備機構 （自発的な景観形成の担い手）	・ 民間団体や地域住民による自発的な景観の保全・整備を推進するため、一定の景観の保全・整備能力を有するNPO法人や公益法人等について、その申請により景観行政団体の長が指定し、良好な景観形成を担う主体として位置づける制度（同法92条1項） ・ 景観整備機構の業務には、景観形成事業を行う地域住民等の取組みに対して、関連する知識を有する者の派遣、情報提供等の支援を行うこと、管理協定に基づき景観重要建造物や景観重要樹木の管理を行うこと、良好な景観形成に関する調査・研究を行うことなどが含まれる（同法93条）

第4節

観光資源を活用した観光ビジネスに関する法律問題

1 観光資源を活用した事業遂行上のリスク

　地域の観光資源を活用してビジネスを遂行する上での課題はさまざまですが、本節では事業遂行上のリスクとして想定すべき法的トラブル・紛争について解説します。本章のテーマとの関係では、観光資源の保護と活用のバランスをめぐる法的トラブル・紛争が挙げられますが、以下では、観光資源の保護と活用のバランスをめぐって地方自治体や国、地域住民と事業者との間で紛争が生じたケースを紹介します。

　なお、観光事業者の日常的な事業遂行上のリスクとしては、観光中に事故が発生した場合に観光客がその観光を企画・主催等する事業者に対して民事責任を追及するケースなども考えられます。たとえば自然公園内のツアー中に事故等が発生した場合に、ツアーの企画者・主催者や施設の管理者に民事上の損害

[図表8-14] 観光資源を活用したビジネスにおける紛争のパターン

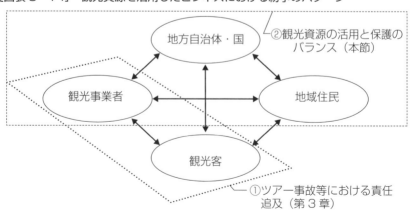

賠償責任が生じる場合があります（このような事業上のリスクについては、第3章第3節1(2)(b)参照）。

② 観光資源の保護と活用のバランス感覚

観光資源を活用して地域の活性化・観光まちづくりを行う際には、観光客のニーズを踏まえて観光資源の魅力を高めてコンテンツ化する取組みを行うと同時に、長期間ビジネスを継続させるためには、法令に基づく規制を遵守しつつ、観光資源の「活用」のみならず「保護」についてもきちんと取り組んでいく必要があります。

地域の観光資源が高く評価され、多くの観光客が訪れるようになることが第一の目標ではありますが、その人気に安易に便乗して、地域のキャパシティを超えた観光客を受け入れてしまうと、観光資源が消耗してしまったり、環境破壊や騒音、交通渋滞、治安の悪化等、地域住民の暮らしにマイナスの影響が出てしまったりするおそれがあります。また、自然的景観や歴史的建造物のように一度損壊してしまうとその修復が困難な観光資源については、あくまで保存が前提であり、その範囲内で活用を行うという考え方も重要です。特に、世界遺産登録やオリンピック・パラリンピック等の大きなイベントがあった場合、その影響で一時的に大量の観光客が押し寄せ、ブームが去った後に傷ついた観光資源と疲弊した地域住民のみが残される、といった事態に陥らないためにも、地域のキャパシティを正確に把握し、その範囲内でより効率的に観光客の受け入れを行う努力が重要です（その意味で、各種データに基づいて地域のマーケティングやブランディング、PDCAサイクルの確立等を行う日本版DMOは観光資源の保護と活用のバランスを検討する際に重要な役割を果たすものと考えられます。詳細については第2章第1節2を参照）。

観光ビジネスと聞くと、とかく訪問観光客の「人数」ばかりが注目されがちですが、個々の観光客の「消費額」を伸ばす、または対応コストを削減するといった方法で、地域経済の活性化に貢献することも可能ということを念頭におく必要があります。実際に、「明日の日本を支える観光ビジョン」においても、2020年までに訪日外国人旅行者数4,000万人という目標に加えて、訪日外国人旅行消費額8兆円という目標が設定されていることにも注目すべきです。

こうした保護と活用のバランスが崩れてしまうと、前述のとおり、観光ビジネスを行う事業者、地方自治体や国などの行政、地域住民を巻き込んだ利害対

第4節　観光資源を活用した観光ビジネスに関する法律問題　289

立や紛争が発生してしまいます。以下では、こうした紛争事例をいくつか紹介し、両者のあるべきバランスについて問題提起することを目指します。

3　観光資源の保護と活用をめぐる利害対立と紛争

　観光資源の保護と活用をめぐる紛争は、大別して①事業者が、自らの開発行為に対して行政が行った規制処分につき、その効力を争う紛争（規制対抗紛争）、②地域住民が、事業者の開発行為により自らの権利が侵害されるとして、事業者に対して当該開発行為の差止請求を行う紛争（民事紛争）、③地域住民が、事業者の開発行為に対して許認可等を与えた行政に対して、当該許認可等の処分が違法であるとしてその取消しを求める紛争（行政紛争）、の3つのパターンが想定されます。

　①規制対抗紛争において、行政側の規制処分に違法性が認められ、その効力が裁判所で否定される例はそれほど多くないと考えられます。また、②民事、③行政紛争においても、後述する国立マンション事件や鞆の浦公有水面埋立免許差止事件のような一部の例外を除き、自然環境や景観に影響を与える開発行為に対し、保護を求める側（地域住民等）の請求が認められる裁判例は稀です。

　しかしながら、最終的に保護を求める側（地域住民等）の請求を認める裁判例は多くないとしても、訴訟に発展するまで地域住民との関係が悪化してしまうと、地域の受入れ態勢に影響するほか、報道等により開発行為そのものに対するイメージダウンにつながる可能性があり、ビジネスの収益性・継続性の重大な支障となりかねません。特にESG投資に代表されるような事業活動における環境配慮を評価し、事業者を選別する近時の潮流を踏まえると、事業者が投資家を含め厳しい社会的非難を浴びることも避けられません。このような観

[図表8-15]　観光資源の保護と活用をめぐる紛争の類型

点からも、観光事業者と行政、地域住民とが一体となって、事前に十分に協議を重ねた上で、地域観光資源の活用につき検討を進めることが重要です。

以下、自然・文化・複合型観光資源のそれぞれについて、いくつかの紛争事例を紹介します。

(1) 自然観光資源の保護と活用をめぐる紛争

自然観光資源の保護と活用をめぐる紛争が訴訟となった主なケースとしては、次の事例が存在します（図表8-16）。

[図表8-16] 自然観光資源に関わる紛争事例

No.	事件名【類型】	概　要
1	日光太郎杉事件（東京高判昭和48年7月13日判時710号23頁）【③行政紛争】	【被告（行政）の行為】 ・ 日光国立公園の入口付近の巨杉「太郎杉」が張り出し交通渋滞個所となっていた道路の拡幅のため、被告ら（栃木県知事等）が土地収用法に基づき原告（日光東照宮）の境内の土地につき事業認定・収用裁決を実施 【原告（所有者）の主張】 ・ 当該地域は国立公園の入口として景観上重要であり、自然公園法上の特別保護地区でもあるから、道路拡幅のための現状変更ならびに風致破壊を招く行為は許容すべきでない 【裁判所の判断】 ・ 土地収用法に基づく事業認定は、それにより得られる公共の利益と失われる利益とを比較衡量して前者が優越する場合に認められるべき ・ 比較衡量に際しては、事業計画の内容、計画達成によりもたらされる公共の利益、事業計画策定・認定に至る経緯、収用対象となる土地の状況、その有する私的・公共的価値等の諸要素を総合考慮すべき ・ 国立公園区域内の特別保護地区に指定されているという景観・風致上の価値に加えて、宗教的・歴史的・学術的価値をも有する本件土地は、かけがえのない高度の文化的価値を有している一方、こうした価値はひとたび作為が加えられてしまうと、元に復することは事実上不可能

		・	被告の判断は、前記かけがえのない文化的諸価値や環境の保全という最も重視すべき事柄を不当、安易に軽視している点等において、その裁量判断の方法・過程に過誤があるものとして違法と認めざるを得ない

　日光太郎杉事件は、行政が行う事業の公共性との比較において、土地の持つ文化的価値や自然環境の保全の重要性を認めて法的な評価の対象とした点において、貴重な先例とされています。もっとも、自然環境の保全のための手段として行政訴訟がどこまで有効かは当該法令の規制目的や対象行為の内容等によって一概にはいえませんが、行政訴訟において処分の違法性が認められるケースが多いわけではありません。しかし、自然観光資源の活用は、自然環境の保全が前提であり、地域住民や環境保護団体などとの対話なくして円滑に進められないことを改めて認識する必要があります。

　なお、自然観光資源のオーバーユースによる環境破壊（例として、尾瀬、屋久島など）に対しては、一定の入域制限や、地域自然資産法による入域料の設定など、観光客に一定の制限・負担を課すことで観光資源を保護する仕組みも検討されています。地域住民の負担の一部を観光客に転嫁することで、保護と活用のバランスを維持することを目指すという意味で、重要な視点であると考えられます。

(2)　文化観光資源の保護と活用をめぐる紛争

　文化観光資源の保護と活用をめぐる紛争が訴訟となった主なケースとしては、次の事例が存在します（図表8-17）。

[図表8-17]　文化観光資源に関わる紛争事例

No.	事件名	概　要
1	史跡武田氏館跡事件（東京高決昭和63年4月7日判タ662号266頁）【①規制対抗紛争】	【被告（行政）の行為】 ・　史跡に指定された地域内の本件土地を賃借した原告が、文化財保護法に基づく「現状を変更する行為」の許可を得ずに、鉄パイプの枠組みの看板を掲げて売店、仮設トイレ等を設置して土産物の販売を行っていたところ、被告（文化庁長官）により本件物件の撤去、原状回復が命じられ、行政代執行の戒告がなされた

292　第8章　観光資源の保護と活用をめぐるビジネスと法律

		【原告（事業者）の主張】
		・ 本件物件はいずれも仮設であり、鉄パイプも地下20～50cmの深さに埋め込んだにすぎないから、本件物件の設置は現状変更行為には該当しない
		・ 仮に該当するとしても、文化財保護法が例外として定める「影響の軽微である場合」に該当するため、現状変更行為の許可を要しない
		【裁判所の判断】
		・ 文化財保護法に定める「現状を変更する行為」とは、史跡として指定された土地の現にある状況に対して物理的に変更を加える一切の行為を指すものであり、その地上または地中に現に存在する物を除去し、または新たに物を設置する行為がこれに該当するから、原告の設置行為は現状変更行為に該当する
2	豊郷小学校事件 （大津地決平成14年12月19日判タ1153号133頁） 【③行政紛争】	【被告（行政）の行為】
		・ 被告（豊郷町の町長）が、町立小学校の校舎の安全性向上や教育環境の整備等を目的として、町立小学校の校舎の改築を計画
		【原告（地域住民）の主張】
		・ 本件校舎には文化的な価値があり、改修保存を図るべきであるから、校舎の取壊しは町の財産の効率的な運用（地方財政法）として適切さを欠き、違法である
		【裁判所の判断】
		・ 本件改築計画の策定に際しては、教育環境整備の必要性と文化的価値のある建造物の保存の要請との調整を図る観点から、本件校舎を解体して改築する以外に採りうる方法がないのか、改修保存が可能であればどのような改修方法があるのか等について詳細に比較検討すべきであった
		・ しかしながら、被告は、そのような検討を行わずに本件校舎の解体工事を行おうとしているため、町長として負っている町の財産の管理方法や効率的な運用方法として適切さを欠くものといわざるを得ず、地方財政法に違反する

第4節　観光資源を活用した観光ビジネスに関する法律問題　293

3	二風谷ダム事件 （札幌地判平成9年 3月27日判時1598 号33頁） 【③行政紛争】	【被告（行政）の行為】 ・ 建設大臣による二風谷ダム建設の事業認定を受け、北海道収用委員会が、少数民族であるアイヌ民族の遺跡が存在する地域につき土地収用を裁決 【原告（地域住民）の主張】 ・ 本件事業認定は、ダム建設によるアイヌ民族およびアイヌ文化に対する影響が考慮されておらず、土地収用法の要件（事業計画が土地の適正かつ合理的な利用に寄与するものであること）を満たさない違法なものであり、これに基づく本件裁決も違法 【裁判所の判断】 ・ 先住少数民族たるアイヌ民族は、憲法13条により自らの属するアイヌ民族固有の文化を享有する権利（文化享有権）を有する ・ 前記土地収用法の要件は、事業計画の達成によって得られる公共の利益と事業計画により失われる公共ないし私的利益とを比較衡量し、前者が後者に優越する場合に満たされる ・ 日本民族の多数支配のもとにアイヌの民族文化、伝統が損なわれてきた歴史を踏まえてアイヌ民族の文化に最大限の配慮がなされるべきにもかかわらず、これを不当に軽視し、収用決定に際してアイヌ文化に対する影響を限りなく少なくする等の対策も講じていないため、本件事業認定・収用裁決は違法

　史跡武田氏館跡事件では、文化財を活用して観光ビジネスを行おうとする事業者にとって参考になる判断がなされています。すなわち、この事件では、文化財保護法に基づく指定がなされている文化財・史跡について、どの程度の開発行為が事前の許可を要する現状変更行為に該当するのかという重要な論点について、裁判所は現況に物理的に変更を加える「一切の行為」が該当するとして厳格な立場をとりました。

　文化財の保護という観点からは、豊郷小学校事件が示すように、文化財としての保護（保存）がその所有者に生活上の不便を強いることもありますし、防

294　第8章　観光資源の保護と活用をめぐるビジネスと法律

災上の問題を生じさせることもありえますので、およそ現況に変更を加えることが許されないものではなく、保護と安全等のバランスが大事になります。

なお、歴史的建造物に加えて、少数先住民族の文化享有権という形で民族文化についても法的保護の対象として認めた事例（二風谷ダム事件）が存在する点は注目に値します。

(3) 複合型観光資源の保護と活用をめぐる紛争

複合型観光資源の保護と活用をめぐる紛争が訴訟となったケースとしては、次の事例が存在します（図表8-18）。

[図表8-18] 複合型観光資源に関わる紛争事例

No.	事件名	概　要
1	和歌の浦事件 （和歌山地判平成6年11月30日判例自治145号36頁） 【③行政紛争】	【被告（行政）の行為】 ・　和歌山県は、和歌の浦と呼ばれる由緒ある土地に車道橋を建設することを計画し、当該工事の事業費を支出した 【原告（地域住民）の主張】 ・　被告（和歌山県知事ら）による本件工事は、原告らの「歴史的景観権」を侵害するものとして違法であり、これに関する経費の支出もまた違法である 【裁判所の判断】 ・　人々の文化的で健康な生活のために、自然的に良好な環境だけでなく、文化的にも良い環境が必要であること、文化的環境が人間の精神生活や人格形成に果たす役割についても理解できるところであり、そのような文化的環境の一環として歴史的景観が存在しうることは肯定されてよい ・　しかし、憲法上明文で規定されていない権利が、その解釈上、基本的人権として保障されるためには、当該権利の内容が一義的に明確なものであって、権利としての保護に値する程度に成熟したものであり、その権利の保障によってその権利主体が国家等に対してどのような請求をすることができるかが明確になっている必要

第4節　観光資源を活用した観光ビジネスに関する法律問題　295

		がある
		・ このような観点からは、「歴史的景観権」の内容は権利としての保護に値する程度に成熟したものになっているとはいい難い
2	国立マンション事件（最判平成18年3月30日民集60巻3号948頁）【②民事紛争】	【被告（事業者）の行為】 ・ 被告（マンション販売業者および建設会社）が国立市の駅前の公道沿いに地上14階建てのマンションを建設し、被告（入居者）に対して分譲販売を行った 【原告（地域住民）の主張】 ・ 被告らによるマンション建設、分譲は原告らの景観権または景観を享受する利益を違法に侵害している ・ 本件マンションのうち一定の高さを超える部分の撤去と慰謝料を請求 【裁判所の判断】 ・ 良好な景観に近接する地域内に居住し、その恵沢を日常的に享受している者が有する「良好な景観の恵沢を享受する利益」（景観利益）は、法律上保護に値する ・ もっとも、景観利益の内容は、景観の性質、態様等によって異なりうるものであり、社会の変化に伴って変化する可能性のあるものであるところ、現時点においては、私法上の権利といいうるような明確な実体を有するものとは認められず、景観利益を超えて「景観権」という権利性を有するものと認めることはできない ・ 建物の建築が第三者に対する関係において景観利益の違法な侵害となるかどうかは、景観利益の性質、内容や侵害行為の態様、程度等を総合的に考察して判断すべき ・ ある行為が景観利益に対する違法な侵害といえるためには、少なくともその侵害行為が刑罰法規や行政法規の規制に違反するものであったり、公序良俗違反や権利の濫用に該当したりするなど、侵害行為の態様や程度の面において社会的に容認された行為としての相当性を欠くことが求められる

3	鞆の浦公有水面埋立免許差止事件 （広島地判平成21年10月1日判例時報2060号3頁） 【③行政紛争】	【被告（行政）の行為】 ・ 被告（広島県）および福山市は、港湾整備事業として鞆の浦の一部公有水面を埋め立て、フェリー用ふ頭等として整備するとともに、湾の東西を架橋することを計画、広島県知事は本件事業を実施するために公有水面埋立法上の免許を行うべく、国土交通大臣に認可申請を行った 【原告（地域住民）の主張】 ・ 埋立工事が実施され、架橋されると高い歴史的、文化的価値を有する鞆の浦の景観が著しく害される ・ 埋立架橋の代替案として、トンネルを利用する案が存在し、当該代替案の方が優れているにもかかわらず埋立架橋を選択した行政の判断は裁量権の範囲を超えている 【裁判所の判断】 ・ 本件地域は、美しい景観としての価値にとどまらず、歴史的、文化的価値をも有しており、この景観が地域住民の豊かな生活環境を構成しているから、このような客観的な価値を有する良好な景観の恵沢を日常的に享受している者の景観利益は、法律上保護に値する ・ 広島県知事は、埋立免許が「国土利用上適正且合理的」（公有水面埋立法）か否かという要件の判断につき裁量権を有しているが、本件埋立免許が当該要件を充足するかを判断するに当たっては、本件埋め立ておよびこれに伴う架橋等の事業が本件地域の景観に及ぼす影響と、本件埋め立ておよび事業の必要性および公共性の高さとを比較衡量の上、瀬戸内海の良好な景観をできるだけ保全するという瀬戸内法や景観法の趣旨を踏まえて判断すべきであり、その判断が不合理である場合には、本件埋立免許は裁量権を逸脱した違法な行為に当たる ・ 本件地域の景観の価値は、景観利益として私法上保護されるべき利益であるだけでなく、瀬戸内海における美的景観を構成し、文化的、歴史的価値を有する景観として、国民の財産ともい

| | | うべき公益であること、本件事業が完成した後にこれを復元することは不可能であること等に鑑みれば、本件埋め立ておよび事業が景観に及ぼす影響は重大なものであるが、広島県知事の判断は、調査、検討が不十分であり、合理性を欠くため裁量権の範囲を超えるものとして違法 |

　景観の保護は、魅力的な街並みを形成・維持する上で重要ですが、他方で、地域の開発行為に対する抑制となり、地域の発展にとって妨げになることもあります。そうすると、事業者の登場を待つまでもなく、地域住民にとって、生活の安全性・利便性と良好な景観といった、相反する利益が存在することになります。こうした利益について、適切なバランスを一義的に定めることは極めて困難であることから、景観をめぐる紛争においては、地域住民同士での議論や合意形成も重要な要素となります。

　従前、裁判所は地域住民の環境権、景観権といった権利について消極的な判断をしていましたが（和歌の浦事件等）、国立マンション事件において最高裁判所が地域住民の「良好な景観の恵沢を享受する利益（景観利益）」が法的保護に値する利益であると認めたことは非常に重要です。実際に、この事件以降、同判例を引用して景観利益の侵害を理由とする差止請求が複数提起されており、住民の請求を認容する裁判例は限定的ですが、鞆の浦公有水面埋立免許差止事件では、行政訴訟における原告適格の判断において、国立マンション事件の判断を踏襲して、景観利益を法律上保護に値する利益と認める判断をしており、今後の事例の蓄積には十分に注視する必要があります。

■□■ Column ■□■
ビーチの観光資源としての活性化

　本章でも言及した、観光資源の観光コンテンツ化という取組みの中で、ビーチの観光資源としてのポテンシャルに注目が集まっています。

　日本は海岸線が長く、人が集まることのできるビーチが多く存在するものの、夏場の海水浴シーズン以外はその活用が進んでいない状況にあるといわれています。すなわち、日本のビーチには今後の地域の創意工夫により新たに観光交流人口の拡大と地域経済の活性化につながる大きな可能性があるとも考えられます。

ビーチを含む海岸の利用を考える上では、日本独特の自然・地形条件に加え、社会条件や法制度も含めて検討する必要があり、観光庁では、ビーチの観光資源としての活性化に向けた取組みも進めています（「ビーチの観光資源としての活性化に関する協議会」）。以下では、①ビーチエリアごとに関連する主要な法令と、②占用にかかる許可の例について概観します。

(a)　エリアごとの主な関連法令
　ビーチエリアの施設・インフラ整備にはさまざまな法令が関係するため、ビーチエリア（浅瀬、砂浜、ハーバー等）ごとに関係する法令を把握し、その規制内容を理解することが重要です。

ビーチエリア	主な関係法令	制約例
洋上・海中	国有財産法 ／ 建築基準法	・ 商業目的を主とした建築物・工作物を新規に整備することは基本的に困難 ・ 区域によっては可能な活動が制限される場合あり
浅瀬	国有財産法／海岸法／港湾法・漁業漁場整備法等（位置付けある場合）／自然公園法（位置付けある場合）／建築基準法	・ 商業目的を主とした建築物・工作物を新規に整備することは基本的に困難 ・ 自治体の条例・ルールによって可能な活動が制限される場合あり
砂浜	国有財産法／海岸法／港湾法・漁業漁場整備法等（位置付けある場合）／自然公園法（位置付けある場合）／森林法／建築基準法	・ 港湾区域、漁港区域の規制（建築物の設置等）を受ける場合あり ・ 建築物の常設が認められない場合があり、一般的に海の家等は仮設建築物として整備 ・ 海水浴場内の利用ルールを定めている自治体が多数
ハーバー	国有財産法／港湾法・漁業漁場整備法等（位置付けある場合）	・ 港湾区域・臨港地区の指定により、港湾用途以外の利用が不可となるケースがあるため、一般利用者向け施設の設置は困難な場合あり

		都市計画法	・ 臨港地区・漁港区域の規制（漁港施設の目的以外の建築物の設置等）を受ける場合あり
海岸隣接地			・ 海岸側が道路扱いとならないため、主要な出入口を砂浜側に設置することが困難
			・ 海岸防災林の伐採や改変が制限される場合あり

（参考：観光庁「ビーチの観光資源としての活性化に向けたナレッジ集」を元に作成）

(b) 占用等許可の例

　ビーチエリアにおいては、エリア内の利用や工作物等の設置などを行う場合は、法令に基づく占用等の許可が必要となるほか、地域独自の利用に関するルールが整備されている場合もあります。そのため、計画内容に関して必要な許可や各自治体で定められた条例・ルールの内容を理解することが必要です。

		海岸線の種類		
		海岸保全区域（港湾区域・漁港区域含む）	一般公共海岸区域	その他の海岸
水　域		水面・海底の占用許可→国有財産法による制限（許可は都道府県知事等）	水面・海底の占用許可→国有財産法による制限（許可は都道府県知事等）	
		工作物設置等の行為許可→海岸法による制限（許可は都道府県知事等）※1	工作物設置等の行為許可→なし	
		水面の埋立等の許可→自然公園法等による制限		
陸　域		土地の占用許可（民地を除く）→海岸法による制限（許可は都道府県知事等）	土地の占用許可→海岸法による制限（許可は都道府県知事等）	土地の占用許可→なし

300　第8章　観光資源の保護と活用をめぐるビジネスと法律

	工作物設置等の行為許可 →海岸法による制限 　（許可は都道府県知 　事等）※1	工作物設置等の行為許可 →海岸法による制限 　（許可は都道府県知 　事等）※2	工作物設置等の行為 許可 →なし（民民契約等 　による）
	工作物（住宅、道路等）の新築、改築、増築の許可→自然公園法等による制限 土地形質の変更等の許可→自然公園法等による制限 用途制限等→都市計画法、建築基準法、都市公園法等による制限		

※1　港湾区域は港湾法による許可（海岸法不要）、漁港区域は漁港法による許可＋海岸法による許可が必要となる
※2　陸域に恒久的な施設を設置しても海岸の保全に支障を生じない場合には、公共用財産の用途廃止を行い、土地を払い下げることも可能
（参考：観光庁「ビーチの観光資源としての活性化に向けたナレッジ集」を元に作成）

■本章の内容の理解に役立つ主要な資料・文献■

- 越智敏裕『環境訴訟法』(日本評論社、2015)
- 森・濱田松本法律事務所編、山崎良太＝川端健太＝長谷川慧著『企業訴訟実務問題シリーズ　環境訴訟』(中央経済社、2017)
- 木呂子豊彦＝小杉山晃一『ビオトープブック2——生物多様性保全のための環境法・土地利用法入門』(学報社、2010)
- 判例大系刊行委員会編『大系環境・公害判例〔第7巻〕自然保護、埋立、景観、文化財』(旬報社、2001)
- 環境省ウェブサイト「法令・告示・通達　総合目次　自然保護」(https://www.env.go.jp/hourei/18/)
- 国土交通省ウェブサイト「政策・仕事　都市」(https://www.mlit.go.jp/toshi/index.html)
- 文化庁ウェブサイト「政策について　文化財」(http://www.bunka.go.jp/seisaku/bunkazai/index.html)
- 日本エコツーリズム協会ウェブサイト(https://ecotourism.gr.jp/)

■本章の主な法令等■

1　自然観光資源の保護に関する法令

(1)　自然公園法

目　的	_	・ 優れた自然の風景地の保護とその利用の増進 ・ 生物の多様性の確保
主な用語	自然公園	国立公園・国定公園・都道府県立自然公園をいう（2条1号）
	国立公園	我が国の風景を代表するに足りる傑出した自然の風景地であって、環境大臣が指定するものをいう（2条2号）
	国定公園	国立公園に準ずる優れた自然の風景地であって、環境大臣が指定するものをいう（2条3号）
	都道府県立自然公園	優れた自然の風景地であって、都道府県が指定するものをいう（2条4号）
	特別地域 ・ 特別保護地区 ・ 利用調整地区 海域公園地区 ・ 利用調整地区	自然公園内に設定される規制エリアの種類であり、国立公園については環境大臣の指定、国定公園については都道府県知事の指定、都道府県立自然公園については条例によって指定される（20条1項、21条1項、22条1項、23条1項、73条1項）
	普通地域	国立公園または国定公園内のうち、特別地域および海域公園地区のいずれにも当てはまらないエリアをいう
概　要		・ 特別地域においては、工作物の新改増築、土地の変質変更等が原則として禁止される（20条3項本文） ・ 特別保護地区においては、木竹の損傷・植栽、動物の捕獲・放逐、たき火等が原則として禁止される（21条3項本文） ・ 海域公園地区においては、海面の埋め立て・干拓、海底の形状の変更、物の係留等が原則として禁止される（22条3項本文） ・ 利用調整地区においては、立入り自体が原則として禁止される（23条3項本文） ・ 普通地域においては、上記の禁止行為等が、届出を行うことによって可能となっている（33条1項本文）

備　考	・	自然公園内の自然観光資産の観光コンテンツ化にあたっては自然公園法の規制への理解が極めて重要
	・	地域自然資産法において、前記規制の一部が緩和されている
	・	前記規制のとおり、特別保護地区においては、木の伐採やたき火といった軽微な行為であっても禁止されており、違反した場合には刑事責任が発生するため（83条3号）、イベントなどで自然公園を利用する際は注意が必要である

(2)　自然環境保全法

目　的		自然環境を保全することが特に必要な区域等の生物の多様性の確保その他の自然環境の適正な保全
主な用語	原生自然環境保全地域	その区域における自然環境が人の活動によって影響を受けることなく原生の状態を維持し、その保全が特に必要な区域をいい、環境大臣によって指定される（14条1項）
	自然環境保全地域	植生・地形・地質・生態系等の状態からみてその区域における自然環境を保全することが特に必要な区域であり、環境大臣によって指定される（22条1項）
	都道府県自然環境保全地域	その区域における自然環境が自然環境保全地域に準じ、その保全が特に必要な土地の区域であり、条例によって指定される（45条1項）
	立入制限地区	原生自然環境保全地域内に設けられる規制エリア
	特別地区	自然環境保全地域内に設けられる規制エリア
	海域特別地区	自然環境保全地域内に設けられる規制エリア
	普通地区	自然環境保全地域内のうち、特別区域・海域特別地区以外のエリア
概　要	・	原生自然環境保全地域においては、工作物の新改増築、土地の変質変更等が原則として禁止され（17条1項本文）、立入りが原則禁止される立入制限地区を指定することも可能である（19条1項）
	・	自然環境保全地域は、さらに、特別地区・海域特別地区・普通地区等に区分される。特別地区・海域特別地区において所定の開発行為を行う際には環境大臣の許可が必要となるが（25条4項本文、27条3項本文）、普通地区においては、一定規模以上の開発行為について環境大臣への届出を行えば足りる（28条1項本文）

	・ 都道府県自然環境保全地域においても、条例により、前記特別地区の指定が可能であり、自然環境保全地域における規制の範囲内で規制が可能となっている（46条1項前段）
備　考	・ 地域自然資産法において、前記規制の一部が緩和されている ・ 自然公園法と極めて類似した枠組みの法律。自然公園法では、「自然公園」を規制エリアとしている一方で、本法では、「自然環境保全地域」が規制エリアとされている ・ したがって、「国立公園」等の名称が付されていないエリアであっても、「自然環境保全地域」としての規制がかかっている可能性があるため、注意を要する ・ また、「自然公園」ではその大部分が公有地であることが選定要領となっているため、一般私人に開発規制が発生することは稀であるが、「自然環境保全地域」は私有地であっても指定されうるため、当該所有者に開発規制が発生する場合がある

(3)　鳥獣保護法（鳥獣の保護及び狩猟の適正化に関する法律）

目　的		鳥獣の保護および管理を図るための事業を実施するとともに、猟具の使用に係る危険を予防することにより、鳥獣の保護および管理ならびに狩猟の適正化を図り、もって生物の多様性を確保すること（1条）
主な用語	鳥獣保護区	鳥獣の狩猟が禁止されるエリア
	特別保護地区	鳥獣保護区域内のうち、狩猟に加えて、所定の開発行為も原則禁止されるエリア（29条1項・7項、11条1項）
	休猟区	一定期間（3年以内）に限って、鳥獣の狩猟が禁止されるエリア（34条1項・2項、11条1項）
概　要		・ 鳥獣を保護するための各種規制を定めている一方で、狩猟に伴う危険から人を保護するための各種規制（狩猟免許制度等）をも定めており、複合的な法律となっている ・ 鳥獣の捕獲等および鳥類の卵の採取等を原則として禁止としており（9条）、その例外として、①狩猟によって捕獲等する場合（11条1項）と②農業または林業の事業活動に伴いやむを得ず捕獲・採取等をする場合（13条1項）を設けている ・ ①については、特定の鳥獣の狩猟制限・禁止（12条1項1号〜3号）、特定の猟法の禁止（15条1項）、土地の占有者の承諾（17条）、鳥獣保護区（28条1項）・休猟区（34条1項）の指定といった規制が設けられている。また、捕獲・採取等の規制のほかに、

本章の主な法令等　305

		特定の鳥獣の販売（23条）や輸出（25条1項）、輸入（26条1項本文）等が規制されている
	・	狩猟に伴う人への危険を防止するため規制としては、特定の危険猟法の禁止・制限（35条〜38条）、狩猟免許制度（39条〜54条）、狩猟者登録制度（55条〜67条）が挙げられる
備　考	・	地域自然資産法によって、前記規制の一部が緩和されている（地域自然資産法6条1項）
	・	前記の通り、特別保護地区では開発規制が発生し、建築物・工作物の新改増築や、木竹の伐採等が禁止されるため（29条7項）、鳥獣を狩猟しない者であっても注意を要する

(4)　地域自然資産法

目　的		地域自然資産区域における自然環境の保全および持続可能な利用の推進（1条）
主な用語	地域自然環境保全等事業	自然公園法が規定する国立公園や、文化財保護法が規定する記念物に係る名勝地等を訪れる国民から「入域料」を収受し、それを原資として当該土地の保全・利用を推進する事業をいう（2条1項）
	自然環境トラスト活動	自然環境の保全および持続可能な利用の推進を図ることを目的とする一般社団法人・一般財団法人・NPO等に加え、都道府県・市町村が行う、自然環境の保全および持続可能な利用の推進を図ることを目的した活動（名勝地等の取得・利用等）をいう（2条2項）
	自然環境トラスト活動促進事業	都道府県または市町村が、自然環境トラスト活動を促進する事業をいう（2条3項）
概　要	・	都道府県・市町村は、「地域計画」（4条1項）として、地域自然環境保全事業の実施区域・内容・入域料、自然環境トラスト活動の実施区域・内容、自然環境トラスト活動促進事業の内容・計画期間等を定めるものとされており（同条2項）、地域計画に沿った活動については、次の規制緩和が受けられる
	・	自然公園法の特例として、同法20条3項、21条3項、22条3項の許可を要する行為に該当する行為を行う場合には、これらの許可があったものとみなされる（6条1項）

306　第8章　観光資源の保護と活用をめぐるビジネスと法律

	・ 自然環境保全法の特例として、同法25条4項の許可を要する行為に該当する行為を行う場合には、これらの許可があったものとみなされる（7条1項） ・ 鳥獣保護法の特例として、同法29条1項の特別保護地区内において、許可を要する行為（鳥獣保護法29条7項）に該当する行為を行う場合には、これらの許可があったものとみなされる（9条）
備　考	沖縄県竹富町は、町内の離島を訪問する観光客から入島料（入域料）を収受し、離島の自然環境を保護するための財源としている

(5)　自然再生推進法

目　的		自然再生に関する施策を総合的に推進し、もって生物の多様性の確保を通じて自然と共生する社会の実現を図り、あわせて地球環境の保全に寄与すること（1条）
主な用語	自然再生協議会	自然再生事業を実施しようとする者が組織する協議会であり、地域住民、特定非営利活動法人、自然環境に関し専門的知識を有する者、土地の所有者等その他の当該実施者が実施しようとする自然再生事業またはこれに関連する自然再生に関する活動に参加しようとする者ならびに関係地方公共団体および関係行政機関から構成される（8条1項）
	自然再生全体構想	前記協議会がたてる構想であり、①自然再生の対象となる区域、②自然再生の目標、③協議会に参加する者の名称または氏名およびその役割分担、④その他自然再生の推進に必要な事項を定めるものとされている（8条3項）
	自然再生事業	自然再生を目的として実施される事業をいう（2条2項）
概　要		・ 自然再生事業を実施しようとする者は、自然再生協議会を組織できる ・ 協議会では、自然再生全体構想や、その構想を実現するための自然再生事業の実施計画案等について協議する（8条2項） ・ 国および地方公共団体は、自然再生を推進するために必要な財政上の措置その他の措置を講ずるよう努めるものとされている（15条）

本章の主な法令等　307

	・ 以上のとおり、誰もが自然再生プロジェクトの立案者・実行者となれる点に本法の特徴があり、国および地方公共団体が当該プロジェクトをバックアップすることにより、自然再生事業の推進を図っている
備　考	・ 環境省の発表によれば、2018 年度末までに、26 の自然再生協議会が設立され、25 の自然再生全体構想および 42 の自然再生事業実施計画が作成されている ・ 釧路湿原自然再生協議会を例にあげると、同協議会では、「1980 年以前（ラムサール条約登録前）の湿原環境を取り戻す」ことを目標に掲げ、蛇行河川の復元等の事業を行っている

(6) 森林法

目　的		森林計画、保安林その他の森林に関する基本的事項を定めて、森林の保続培養と森林生産力の増進とを図り、もって国土の保全と国民経済の発展とに資すること（1 条）
主な用語	国有林	国が森林所有者である森林等をいう（2 条 3 項）
	民有林	国有林以外の森林をいう
	保安林	国有林・民有林のうち、①土砂の流出・崩壊の防備、②なだれ・落石の防止、③名所・旧跡の風致の保存等の目的を達成するため、農林水産大臣が指定した森林をいう（25 条 1 項本文）
	地域森林計画	都道府県知事がたてる、各都道府県における民森林の整備・保全に関する計画（5 条 1 項～ 3 項）
	市町村森林整備計画	市町村がたてる、地域森林計画の対象となった民有林の整備・保全に関する計画（10 条の 5 第 1 項～ 3 項）
概　要		・ 地域森林計画の対象となっている民有林において開発行為（土石または樹根の採掘、開墾その他の土地の形質を変更する行為で、森林の土地の自然的条件、その行為の態様等を勘案して政令で定める規模を超えるものをいう）をしようとする者は、都道府県知事の許可を受けなければならない（10 条の 2 第 1 項柱書本文） ・ 地域森林計画の対象となっている民有林の立木を伐採するには、原則として、市町村長に届出書を提出しなければならない（10 条の 8 第 1 項柱書本文）

	・ 保安林においては、①立木竹の伐採・損傷、②家畜の放牧、③下草・落葉・落枝の採取、④土石もしくは樹根の採掘、⑤開墾その他の土地の形質を変更する行為について、原則として都道府県知事の許可が必要となる（34条1項柱書本文・2項柱書本文）
備　考	・ 自然公園法・自然環境保全法と並んで、特定のエリアに対して開発規制を発生させる法律である ・ とりわけ保安林として指定された森林では、多くの開発規制が生じるため、事業者としては注意を要する ・ また、山火事を起こした場合には、本法によって刑事責任が発生する点にも注意を要する（203条）

(7) 海岸法

目　的		津波、高潮、波浪その他海水または地盤の変動による被害から海岸を防護するとともに、海岸環境の整備と保全および公衆の海岸の適正な利用を図り、もって国土の保全に資すること（1条）
主な用語	海岸保全区域	都道府県知事が、海水または地盤の変動による被害から海岸を防護するため海岸保全施設の設置その他管理を行う必要があると認めるときに指定する、防護すべき海岸に係る一定の区域をいう（3条本文）
概　要		・ 海岸保全区域内においては、次の行為について、海岸管理者（原則として都道府県知事）の許可が必要となる 　①海岸保全施設以外の施設または工作物を設けて当該海岸保全区域を占用すること（7条1項）、②土石（砂を含む）を採取すること、③水面または公共海岸の土地以外の土地において、他の施設等を新設し、または改築すること、④土地の掘削、盛土、切土その他政令で定める行為をすること（8条1項1号～3号） ・ 海岸保全区域内においては、次の行為が禁止される 　①海岸管理者が管理する海岸保全施設その他の施設または工作物を損傷し、または汚損すること、②油その他の通常の管理行為による処理が困難なものとして主務省令で定めるものにより海岸を汚損すること、③自動車、船舶その他の物件で海岸管理者が指定したものを入れ、または放置すること、④その他海岸の保全に著しい支障を及ぼすおそれのある行為で政令で定めるものを行うこと（8条の2第1項1号～4号）

本章の主な法令等　309

備　考	・ 海岸保全区域以外の公共海岸（一般公共海岸区域）においても、前記規制と類似した規制が存在する（37条の4〜37条の6） ・ とりわけ問題となるのは、「一般公共海岸区域の占用」（37条の4）であり、いわゆる「海の家」を営業する場合には、この「占用」に該当するため、海岸管理者の許可が必要となる

(8)　河川法

目　的		河川について、洪水、津波、高潮等による災害の発生が防止され、河川が適正に利用され、流水の正常な機能が維持され、および河川環境の整備と保全がされるようにこれを総合的に管理すること（1条）
主な用語	一級河川	国土保全上または国民経済上特に重要な水系で政令で指定したものに係る河川で国土交通大臣が指定したものをいう（4条1項）
	二級河川	公共の利害に重要な関係があるものに係る河川で都道府県知事が指定したものをいう（5条1項）
	河川区域	河川を構成する土地で、一般に堤防の居住地側の法尻から対岸の堤防の居住地側の法尻までの間の河川としての役割をもつ土地を指す（6条）
	河川管理者	一級河川については国土交通大臣、二級河川については原則として都道府県知事を指す（7条、9条1項、10条1項・2項）
概　要		・ 河川区域内では、次の行為について、原則として河川管理者の許可が必要となる ①河川の流水を占用する行為（23条本文）、②河川区域内の土地を占用する行為（24条）、③河川区域内の土地において土石（砂を含む）を採取する行為（25条前段）、④河川区域内の土地において工作物を新築し、改築し、または除却する行為（26条1項前段）、⑤河川区域内の土地において土地の掘削、盛土もしくは切土その他土地の形状を変更する行為または竹木の栽植もしくは伐採する行為（27条1項本文） ・ ①河川における竹木の流送または舟もしくはいかだの通航（28条）、②その他河川の流水の方向、清潔、流量、幅員または深浅等について、河川管理上支障を及ぼすおそれのある行為（29条）に関しては、一級河川にあっては政令で、二級河川にあっては都道府県の条例で、河川管理上必要な範囲内において、これを禁止し、

	もしくは制限し、または河川管理者の許可を受けさせることができるとされている
備　考	河川敷でバーベキューを行う行為は、前記規制に該当しないものの、条例で禁止されている場合があるため注意を要する

(9)　エコツーリズム推進法

目　的	・ エコツーリズムについての基本理念、政府による基本方針の策定その他のエコツーリズムを推進するために必要な事項を定めることにより、エコツーリズムに関する施策を総合的かつ効果的に推進すること（1条） ・ 基本理念としては、①自然環境への配慮、②観光復興への寄与、③地域復興への寄与、④環境教育への活用を掲げている（3条）	
主な用語	エコツーリズム推進全体構想	エコツーリズムの実施の方法、自然観光資源（動植物の生息地等）の保護措置等を定めた構想である（5条3項）
	特定自然観光資源	観光旅行者その他の者の活動により損なわれるおそれがある自然観光資源であって、保護のための措置を講ずる必要があるものをいう（8条1項本文）
概　要	・ 市町村は、事業者、NPO等、専門家、土地所有者、関係行政機関等による協議会を組織でき（5条1項）、協議会はエコツーリズム推進全体構想を作成する（5条2項1号） ・ 市町村は、主務大臣に対し、全体構想の認定を申請でき（6条1項）、認定された全体構想に係るエコツーリズムについては、国が広報に努めるとともに（7条1項）、各種許認可などで配慮される（7条2項） ・ 市町村は、認定された全体構想に基づき、保護を図るべき特定自然観光資源を指定できる（8条1項本文） ・ 指定された特定自然観光資源については、汚損・損傷等の禁止、利用者の数の制限等、自然公園法の特別地域や海域公園地区などにおけるのと同様の行為が禁止される（9条、10条）	
備　考	環境省と日本エコツーリズム協会は、エコツーリズムを実践する地域や事業者の優れた取組みを表彰する「エコツーリズム大賞」を実施している	

本章の主な法令等　311

2 文化観光資源の保護に関する法令

(1) 文化財保護法

目 的		文化財の保存・活用を図り、国民の文化的向上・世界文化の進歩に貢献すること（1条）
主な用語	有形文化財	・ 建造物、絵画、彫刻、工芸品、書跡、典籍、古文書その他の有形の文化的所産で我が国にとって歴史上または芸術上価値の高いものならびに考古資料およびその他の学術上価値の高い歴史資料をいう（2条1項1号） ・ 文部科学大臣は、有形文化財のうち重要なものを重要文化財に指定することができる（27条1項）
	国 宝	文部科学大臣は、重要文化財のうち世界文化の見地から価値の高いもので、たぐいない国民の宝たるものを国宝に指定することができる（27条2項）
	無形文化財	・ 演劇、音楽、工芸技術その他の無形の文化的所産で我が国にとって歴史上または芸術上価値の高いものをいう（2条1項2号） ・ 文部科学大臣は、無形文化財のうち重要なものを重要無形文化財に指定することができる（71条1項）
	民俗文化財	・ 衣食住、生業、信仰、年中行事等に関する風俗慣習、民俗芸能、民俗技術およびこれらに用いられる衣服、器具、家屋その他の物件で我が国民の生活の推移の理解のため欠くことのできないものをいう（2条1項3号） ・ 文部科学大臣は、有形の民俗文化財のうち特に重要なものを重要有形民俗文化財に、無形の民俗文化財のうち特に重要なものを重要無形民俗文化財に指定することができる（78条1項）
	記念物	貝づか、古墳、都城跡、城跡、旧宅その他の遺跡で我が国にとって歴史上または学術上価値の高いもの、庭園、橋梁、峡谷、海浜、山岳その他の名勝地で我が国にとって芸術上または観賞上価値の高いものならびに動物、植物および地質鉱物で我が国にとって学術上価値の高いものをいう（2条1項4号）

	文化的景観	地域における人々の生活または生業および当該地域の風土により形成された景観地で我が国民の生活または生業の理解のため欠くことのできないものをいう（2条1項5号）
	伝統的建造物群	周囲の環境と一体をなして歴史的風致を形成している伝統的な建造物群で価値の高いものをいう（2条1項6号）
	景観地区	市街地の良好な景観の形成を図るため、市町村の都市計画によって定められる地区（景観法61条1項）
概　要		・　景観法上の景観地区内において選定された重要文化的景観（134条1項）の変更または保存に影響を及ぼす行為をしようとする場合、原則として文化庁長官への届出が必要（139条1項本文） ・　市町村は、都市計画または条例によって伝統的建造物群保存地区を定め（143条1項前段・2項前段）、その保存のため必要な現状変更の規制や措置を定めることができる（143条1項後段・2項後段） ・　市町村からの申出を受けて、我が国にとって価値が高いと判断した保存地区を「重要伝統的建造物群保存地区」として選定 ・　市町村による保存地区の保存・活用の取組みに対し、文化庁や都道府県教育委員会は指導・助言を行い、また、市町村が行う修理・修景事業、防災設備の設置事業、案内板の設置事業等に対して補助し、税制優遇措置を設ける等の支援を実施

(2) 古都保存法（古都における歴史的風土の保存に関する特別措置法）

目　的		古都における歴史的風土を乱開発から守ること
主な用語	古　都	・　我が国往時の政治、文化の中心等として歴史上重要な地位を有する市町村をいう（2条1項） ・　京都市・奈良市・鎌倉市・天理市・橿原市・桜井市・斑鳩町・明日香村・逗子市・大津市が指定されている
	歴史的風土保存区域	古都の区域のうち、国土交通大臣によって指定された、古都における歴史的風土を保存するため必要な土地の区域（4条1項前段）

本章の主な法令等　313

	歴史的風土特別保存地区	歴史的風土保存区域のうち、古都の都市計画によって定められた、歴史的風土保存区域の枢要な部分を構成している地区（6条1項）
概　要		・　歴史的風土保存区域において、①建築物その他の工作物の新増改築、②宅地の造成、土地の開墾その他の土地の形質の変更、③木竹の伐採、④土石の類の採取、⑤その他歴史的風土の保存に影響を及ぼすおそれのある行為で政令で定めるものを行う場合には、原則として府県知事への届出が必要（7条1項） ・　歴史的風土特別保存地区においては、①〜⑤の行為に加え、⑥建築物その他の工作物の色彩の変更、⑦屋外広告物の表示または掲出を行う場合にも、原則として府県知事の許可が必要（8条1項）
備　考		・　歴史的景観を保護する法律としては、1950年に文化財保護法が制定されていたものの、当時の文化財保護法では特定の歴史的建造物が、「有形文化財」として保護されていたに過ぎず、歴史的景観そのものは保護の対象とされていなかった ・　そのため1960年代、京都や奈良、鎌倉といった歴史的な都市において多くの開発計画が立てられ、これらの都市では、当該計画に対する反対運動が活発化したため、1966年に古都保存法が制定された ・　その後、1975年に文化財保護法が改正され、「伝統的建造物群保存地区」が保護の対象となり、2004年にはさらに「文化的景観」が保護の対象となった ・　また、同年には景観法が制定され、2008年には歴史まちづくり法が制定されるなど、現在においては複数の法律によって歴史的景観が保護されるに至っている

(3)　明日香法（明日香村における歴史的風土の保存及び生活環境の整備等に関する特別措置法）

目　的		古都保存法の特例として、飛鳥地方の遺跡の歴史的文化的遺産を保存すること（1条）
主な用語	第1種歴史的風土保存地区	歴史的風土の保存上枢要な部分を構成していることにより、現状の変更を厳に抑制し、その状態において歴史的風土の維持保存を図るべき地域（古都保存法上の特別保存地区に該当。3条3項、古都保存法7条の2）

314　第8章　観光資源の保護と活用をめぐるビジネスと法律

	第2種歴史的風土	著しい現状の変更を抑制し、歴史的風土の維持保
	保存地区	存を図るべき地域（同上）
概　要	奈良県明日香村における明日香村歴史的風土保存計画（2条）として、第1種・第2種歴史的風土保存地区内においては、古都保存法よりも厳格な開発規制が課せられている	

(4) 地域伝統芸能等活用法（地域伝統芸能等を活用した行事の実施による観光及び特定地域商工業の振興に関する法律）

目　的	地域伝統芸能等を活用した行事の実施を支援することにより、その地域の観光や商工業の振興を図り、ゆとりのある国民生活、個性豊かな地域社会の実現、国民経済の健全な発展ならびに国際相互理解の増進に寄与すること（1条）
概　要	・　主務大臣（国土交通大臣、経済産業大臣、農林水産大臣、文部科学大臣および総務大臣）による活用行事の実施による観光および特定地域商工業の振興に関する「基本方針」の策定、公表（3条） ・　都道府県による活用行事の実施による観光および特定地域商工業の振興に関する「基本計画」の策定、公表（4条） ・　基本計画に基づき実施される活用行事および特定事業等の実施主体に対する国および地方行政団体の助言、指導その他の援助（7条） ・　主務大臣により指定された「支援事業実施機関」（8条）が、伝統芸能を活用したイベントの主催者に対して、情報提供や助言、指導、資金提供を行い、また、自ら伝統芸能を活用したイベントを開催（9条）
備　考	支援事業実施機関として一般財団法人地域伝統芸能活用センターが指定されており、「地域伝統芸能全国大会」の開催、日本全国の伝統行事の支援事業（PRや財政的支援、イベントの企画立案・運営等）等を行っている

3　複合型観光資源の保護に関する法令

(1)　景観法

目　的	我が国の都市、農山漁村等における良好な景観の形成を促進するため、景観計画の策定その他の施策を総合的に講ずることにより、美しく風格のある国土の形成、潤いのある豊かな生活環境の創造および個性的で活力ある地域社会の実現を図り、もって国民生活の向上ならびに国民経済および地域社会の健全な発展に寄与すること（1条）

主な用語	景観計画	都市、農山漁村その他市街地または集落を形成している地域およびこれと一体となって景観を形成している地域の区域について定められる、良好な景観の形成に関する計画（8条1項）
	景観計画区域	景観計画の対象区域を指す（8条2項1号）
概　要		・ 地方自治体が定める景観計画によって画定される景観計画区域において、①建築物・工作物の新改増築、移転、②外観変更を伴う修繕・模様替・色彩変更等、その他良好な景観の形成に支障を及ぼすおそれのある行為として景観計画に従い景観行政団体の条例で定める行為を行う場合、当該地方自治体の長に対して届出が必要（16条1項） ・ 市町村が都市計画において「景観地区」（61条1項）を定めた場合、①建築物の形態意匠が制限され、さらに、②建築物の高さの最高限度または最低限度、③壁面の位置、④建築物の敷地面積の最低限度が制限されることがある（61条2項）

(2) 屋外広告物法

目　的		良好な景観の形成または風致の維持および公衆に対する危害の防止（1条）
主な用語	屋外広告物	常時または一定の期間継続して屋外で公衆に表示されるものであって、看板、立看板、はり紙およびはり札ならびに広告塔、広告板、建物その他の工作物等に掲出され、または表示されたものならびにこれらに類するもの（2条1項）
概　要		屋外広告物の表示・設置を規制する裁量を都道府県知事に与えており、具体的な規制内容・規制範囲については、各都道府県の条例によって規定される
備　考		・ 地方自治体が屋外広告物条例を制定・改正する際の参考に供するため、技術的助言として地方公共団体に発出するものとして、国土交通省が策定した「投影広告物条例ガイドライン」が存在する ・ 一例として、姫路市は公式サイト上で、景観に配慮した屋外広告物の例を紹介しており、看板の設置等を行う上での参考になる

(3) 歴史まちづくり法（地域における歴史的風致の維持及び向上に関する法律）

目　的	歴史的風致の維持および向上を図り、個性豊かな地域社会の実現を図り、もって都市の健全な発展および文化の向上に寄与すること（1条）	
主な用語	歴史的風致	地域におけるその固有の歴史および伝統を反映した人々の活動とその活動が行われる歴史上価値の高い建造物およびその周辺の市街地とが一体となって形成してきた良好な市街地の環境
概　要	・　国の定める基本方針に基づき、市町村は、当該市町村の区域における歴史的風致の維持および向上に関する計画（歴史的風致維持向上計画）を作成、主務大臣の認定を受けた計画区域内において、①土地の区画形質の変更、②建築物等の新改増築等をしようとする場合には、原則として市町村長に対する届出が必要（33条1項本文） ・　認定された歴史的風致維持向上計画については、社会資本整備に関する事業支援や法令上の特例措置により支援 ・　重点区域（重要文化財、重要有形民俗文化財または史跡名勝天然記念物として指定された建造物の用に供される土地または重要伝統的建造物群保存地区内の土地の区域と、その周辺の土地の区域）内の歴史的な建造物を「歴史的風致形成建造物」として市町村長が指定、所有者に対する管理義務、増改築・除去移転時における届出義務を設定可能（12条、15条）	
備　考	・　前記歴史的風致維持向上計画によって行われた事業の例としては、歴史的建造物の改修事業や、市道の無電柱化事業、更には屋外広告物等撤去補助事業として、周辺景観を阻害する屋外広告物等の撤去工事について助成を行った例もある ・　古都保存法は、「特定の古都」の保存を目的としている一方で、本法は、より広く、「日本全国」の歴史的な街並みの保護を目的としている。また、景観法によっても、歴史的景観の「保護」は可能だが、本法によって、その「活用」を促す積極的な支援措置が可能となっている	

■執筆者一覧■

《編集兼執筆者》

● **荒井　正児**（あらい・まさる）　　　　　　〔第2章および第8章執筆担当〕

森・濱田松本法律事務所　弁護士（1999年登録）

2008年～2010年　東京大学法学部非常勤講師（民法）

● **佐伯　優仁**（さえき・まさひと）　　　　　　　　〔第4章執筆担当〕

森・濱田松本法律事務所　弁護士（2005年登録）

2011年　Allen & Gledhill法律事務所（シンガポール）にて執務

2012年　ニューヨーク州弁護士登録

● **高宮　雄介**（たかみや・ゆうすけ）　　　〔序章、第1章および第5章執筆担当〕

森・濱田松本法律事務所　弁護士（2008年登録）

2016年～2017年　Gibson, Dunn & Crutcher法律事務所（ワシントンDC）にて執務

2017年　ニューヨーク州弁護士登録

2017年　米国連邦取引委員会にて執務

2018年　観光庁「ビーチの観光資源としての活用に関する協議会」オブザーバー

● **水口　あい子**（みずぐち・あいこ）　　　　　　　〔第7章執筆担当〕

森・濱田松本法律事務所　弁護士（2008年登録）

● **根橋　弘之**（ねばし・ひろゆき）　　　〔第1章、第2章および第8章執筆担当〕

森・濱田松本法律事務所　弁護士（2010年登録）

2017年～2018年　Gibson, Dunn & Crutcher法律事務所（ロサンゼルス）にて執務

2018年　ニューヨーク州弁護士登録

2018年～2019年　Gibson, Dunn & Crutcher法律事務所（フランクフルト）にて執務

● **山本　義人**（やまもと・よしと）　　　　　　　　〔第5章執筆担当〕

森・濱田松本法律事務所　弁護士（2013年登録）

《執筆者》

● 石本　茂彦（いしもと・しげひこ）　　　　　　　　　　　〔第3章執筆担当〕

森・濱田松本法律事務所　弁護士（1994年登録）

2000年　Hughes Hubbard & Reed 法律事務所（ニューヨーク市）にて執務

2001年　ニューヨーク州弁護士登録

2009年〜現在　東京大学法科大学院非常勤講師（中国法）

● 小田　大輔（おだ・だいすけ）　　　　　　　　　　　　〔第6章執筆担当〕

森・濱田松本法律事務所　弁護士（2000年登録）

2005年〜2007年　金融庁監督局総務課課長補佐

2006年〜2007年　金融庁法令等遵守調査室（兼務）

● 森田　茉莉子（もりた・まりこ）　　　　　　　　　　　〔第3章執筆担当〕

森・濱田松本法律事務所　弁護士（2008年登録）

2014年〜2015年　Epstein Becker & Green 法律事務所（ニューヨークオフィス）にて執務

2015年　ニューヨーク州弁護士登録

2016年〜2017年　米国雇用機会均等委員会、ADR Unit にて執務

● 小中　諒（おなか・りょう）　　　　　　　　　　　　　〔第4章執筆担当〕

森・濱田松本法律事務所　弁護士（2015年登録）

2017年〜2018年　金融庁企画市場局企業開示課（専門官）（金融商品取引法等担当）

● 野村　祐美子（のむら・ゆみこ）　　　　　　　　　　　〔第4章執筆担当〕

森・濱田松本法律事務所　弁護士（2015年登録）

● 兼松　勇樹（かねまつ・ゆうき）　　　　　　　　　　　〔第6章執筆担当〕

森・濱田松本法律事務所　弁護士（2017年登録）

● 川井　悠暉（かわい・ゆうき）　　　　　　　　　　　　〔第5章執筆担当〕

森・濱田松本法律事務所　弁護士（2017年登録）

● 堀　裕太郎（ほり・ゆうたろう）　　　　　　　　　　　〔第7章執筆担当〕

森・濱田松本法律事務所　弁護士（2017年登録）

●**松本　亮孝**（まつもと・りょうこう）　　　　　　　　〔第 3 章執筆担当〕

森・濱田松本法律事務所　弁護士（2017 年登録）

●**上田　優介**（うえだ・ゆうすけ）　　　　　　　　　　〔第 5 章執筆担当〕

森・濱田松本法律事務所　弁護士（2018 年登録）

●**岡　朋弘**（おか・ともひろ）　　　　　　　　　　　　〔第 7 章執筆担当〕

森・濱田松本法律事務所　弁護士（2018 年登録）

●**岡田　宏樹**（おかだ・ひろき）　　　　　　　　〔序章および第 8 章執筆担当〕

森・濱田松本法律事務所　弁護士（2018 年登録）

●**馬場　直仁**（ばば・なおひと）　　　　　　　　　　　〔序章執筆担当〕

森・濱田松本法律事務所　弁護士（2018 年登録）

ガイダンス　インバウンド・観光法

2019年12月15日　初版第 1 刷発行

編　　者	森・濱田松本法律事務所 観光法プラクティスグループ
編 著 者	荒 井 正 児　　佐 伯 優 仁 高 宮 雄 介　　水 口 あい子 根 橋 弘 之　　山 本 義 人
発 行 者	小 宮 慶 太

発 行 所　　㈱商 事 法 務

〒103-0025 東京都中央区日本橋茅場町 3-9-10
TEL 03-5614-5643・FAX 03-3664-8844〔営業部〕
TEL 03-5614-5649〔書籍出版部〕
https://www.shojihomu.co.jp/

落丁・乱丁本はお取り替えいたします。　　印刷／広研印刷㈱
© 2019 森・濱田松本法律事務所　　Printed in Japan
　　　観光法プラクティスグループ
Shojihomu Co., Ltd.
ISBN978-4-7857-2754-3
＊定価はカバーに表示してあります。

JCOPY ＜出版者著作権管理機構　委託出版物＞
本書の無断複製は著作権法上での例外を除き禁じられています。
複製される場合は、そのつど事前に、出版者著作権管理機構
（電話 03-5244-5088、FAX 03-5244-5089、e-mail: info@jcopy.or.jp）
の許諾を得てください。

.